한국 - 아프리카
국제개발협력 톺아보기

서울대학교 국제학연구소 연구총서 2

한국-아프리카 국제개발협력 톺아보기

초판 1쇄 인쇄 | 2021년 5월 21일
초판 1쇄 발행 | 2021년 5월 31일

엮은이 | 김태균

발행인 | 박철희
발행처 | 서울대학교 국제학연구소
주소 | 서울특별시 관악구 관악로 1
전화 | 02-880-4041   팩스 | 02-871-4605
홈페이지 | http://iia.snu.ac.kr/
제작·공급 | 경인문화사 (031-955-9300)

ISBN   978-89-499-4962-8 94340
        978-89-499-4960-4 (세트)

값 19,000원

이 저서는 2020년 대외경제정책연구원 GPAS 프로그램의 지원을 받아 출판되었습니다.

한국 - 아프리카
국제개발협력 톺아보기

한국적 이드와 서구적 에고를 넘어

김태균 엮음

서울대학교 국제학연구소
I N S T I T U T E O F
INTERNATIONAL AFFAIRS
SEOUL NATIONAL UNIVERSITY

머리말

김태균

　한국에서 아프리카는 실제 소수의 전문가를 제외하고는 대단히 제한된 지식과 이미지로 아프리카의 정체성을 일반화하려는 무리한 시도가 이루어지고 있는 지역일 것이다. 헐벗고 굶주린 주민들의 삶, 에이즈와 에볼라 등의 열악한 보건의료 시스템, 내전과 인종청소 등의 불안한 치안과 갈등의 연속 등 부정적 이미지로 한국에서 관심과 주목을 받고 있다. 그러나 이는 아프리카 내부의 다양성과 복합성에 관한 이해 없이 특정 현상과 사건들을 중심으로 무리하게 대표되는 일반화의 오류인 셈이다.

　무리한 일반화의 오류에도 50여 개가 넘는 아프리카 국가들의 다중근대성multiple modernities을 개별적으로 특화시키는 접근보다 아프리카 대륙에 대한 거대서사grand narrative로 통일된 정체성을 강조하는 일종의 아비투스habitus가 주류로 정착되어 왔다. 이러한 거대서사는 크게 '아프리카 비관주의Afro-pessimism'와 '아프리카의 부상Africa rising'으로 나누어져 대립하는 구도이다. 전자는 쉽게 이해할 수 있는 반면, 후자는 상대적으로 최근에 들어와 아프리카에 대한 새로운 인식에 기반을 두고 있는데 아프리카를 새로운 시장으로 간주하여 개발원조 및 해외직접투자 등 경제협력을 강조하는 접근법이다.

이 책은 아프리카에 대한 거대서사의 무리한 일반화를 비판하며 동시에 아프리카의 부상을 공급자 중심의 일방적 경제 개입으로 오용할 수 있다는 점에 천착하여 국제개발협력 측면에서 아프리카의 부상을 새롭게 조명하려는 연구 목표에서 출발하였다. 아프리카의 다중 근대성을 일방적인 서구식 근대화modernization로 억지하려는 공여국의 이드id식 개발원조는 과거 제국주의의 식민화 과정에서 찾아볼 수 있는 후진적 국제개발협력 방식이다. 한편 다중 근대성을 존중하고 현지의 목소리와 요구를 적극적으로 개발원조에 반영하려는 에고ego식 접근법은 아프리카의 오너십을 확대하고 공여국과 협력 대상국 간의 상생적 개발협력을 전개할 수 있는 긍정적 해법을 제공한다.

한국의 대아프리카 개발원조가 이드 단계에서 에고 단계로, 더 나아가 프로이트의 슈퍼에고superego 단계까지 성장할 수 있도록 본 연구에서는 외교관계·평화·젠더·보건의료·교육·정보통신기술·문화 등 7대 영역에서 한-아프리카 국제개발협력의 현주소와 향후 개선 사항을 제언한다.

여섯 명의 전문가가 의기투합하여 집단지성의 결과물로 이 책이 출판되기까지 보이지 않는 수많은 지원의 손길이 있다. 먼저 구성 단계부터 집필 완료 단계까지 재정을 지원한 대외경제정책연구원KIEP의 'Graduate Program for Area Studies GPAS' 관계자 여러분께 감사드린다. KIEP이 국내 국제대학원과 협력하여 추진하는 GPAS 사업 중 해외 소외지역연구 지원 프로그램으로 서울대학교 국제대학원이 2020년부터

2년 동안 '아프리카지역연구' 지원비를 받았다. 또한 아프리카지역 연구의 일환으로 한-아프리카 국제개발협력 단행본 출간이 기획되었다.

이 책의 각 장은 이슈별로 구성되어 있는데 장별 집필자는 두 명의 연구조교를 서울대학교 국제대학원 석사과정 학생들 중에서 선발하여 각각 연구팀을 구성하였다. 연구팀의 재정적 지원은 GPAS에서 조교비를 제공하였다. 7대 영역의 전문가로 이 책의 출판기획에 선뜻 동행 의사를 밝혀준 여섯 명의 연구자 분들께 감사의 말씀을 드린다. 특히 GPAS 전체 프로그램 조교로 뛰어난 역량을 발휘해 준 서울대학교 국제대학원 김주희, 김이지 석사과정 학생들에게 심심한 감사의 말씀을 전한다.

마지막으로, 이 책이 서울대학교 국제학연구소 국제학 총서시리즈로 출간될 수 있도록 지원해 주신 박철희 소장님과 경인문화사 한정희 대표님께 감사의 인사를 드린다.

2021년 5월
서울갈터 갓메 기슭에서
집필진을 대표하여
김태균

한국 – 아프리카 국제개발 협력 톺아보기

제1장 국제개발 시각에서의 아프리카 이해하기
: 이드(id)와 에고(ego)를 넘어

김태균(서울대학교 국제대학원)

I. 들어가며: 한국에게 아프리카는?

한국에게 아프리카는 무엇을 의미하는가? 아직까지 한국 사회에서 아프리카의 인지도는 대단히 낮은 수준이다. 아프리카에 대한 인식이 대부분 개인의 제한된 지식과 경험에 근거한 부분적 조각의 조합일 가능성이 크다. 그로 인해 실제로 아프리카라는 복합체의 온전한 사실을 한국 사회에 전달하는 학술적 노력은 지금까지 부족했다고 진단해도 큰 무리가 없을 것이다. 그럼에도 2000년대 이후 아프리카에 대한 경제협력 및 외교협력에 관한 관심도가 커지면서 학술적으로도 다양한 시도가 이어져 왔다. 아프리카 전반에 대한 이해를 위하여 해외 연구결과물의 번역 작업이 시도되었고(김성수, 2017, 2020), 아프리카학의 영역별 연구가 꾸준히 진행되어 왔다(황규득, 2016).[1]

실제로 한국과 아프리카의 역사적 교류는 최근의 일이 아니다. 1950년 한국전쟁이 발발했을 때, 이미 아프리카의 에티오피아는 UN 참전국 중 하나로 아프리카 젊은이들의 소중한 피를 신생국인 아시아의 한국을 위해 바쳤다. 1960년대부터 1980년대까지 한국과 아프리카 국가들 간에 활발한 외교 관계가 형성되었다. 대부분의 경우 북한과 수교를 유지하고 있는 국가를 대상으로 한국이 경쟁적으로 외교관계를 수립하려는 노력에서 비롯되었다.[2] 1990년대에는 1987년에 설립된 한국수출입은행 대외경제협력기금EDCF과 1991년에 세워진 한국국제협력단KOICA을 중심으로 대아프리카 개발원조가 소규모로 시작되었다. 이를 토대로 2000년대 이후에는 아프리카 원조가 공적개발원조Official Development Assistance: ODA라는 체계적인 채널을 통해 본격적으로 추진되어 왔다. 특히 2010년 한국이 OECD 개발원조위원회Development Assistance Committee: DAC에 가입한 이후 아프리카에 ODA 규모를 지속적으로 증액해 왔다. 2014년부터 2018년까지 한국 ODA 지역별 지원 추이를 보면 아시아 다음으로 아프리카 지역에 두 번째로 개발원조가 많이 지원되고 있음을 확인할 수 있다([그림 1] 참조).

그럼에도 2000년대 이후 증폭된 한-아프리카 경제협력 뒤에 가려진 공여국인 한국의 목적은 상생이 아닌 다분히 한국을 위한 일방적 이익

---

1 한국에서 아프리카학에 관한 대표적 학술지로는 『韓國아프리카學會誌』와 *Asian Journal of African Studies*, 그리고 『아랍과 이슬람세계』 등이 있다. 또한 기존 사회과학과 인문학 학술지에도 아프리카 관련 논문이 게재되고 있다.

2 1960년대 초반부터 '아프리카의 해'를 맞이하여 아프리카 17개국이 영국·프랑스·벨기에 등 유럽 제국의 식민통치에서 벗어나 대거 독립을 성취하자 한국은 아프리카 신생 독립국과 외교관계를 수립하고 우호·협력관계 강화를 도모하였으며, 1970년대까지 대아프리카 외교는 유엔에서의 표 대결 등 북한과의 경쟁 외교가 중심이 되었다. 1980년대 들어와서는 전두환 정부가 케냐·세네갈·가봉·나이지리아를 순방하였고, 아프리카에서도 9개국 정상들이 방한하는 등 정상급에서의 교류가 활발하게 이루어졌다. 또한 한국은 1980년대부터 아프리카 국가들과 우호협정을 통해 무상원조를 제공하고 태권도 사범 및 농업조사단을 파견하는 등 기술협력을 전개해 왔다.

[그림 1] 2014~2018년 지역별 한국 ODA 지원 추이(순지출 기준, 백만 달러)

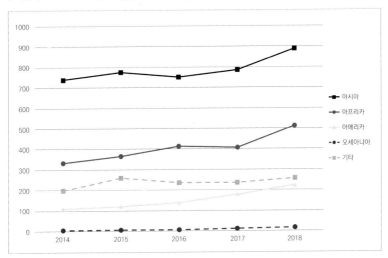

출처: OECD Statistics.

의 추구로 수렴된다고 해석할 수 있다(박영호, 2016). 아프리카를 한국과 동등한 파트너로 인식하는 것이 아니라 원조의 수혜자로 간주하여 아프리카에 시혜를 베풀면서 그 대가로 한국 기업이 진출할 새로운 시장 확보, 그리고 값싼 1차 상품과 광물 등의 수입, 나아가 국제외교 무대에서 한국 입장 공조 등을 협력의 보상으로 기대하고 있다(이진상, 2020; 박민철 외, 2019).

아프리카 지역에서 공급자 중심의 한-아프리카 개발협력은 2016년 박근혜 정부가 에티오피아·우간다·케냐의 동아프리카 주요 3국을 순방하면서 이른바 '코리아에이드Korea Aid'라는 새로운 한국형 개발협력 모델을 국내외에 강조하는 과정에서 그 정점을 찍었다. 동아프리카에서의 코리아에이드 사업은 보건·음식·문화 차량을 활용한 이동형 개발협력이었다. 한식과 보건교육 및 한국 문화를 소개하는 것이 주요 목적이라는 점만 보아도 코리아에이드는 한국을 위한 모델이지 실제로 아프리카 현지의 요구를 반영하는 수요자 중심의 모델이 아니라는 사실을 쉽게 확인할 수 있다. 2016년 '미얀마 K타운' 사건이 터지면서 코리아에이드는 최순실 게이트와 깊게 연루되어 있다는 불편한 진실이 밝혀지고 아프리카 순방도 국정농단의 핵심인 미르재단과 연계되어 있다는 사실이 확인되었다.[3]

한국의 대아프리카 협력정책이 자국 중심의 편향성을 보이는 이유는 아프리카에 대한 잘못된 일반화의 오류에서 비롯된다. 아프리카가 한국 사람들에게 최근 들어 경제적·문화적 교류에 관해 많은 관심을 받고 있지만, 아프리카의 복잡성과 다원성을 인지하지 못한 채 단순히 특정 사건과 기억에 의존하여 무리하게 아프리카의 이미지를 고착시키는 ─ 의도하거나 의도치 않던 간에 ─ 위험한 민족적 우월성이 도사리고 있다. 아프리카는 한국처럼 민족, 언어 등이 단일하게 구성되어 있지 않으며 2,000여 개의 언어와 11억 명이 넘는 인구가 다인종 그리고 다문화로 다원적인 구성체를 이루고 있다. 그럼에도 저발전과 빈곤의 경제적 환경, 국가 몰락과 분쟁의 정치적 불안정, 그리고 부패와 권위주의적 문화 배경을 가진 하나의 동일한 지역으로 아프리카를 한국에서는 인식하고 있다. 이러한 무리한 일반화의 문제는 아시아 공여국 간의 경쟁적인 아프리카 유치 정책에서도 극명하게 드러난다.

아프리카와의 경제협력과 개발협력을 추진하기 위하여 일본·중국·

---

3 http://pida.or.kr/pium/?q=YToxOntzOjEyOiJrZXl3b3JkX3R5cGUiO3M6MzoiYWxsIjt9&bmode=view&idx=5013 94&t=board (검색일: 2021년 2월 6일).

한국·인도·터키 순으로 아시아 5개 국가가 하나의 공여국과 아프리카연합African Union: AU 회원국 전체와 협정을 맺어 주기적으로 정상회의 수준의 회의체를 운영해 오고 있다. 공여국들은 회의를 거듭하면서 지원 규모를 증액하기 때문에 AU 입장에서 아시아 공여국이 회의를 소집하면 매번 참석할 수밖에 없는 상황이다. 그러나 점차 하나의 공여 국가와 54개 아프리카 국가들이 1:1로 회의를 하는 불평등한 방식에 관하여 불만을 표시하기 시작하였다. 이에 AU는 2006년 감비아Gambia 수도 반줄Banjul에서 개최된 회의에서 이른바 '반줄결정Banjul Formula'을 통해 아프리카 대륙 외부에서 소집하는 정상회의에는 AU가 아프리카 대륙의 5대 지역을 대표하는 지도자를 포함해 15인의 아프리카 대표 지도자를 선정하여 참석하도록 권장하는 원칙을 통과시켰다.[4] 비록 반줄결정이 AU 회원국들에 의해 잘 지켜지지 않고 있기는 하지만 아프리카에 대한 외부인의 무리한 일반화에 저항하고 아프리카 스스로의 대안적 해법을 제시한 사례로 주목해야 할 것이다.

이 책은 한국 사회의 아프리카에 대한 깊은 일반화의 오해와 잘못된 인식을 바로잡고 대안적 사고를 제공하기 위하여 기획되었다. 또한 아

---

4 반줄결정이 채택되었음에도 AU는 '중국-아프리카협력포럼(Forum on China-Africa Cooperation: FOCAC)'과 '도쿄아프리카개발국제회의(Tokyo International Conference on African Development: TICAD)'와 같은 중요한 정상회의에는 아프리카 모든 국가가 참석할 수 있도록 기회의 창을 열어 놓았다. 이러한 예외적인 경우와 동시에 AU가 주권국인 회원국에게 국제 정상회의에 참석을 제한할 수 있는 권한이 없기 때문에 반줄결정은 권고사항에 국한되어 실제로 회원국들이 자국의 이익을 위해 적극적으로 수용한 원칙이 아니었다. 인도의 경우 '인도-아프리카 포럼 정상회담(India-Africa Forum Summit: IAFS)'에서 처음으로 반줄결정을 존중하여 제한된 수의 아프리카 대표단을 초청하였지만 2015년에 반줄결정 적용을 포기하였다.
https://issafrica.org/pscreport/psc-insights/how-to-rationalise-africas-many-partnerships (검색일: 2021년 2월 7일).

프리카를 단순히 검은 대륙으로 인지하고 있는 한국인들에게 결코 아프리카는 어둡지 않고 밝은 발전의 미래를 보유한 대륙이라는 점을 국제개발의 시각에서 재조명하려는 개발학자들의 노력에서 시작되었다(이영목 외, 2014). 무리한 일반화의 오류에 매몰된 아프리카 외부인은 한국에만 국한되어 나타나는 것은 아니다. 이미 서구의 제국주의부터 선진 공여국으로 구분되는 유럽과 미국도 아프리카에 진출할 때 이러한 제한된 인식론과 조작된 지식의 덫에서 자유롭지 못하였다(Herbst, 2000). 그러나 서구는 오랜 기간 아프리카와의 다양한 관계의 경험을 통해 자국의 일방적 이익을 취득하려는 '이드id'적 접근에서 국제사회의 개발규범을 준수하고 합리적으로 쌍방의 이익을 존중하는 '에고ego'적 접근으로 전환해 왔다.

한국은 아직 에고보다는 이드에 가까운 단계에 있다고 평가할 수 있으며 일방적 접근에서 상생의 접근으로의 전환을 위한 다각도의 노력이 필요하다. 궁극적으로는 한국이 이드적 한계를 넘어 에고적 전향을 목표로 삼는 것이 아니라, 에고의 단계까지 극복하여 동등한 입장에서 아프리카가 한국의 정치·경제·사회협력의 파트너로 인식되는 수준으로 한-아프리카 관계를 발전시키는 것이다. 이러한 최상위 목표를 위하여 본 연구는 최근에 본격적으로 확장되고 있는 국제개발협력 분야에서 한국과 아프리카가 서로 상생할 수 있도록 다학제적 노력을 외교협력·평화·젠더·보건의료·교육·정보통신기술·문화 등 7대 영역으로 나누어 진행하였다. 앞으로 이 연구결과를 통해 한국 사회, 학계 및 시민단체 등이 아프리카의 진면목을 이해하고 한-아프리카 관계와 개발협력을 확장하는데 조금이나마 기여할 수 있기를 바란다.

II. 아프리카학의 다학제적 특성과 일반화의 오류

앞서 논의했듯이, 아프리카학에서 가장 유의해야 할 경고가 무리한 일반화의 문제이다. 일반화의 오류는 과도한 단순화와 거대서사grand narrative로 이어지는 방법론적 문제를 양산하는 위험으로 이어진다(Graham, 2019; Shaw, 1985; Wallerstein, 1961). 특히 거대서사의 방법론적 기술은 복합적인 다양성을 주요 주제에 맞춰 단순화시키며 미시적 사건과 관계의 변화를 추적하려는 의도를 무기력하게 만든다. 아프리카의 근대화를 실패한 역사적 사건으로 인정하는 거대서사는 결국 아프리카 근대화의 실패가 하나의 객관적인 '사회적 사실social fact'로 공인하는 오류를 범하게 된다(Durkheim, 1982).[5]

아프리카에 배태된 54개의 근대 국가, 정확한 수를 알 수 없는 인종적 다양성 때문에 사실상 아프리카의 근대화가 실패하였다는 주장은 실제 근대화 실패의 정도 차이가 국가마다, 인종마다 차별화되어야 한다는 사회적 사실을 배제한 것이다. 또한 사회적 사실은 미시적 수준에서의 사회 구성원부터 거시적 수준의 사회적 구조까지 제도화 과정에 반영하는 '간주관적intersubjective' 인식론을 강조하고 있다는 점에서, 거대서사가 사회의 원칙을 준수하며 사회적 사실을 추적한다면 무리한 일

---

5 프랑스 사회학의 태두 중 한 명인 에밀 뒤르켐(Emile Durkheim)이 사회학적 방법론의 규칙을 설파하면서 사회적 사실(social fact)의 개념을 만들어 사회학의 주요 임무 중 하나로 사회적 사실을 경험적으로 찾아내고 이를 증명하는 간주관적(intersubjective) 접근법을 강조하였다. 다시 말해, 사회적 사실은 개인을 초월하고 사회적 통제를 행사할 수 있는 가치, 문화적 규범 및 사회적 구조를 의미하기 때문에 사회적 사실을 의도적으로 거대서사로 환치시키면 사회적 사실의 간주관성이 상실되고 일방적인 거시 수준의 규범과 구조가 설정되어 사회구성원의 다양한 행위가 사회적 사실을 변화시키지 못하고 일방적으로 사회적 사실에 준하는 행위로 통제될 가능성이 커진다.

반화의 오류를 극복할 수 있다. 이와 같은 맥락에서 미국의 비판사회학자 밀스C. Wright Mills는 사회학적 상상력sociological imagination을 통해 '거대이론grand theory'의 방법론적 폐해를 극복하고 사회의 다양한 가능성에 문호를 개방하는 열린 사고의 다학제적 중요성을 강조하였다(Mills, 1959).

일반화의 오류가 간주관적인 사회적 사실을 통해 수정될 수 있다는 논리는 곧 아프리카의 다양성 속에 유사한 방식의 공통분모를 찾아가는 과정과 밀접하게 소통할 수 있다. 이는 다양성을 인정함과 동시에 비교·분석을 통해 거대한 서사 속에 유사성을 찾는 학문적 노력이 필요하다는 것을 의미한다(Herbst, 2000). 이러한 노력이 뒷받침되지 않으면 거대한 서사 속에 수많은 아프리카의 다양성이 상쇄되고 아프리카는 하나의 정체성만을 공유하도록 외부인의 시각과 이론에 의해 외생화exogenization 되는 피조물로 둔갑한다. 그럼에도 비교사적 접근을 통해 아프리카 역사의 궤적을 쫓아가다 보면 아프리카 다양성을 관통하는 유사성도 존재할 수 있다. 비교사회학적 시각에서는 역사적 사실을 활용하여 맥락의 대조contrast of contexts와 거시인과분석macro-causal analysis의 비교사를 통해 차이법method of difference과 일치법method of agreement 중심으로 다른 국가 간의 유사성과 차이성을 찾아내려는 노력이 이어져 왔다(Skocpol and Somers, 1980; Beck, 2018).[6]

---

6 맥락의 대조를 사용하는 역사사회학자들은 주로 유사한 조건을 공유하면서 극단적으로 상이한 결과를 보여주는 사례들을 비교 대상으로 선정하고, 선정된 사례 간의 명확한 차이점을 밝히기 위한 일종의 차이법을 사용한다. 이와 유사하게, 거시인과분석은 거시 수준의 구조와 과정을 인과적으로 추론하기 위하여 비교사적 방법론을 구사하는 방식을 의미하며, 주로 최대한 유사한 체계를 보유한 사례 간의 역사적 사실을 비교 분석함으로써 다양한 결과가 발생하는 원인을 찾아내고 유사점과 차이점을 이해할 수 있는 근거를 제공한다. 따라서 맥락의 대조와 거시인과분석은 공통적으로 차이법 중심의 최대유사체계분석(most similar system design)을 주요 비교방법론으로 사용하고 있

아프리카 대륙에서 활동하고 있는 국가의 수는 총 55개 또는 54개이다. AU에서는 서사하라Western Sahara를 정식으로 국가로 인정하여 55개국으로 분류하고 있지만 대한민국 외교부는 UN의 비자치지역 목록에 게재된 서사하라를 국가로 인정하지 않기 때문에 대부분의 UN 회원국들과 같이 아프리카 국가의 수를 54개국으로 분류한다([표 1] 참조). 아프리카는 국가의 수가 최소 54개이며, 인구 규모 또한 세계 인구의 14.8%를 차지할 정도로 아시아 다음으로 인구가 많은 대륙이고, 면적도 지구 육지 면적의 20.4%를 차지할 정도로 아시아 다음으로 넓다. 아프리카 대륙이 접하고 있는 바다는 북쪽에 지중해, 서쪽에 대서양, 동쪽에 인도양, 그리고 북동쪽에 수에즈 운하와 홍해로 다양하게 구성되어 있다.

아프리카의 기본 정보 외에 아프리카 대부분의 국가들은 — 에티오피아 등 소수를 제외한 — 유럽 제국주의의 희생양이 되어 식민지 경영의 가장 큰 피해를 본 공통의 경험이 있다. 유럽 제국주의의 식민정책에 의해 아프리카는 근대화가 시작되었고, 국가·주권·국경·민족주의 등 유럽이 만든 근대 문명의 새로운 규범과 원칙이 아프리카 고유의 역사와 문화 다양성을 반영하지 않은 채 여과 없이 아프리카 대륙에 침투하여 결국 아프리카를 유럽 문명의 아류와 생산기지로 전락시켰다(Smith, 1983; Kratochwil, 1986; Herbst, 2000). 이렇듯 아프리카는 하나의 단일한 국가 또는 민족 정체성을 보유할 수 있는 지리적·정치적·문화적 환경에 있지 않았기 때문에 아프리카 국가들은 각각 주어진 환경에서 생존과

다. 이는 유사한 국가들 간에 나타나는 차이점과 개별 국가가 차별적 산출물을 생산하는 핵심적 원인을 찾아내는 방법론적 목표를 공유한다는 것을 의미한다. 거시인과분석을 사용한 기존 연구로는 무어(Moore, 1993)와 스카치폴(Skocpol, 1979)의 연구가 대표적이다.

[표 1] 아프리카 대륙의 지역별 국가(55개국)[7]

국가명	수도	국가명	수도
북아프리카		동아프리카	
리비아(Libya)	트리폴리(Tripoli)	세이셸(Seychelles)	빅토리아(Victoria)
마데이라 제도 (Madeira: 포르투갈령)	푼샬(Funchal)	소말리아(Somalia)	모가디슈(Mogadishu)
아조레스 제도 (Azores Islands: 포르투갈령)	폰타델가다 (Ponta Delgada)	에리트레아(Eritrea)	아스마라(Asmara)
모로코(Morocco)	라바트(Rabat)	에티오피아(Ethiopia)	아디스아바바 (Addis Ababa)
서사하라(Western Sahara)	엘아이운(El Aaiún)	지부티(Djibouti)	지부티(Djibouti)
수단(Suda)	하르툼(Khartoum)	케냐(Kenya)	나이로비(Nairobi)
알제리(Algeria)	알제(Algiers)	코모로(Comoros)	모로니(Moroni)
이집트(Egypt)	카이로(Cairo)	탄자니아(Tanzania)	도도마(Dodoma)
튀니지(Tunisia)	튀니스(Tunis)	서아프리카	
중앙아프리카		가나(Ghana)	아크라(Accra)
남수단공화국 (Republic of South Sudan)	주바(Juba)	가봉(Gabon)	리브르빌(Libreville)
르완다(Rwanda)	키갈리(Kigali)	감비아(Gambia)	반줄(Banjul)
부룬디(Burundi)	부줌부라(Bujumbura)	기니(Guinea)	코나크리(Conakry)
우간다(Uganda)	캄팔라(Kampala)	기니비사우(Guinea Bissau)	비사우(Bissau)
중앙아프리카공화국 (Central African Republic)	방기(Bangui)	나이지리아(Nigeria)	아부자(Abuja)
콩고민주공화국 (Democratic Republic of the Congo)	킨샤사(Kinshasa)	니제르(Niger)	니아메(Niamey)
남아프리카		라이베리아(Liberia)	몬로비아(Monrovia)
나미비아(Namibia)	빈트후크(Windhoek)	베냉(Benin)	포르토노보(Porto-Novo)
남아프리카공화국 (Republic of South Africa)	프리토리아(Pretoria) 블룸폰테인(Bloemfontein) 케이프타운(Cape Town)	카보베르데(Cape Verde)	프라이아(Praia)
레소토(Lesotho)	마세루(Maseru)	부르키나파소 (Burkina Faso)	와가두구 (Ouagadougou)
마다가스카르 (Madagascar)	안타나나리보 (Antananarivo)	차드(Chad)	은자메나(N'Djamena)
말라위(Malawi)	릴롱궤(Lilongwe)	코트디부아르 (Côte d'Ivoire)	야무수크로 (Yamoussoukro)
모리셔스(Mauritius)	포트루이스(Port Louis)	말리(Mali)	바마코(Bamako)
모잠비크(Mozambique)	마푸토(Maputo)	모리타니(Mauritania)	누악쇼트(Nouakchott)
보츠와나(Botswana)	가보로네(Gaborone)	세네갈(Senegal)	다카르(Dakar)
앙골라(Angola)	루안다(Luanda)	시에라리온(Sierra Leone)	프리타운(Freetown)
에스와티니(Eswatini)	로밤바(Lobamba) 음바바네(Mbabane)	토고(Togo)	로메(Lomé)
잠비아(Zambia)	루사카(Lusaka)	콩고공화국 (Republic of Congo)	브라자빌(Brazzaville)
레위니옹(La Runion: 프랑스령)	마무주(Mamoudzou)	적도기니(Equatorial Guinea)	말라보(Malabo)
마요트(Mayotte: 프랑스령)		카메룬(Cameroon)	야운데(Yaound)
짐바브웨(Zimbabwe)	하라레(Harare)	상투메프린시페 (São Toméand Principe)	상투메(São Tomé)

출처: 저자 정리.

번영을 위해 서로 다른 정책을 선택했다. 동시에 제국주의와 식민지 잔재를 청산하고 근대국가로서 독립하고자 하는 공통된 목표를 공유하기도 한다. 따라서 아프리카 대륙에는 거대서사가 일반화의 오류를 쉽게 양산하는 부정적 조건과 이를 정정하기 위하여 사회적 사실을 찾아내는 맥락의 대조와 거시인과분석 등 아프리카의 다양성을 위한 긍정적 조건이 공존한다.[7]

아프리카학은 일반화의 문제와 함께 특정 이슈를 특정 학문이 전담하기보다 다학제적 접근이 요구되는 특징을 가지고 있다(김성수, 2020). 하나의 이슈가 이미 관련 이슈와 중첩적으로 연계되어 복합적 이슈로 확장되기 때문에 아프리카에서는 인종 문제가 곧 언어와 문화의 문제가 되고 정치 문제로 쉽게 확산되는 것이다. 이러한 다학제적 상호교류 cross-fertilization 현상이 다른 지역학에서도 중요하게 다루어지지만 특히 아프리카학에서는 식민주의·제국주의·탈식민주의·포스트식민주의·종속이론·제3세계론 등 서구의 일방적 개입에 저항하는 수많은 정치 이념이 단기간 내에 교차하면서 복합현상이 다양한 세부 영역에 흡수되고 토착문화와 거버넌스 시스템과 조우하면서 새로운 방식의 하이브리드가 탄생하기도 한다.

이러한 아프리카의 다학제적 특성을 가장 잘 보여주는 예로 서구의 문명 기준과 근대화 과정이 아프리카에서 차별적으로 전개되었다는 연

---

7 한국에서는 아프리카 대륙에 위치한 국가의 수, 국가 명, 그리고 국가 수도를 대략이나마 인지하고 있는 수준이 상당히 낮다. 적어도 특정 아프리카 국가가 아프리카 대륙의 동·서·남·북·중앙 중 어디에 위치하는가를 알고 있는 것이 중요하다. 아프리카는 지역별로 지역기구가 설립되어 활동하고 있고 지역별로 유사한 문화와 역사를 공유하는 경우가 많아 아프리카 국가에 대한 연구는 지역별로 기획하는 것이 중요하다.

구 주제를 들 수 있다. 기본적으로 문명의 기준standard of civilization과 근대화modernization 이슈는 다분히 다학제적 접근이 필요한 개념이자 역사의 과정이다. 서구가 제국주의와 식민화 과정으로 규범화한 '문명의 기준'은 글로벌 남반구Global South에게 문명의 기준을 수용하도록 강요했다. 수용하지 않을 경우 문명화에 실패한 미개인 취급을 받도록 주홍글씨를 새겨 주류 국제사회international society로부터 남반구 국가들을 격리시켰다(Buzan, 2014). 아프리카 대륙이 서구의 문명 기준에 얼마나 적극적으로 부합하려는 노력을 했는지, 반대로 서구 문명에 저항하는 대안적 정책을 강조했는가에 따라 세계체제에서 그 국가의 정치·경제·사회적 위치와 관계가 결정되었다. 문명의 기준을 논하기 위해서는 아프리카 대륙 또는 개별 아프리카 국가가 처한 정치·경제·사회적 환경과 조건에 대한 정밀한 분석이 수반되어야 한다. 이를 위해서는 특정 학문적 시각보다는 다양한 학문이 융합되는 다학제적 시각이 필요한 것이다. 따라서 문명의 기준이라는 역사적 프레임을 본 연구에서 다루고 있는 한-아프리카 국제개발협력 7대 분야에 공통적으로 적용되는 다학제적 연구의 토대이자 외생 조건으로 인지하는 것이 중요하다.

아프리카 연구에 다학제적 접근법이 필요하다는 또 다른 근거로 아프리카의 근대성modernity을 서구 방식의 근대화modernization와 동일시하는 우리의 습관적 인식의 오류를 들 수 있다. 과연 근대성은 근대화와 다른 개념인가? 많은 학자들이 자발적인 내생적 근대성과 수동적인 외생적 근대화는 구별되어야 한다고 주장한다(Appadurai, 1996; Comaroff & Comaroff, 2016). 근대성은 나선형의 내생적 역사에 근거한 아프리카 고유의 맥락에서 형성된 자생적 산물로 서구의 근대성을 복제하는 것이 아니라 때로는 서구보다 앞서 근대성을 아프리카가 발전시킬 수 있다는 가능성을 전제로 한다. 따라서 아프리카의 근대성은 아프리카 현지인들의 세계관이자 진보적 인본주의의 구성체로서 지식과 기술을 축적시켜 제도 개선 및 합리적 거버넌스를 통해 사회정의를 추구하는 자발적인 자기실현의 이데올로기로 정의되기도 한다(Harvey, 1989: 10). 역사적으로 굴곡이 많은 근대성의 형성은 다양한 형태로 표출되기 때문에 이러한 근대성의 특징을 '다중 근대성multiple modernities'으로 정의하고, 다양한 측면에서 근대성의 정체성을 정의하기 위하여 다학제적 시각의 필요성이 강조된다(Stoler and Cooper, 1997: 32). 반대로 근대화는 나선형이 아닌 직선의 미래를 향하여 모든 사회와 역사가 동일한 방향으로 진화와 발전을 기획해야 하는 강한 규범적 목적론을 표방한다. 따라서 아프리카 고유의 내생적 변수들은 근대화 과정에서 크게 부각되기 어려우며 서구식 근대화 모델이 여과 없이 아프리카라는 생소한 맥락에 주입되는 일련의 체계적 프로세스가 진행된다.

아프리카 근대성에 관한 다학제적 연구는 근대화의 목적론을 희석시키고 근대화가 상정한 직선형의 역사에 저항하며 서구의 모델을 근대성의 한 종류로 치부하고 서구라는 제국을 해부하는 결과를 도출한다는 점에서 궁극적으로 탈식민주의와 결을 같이 한다(Chakrabarty, 2000; Makdisi, 1992). 이는 아프리카라는 주변부periphery zone의 시각과 지식을 토대로 주류 서구형 발전 모델과 차별화되는 근대성을 재생산하고 유럽의 계몽적 근대화를 비서구 지역의 경험에 의해 재해석하는 학문적 노력이 동반되어야 한다(Ferguson, 1999; Piot, 2000; Chalfin, 2010). 결국 아프리카 개발협력의 연구는 서구식 근대화 발전론에서 탈피하여 아프리카 본연의 지식과 경험이 주류화되고 이를 통해 아프리카 방식의 근대성을 재조명하는 임무를 수행하는 것이다. 국제개발 시각에서 재해석된 아프리카의 근대성은 하나의 시각에 머무는 것이 아니라 국제개발협력을 구성하는 다양한 영역에서 아프리카 근대성의 조각들을 맞추어 나갈 때 진정한 재해석과 앞으로의 방향성이 모색될 수 있다.

III. 아프리카 국제개발의 현주소: 프로이트의 이드와 에고 사이에서

그렇다면 지금까지 아프리카에 장기간 투입된 개발원조는 어떤 방식으로 아프리카의 근대성 확립에 기여했는가를 논해야 한다. 국제개발의 주요 원칙으로 흔히 협력 대상국의 '주인의식ownership'을 강조하고 공여국은 협력 대상국의 국가발전 목표에 부합하는 원조를 제공해야 한다는 '일치alignment'의 원칙이 있다. [8] 두 가지 원칙에 의거하여 서구의 대아프리카 개발원조와 한국의 개발원조를 단순 비교할 수 있다. 과거 서구의 대아프리카 원조는 수요자 중심이 아닌 공급자 중심으로 기획되고 공여국의 이익에 부합하도록 계획되었다고 평가해도 큰 무리가 없다.

---

8   국제개발의 주요 국제규범 중 2005년 OECD가 주최한 원조 효과성을 위한 고위급 포럼(High-Level Forum on Aid Effectiveness) 제2차 회의인 파리회의에서 원조 효과성 제고를 위한 5대 원칙인 파리선언(Paris Declaration)이 통과되었다. 파리선언의 5대 원칙은 (1) 주인의식(ownership), (2) 일치(alignment), (3) 조화(harmonization), (4) 결과중심관리(managing with results), (5) 상호책무성(mutual accountability)이다. 주인의식은 원조이행의 주체가 공여국이 아닌 협력 대상국이 되어야 한다는 의미이며, 일치는 공여국의 개발원조가 협력 대상국의 국가발전 목표 및 요구사항과 부합하도록 이행하는 것이고, 조화는 공여국 간의 개발 프로젝트를 집행하기 이전에 상호 협의하는 원칙이며, 결과중심관리는 개발 프로젝트의 결과를 모니터링하고 평가하는 원칙이고, 마지막으로 상호책무성은 공여국과 협력 대상국이 모두 개발원조의 이행에 책임을 공유해야 한다는 원칙을 의미한다.

제국주의 시대에 아프리카 국가의 국경은 아프리카의 역사·문화·언어·인종과 상관없이 식민지를 경영하는 유럽 열강의 경쟁관계에 의해 획일적으로 정해졌다. 그 때문에 지금도 아프리카 대륙의 지도를 보면 상식적으로 이해할 수 없을 정도로 직선으로 이루어진 다수의 국경을 확인할 수 있다(Herbst, 2000). 제2차 세계대전 이후 신생국가로 아프리카 국가들이 독립하고 식민화 과정에서 발생한 피해를 보상한다는 차원에서 유럽의 공여국들은 개발원조를 제공하였다. 그러나 실제로 구식민지를 독립 이후에도 관리하고 유럽 공여국 영향 하에 두기 위한 정치적 계산이 깔려 있다는 것을 알 수 있다. 프랑스는 아직도 '프랑코포니Francophonie'라는 프랑스어권 아프리카 국가들, 즉 프랑스의 구식민지 국가들에 원조를 집중하고 있다.

그럼에도 1970년대 들어 유럽의 공여국들은 원조방식을 대대적으로 변경했다. 이는 기존의 '빅푸시big push' 원칙에 따라 협력 대상국의 요구와 상관없이 공여국이 기획한 원조목표를 달성하기 위하여 대량의 원조를 투하하였지만 결과는 수원 지역의 빈곤은 여전히 감소하지 않았다는 '원조피로aid fatigue' 문제에서 비롯되었다(Rapley, 2007). 1970년대부터 유럽뿐 아니라 국제원조 사회는 이러한 빅푸시 정책에서 이른바 '기본수요basic needs' 정책으로 전환하여 빈곤 이슈를 최상위 목표로 설정하고 이와 관련된 기본수요에 집중하여 아프리카 협력 대상국들의 요구에 부합하는 원조정책을 이행하려 노력했다(Riddell, 2007). 이후 유럽 및 서구의 원조방식은 굿거버넌스good governance와 투명성transparency 등과 같은 글로벌 원조규범을 만들어 수요자 중심의 절차와 공급자의 원조조건aid conditionality이 통합된 방식으로 개발원조에 참여하는 파트너 간의 개발 파트너십을 구축해 오고 있다.

결론적으로 서구의 대아프리카 원소방식은 크게 두 단계로 구분할수 있다. 1단계는 공급자 중심의 원조가 주류였다면, 2단계에 들어와서는 공급자와 수요자가 상호 교감할 수 있는 원칙과 규범을 중심으로 개발원조가 이행되어 왔다고 정리할 수 있다.

반면 한국의 경우는 아직까지 유럽 경험의 초기 단계에 머물고 있다고 평가할 수 있다. 2010년 OECD DAC에 가입한 한국은 개발원조 경험이 10년 정도인 신흥 원조국이라는 점에서 아직 아프리카 원조에 정부 차원의 원칙 내지 목표가 확실하게 설정되어 있지 않다. 2010년 이전에도 아프리카에 원조를 제공해 왔지만 본격적으로는 2010년 이후에 대아프리카 개발협력사업이 이루어졌기 때문에 아프리카의 수요를 파악하고 수요에 맞춤형으로 개발원조가 기획되기보다는 중점 협력국으로 지정된 소수의 아프리카 협력 대상국을 상대로 원조의 선택과 집중을 기하고 있다. 앞서도 설명했듯이, 아프리카 대륙은 수많은 언어와 인종, 그리고 다양한 문화와 전통을 보유하고 있다는 점을 간과해서는 안된다. 아프리카의 다중 근대성을 이해하는 지역 전문가 양성을 통해 고유의 근대성에 해를 가하지 않고 한국의 원조를 통해 아프리카의 근대성이 발전될 수 있도록 차후 아프리카의 주인의식과 일치라는 원칙을 준수하는 것이 관건이다.

또 다른 한국의 대아프리카 원조가 보여주는 문제점은 아시아 신흥 공여국과의 대아프리카 원조 경쟁에 의해 아프리카 원조의 방향이 정해진다는 것이다. 일본은 일찌감치 1993년부터 TICAD^{Tokyo International Conference on African Development}를 설립하여 정기적으로 AU 회원국과 정상회담을 개최하고 매번 일본의 개발원조를 증액하고 있다. 이에 맞서 중국도 2006년 FOCAC^{Forum on China–Africa Cooperation}를 설립하고 AU 회원국을 베이징으로 모두 초대하여 시진핑 주석이 대규모의 개발원조를 아프리카에 약속함으로써 일본을 견제하고 아프리카의 원조 맹주국으로 자리매김하려 노력하고 있다. 인도는 2008년 IAFS^{India-Africa Forum Summit}를 만들어 초기에는 반줄결정을 존중하여 일부 AU 회원국을 초대하였지만 이후 이를 포기하고 일본·중국과 같이 회원국 전체와 남남협력의 일환으로 개발원조를 약조하고 있다. 터키 정부도 2008년 '터키-아프리카 협력 정상회담^{Turkey-Africa Cooperation Summit: TACS}'을 설립하고 거의 매년 AU와 정상회담을 통해 개발협력을 강화해 나가고 있다.

이러한 경쟁구도에서 한국도 2006년 노무현 정부 시기에 '한-아프리카 포럼^{Korea-Africa Forum: KAF}'을 조직하고 3~4년마다 정상회담을 AU 회원국과 개최하여 한국 나름의 아프리카 개발협력을 추진해 오고 있다. 아시아 공여국들은 공통적으로 아프리카에 제공하는 개발원조 중 유상원조 비율이 서구의 원조보다 월등히 높게 나타나며 구속성 원조 비율도 상대적으로 높게 나타나는 특징을 보여준다. 이는 국제사회에서 권장하는 무상원조 및 비구속성 원조의 주류화에 반하는 원조 선진화에 실패하거나 선진화의 의지가 부재한 후진적 면을 보여주는 것이다(김태균, 2019).

앞서 논의한 대아프리카 개발원조의 현주소를 다시 프로이트의 정신분석학에 나오는 기본 개념인 '이드'와 '에고'를 통해 재해석할 수 있다. 프로이트에 따르면, 사람마다 사회적 경험으로 형성된 '자아'는 세 가지 부분 요소로 구성된다. (1) 본능적이고 쾌락을 중심하는 이드, (2) 합리적 성향을 가진 에고, 그리고 (3) 도덕적이고 이상향을 추구하는 슈퍼에고^{superego}가 각각의 특징을 가지고 한 개인의 자아를 형성하는 것이다(Freud, 1989). 첫째, 이드는 개인이 원초적으로 원하는 의지대로 쾌

락과 리비도라는 성욕까지 추구하는 자아의 구성 요소로서, 사회에서 합의된 규율과 도덕적 기준을 무시하고 원초적 본능에 충실하도록 구조화되어 있다. 하지만 리비도는 개인 또는 사회에 의해 규제되고 관리될 수 있으며, 만약 정상적 관리가 사회적으로 제도화될 수 있다면 이드가 정상화되고 조정된 이드는 다음 단계인 에고로 성장할 수 있는 가능성을 내포하게 된다. 둘째, 에고는 이드와 슈퍼에고를 연결하는 중간 단계로 원초적 본능인 이드를 극복하고 도덕적 이상향을 추구하는 슈퍼에고 단계로 넘어가기 위하여 본능과 도덕 간의 합리적 균형점을 찾으려는 자아의 노력이다. 이로써 개인은 사회적으로 타인과 교류하고 사회화되며 이기적인 본능과 동시에 이타적인 도덕적 양심을 추구하여 타인의 입장을 이해하는 역량이 강화되는 자아로 성장한다. 셋째, 자아의 마지막 단계이자 최상위 단계인 슈퍼에고는 도덕적 양심을 최고의 가치로 인식하고 본능을 자발적으로 통제함으로써 사회에서 통용되는 규범과 질서를 지키기 위한 자제와 노력을 일상적으로 이행하는 자아의 최종 완성판이라 할 수 있다.

프로이트가 설파한 자아의 세 요소는 아프리카의 근대성과 외부의 개발원조 간의 관계성을 다시 해부할 수 있는 메타포를 제시한다. 이드는 공급자 중심의 공격적 원조를 전개하는 과거의 서구와 현재의 한국이 자국의 본능적 이익에 맞게 아프리카의 다원적 근대성을 충분히 고려하지 않고 공여국이 기획하고 개발협력 사업을 추진하는 사례를 설명할 수 있다. 한편 에고는 이드적 접근의 한계를 극복하고 아프리카의 내부 조건을 이해하는 동시에 현장의 중요성을 적극적으로 반영하여 개발협력 파트너인 협력 대상국의 입장을 고려하는 개발원조의 경우에 해당한다(한양환, 2015).

그러나 에고적 개발협력은 글로벌 규범에서 강조하는 원조의 투명성과 책무성, 비구속성 원조 등의 원칙을 완벽하게 이행하는 양태를 보이지 않고 공여국의 국익과 글로벌 규범을 일정 정도 절충하는 방식을 취하고 있다고 평가할 수 있다. 따라서 에고 방식의 원조 레짐은 주로 현재 서구의 '선진' 공여국이 취하는 개발원조와 유사하다고 볼 수 있다. 또한 한국은 서구의 에고적 개발원조에 준하는 수준까지 원조정책을 '선진화'하고 있으며 DAC의 신흥 원조국이지만 이드에서 에고로의 변환을 시도하고 있다.

현재까지 DAC 회원국 중 에고 수준을 넘어 슈퍼에고 단계에 이른 공여국은 없다고 해도 무방하다. 굳이 에고 단계 중 최상급에 도달한 공여국을 뽑자면 북유럽 국가 중 스웨덴과 노르웨이 정도가 슈퍼에고 수준에 근접하고 있다고 볼 수 있다. 두 나라는 국제사회에서 권고하는 국민총소득GNI 0.7%의 ODA 예산 책정을 꾸준히 충족하고 있으며, ODA의 무상원조 비율을 거의 100% 수준에 맞추는 동시에 다자원조 비율과 비구속성 원조의 비율을 다른 DAC 회원국에 비해 상대적으로 높게 책정하고 있다. 이러한 점에서 볼 때, 두 북유럽 국가는 이론의 여지없이 국제사회에서 가장 모범적 원조 공여국으로 인정해야 할 것이다([그림 2] 참조).

이른바 '인도주의humanitarianism'라는 원조 유형을 선제적으로 브랜드화하고, 인권·평화·젠더 및 민주주의를 ODA의 기본 원칙이자 방향으로 설정하고 있어서 국제무대에서 중요한 글로벌 규범을 스웨덴과 노르웨이가 선도해 왔다고 해도 큰 무리가 없다(Ingebritsen, 2002). 이러한 맥락에서 스웨덴과 노르웨이가 슈퍼에고에 가장 근접한 사례라고 간주할 수 있지만 실제 현실에서는 두 국가의 행보를 다르게 해석할 수 있다.

[그림 2] OECD DAC 회원국의 GNI 대비 ODA 비율(2019년 기준)

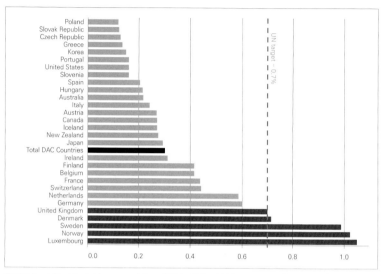

출처: https://public.tableau.com/views/ODA–GNI_15868746590080/ODA2019?:display_count=y&publish=yes&:origin=viz_share_link?&:showVizHome=no#1

현실주의적 시각에서 볼 때, 북유럽의 모범적 두 공여국이 인도주의를 표방하고 글로벌 수준에서 원조 규범을 선도하려 노력하는 이유는 결국 자국의 국익과 이러한 인도적 원조가 직결되어 있기 때문에 국익을 위해 전략적으로 인도주의가 선택된 것이지 스웨덴과 노르웨이가 태생적으로 인도주의와 민주주의를 선호해서가 아니라는 연구결과가 있다(김미경, 2012; Browning, 2007; Bergman, 2007; Lawler, 2007). 두 나라 모두 20세기 초반까지 유럽에서 가장 기근이 심한 빈곤 국가에 해당하였으나 북해 유전 등 천연자원의 발견과 국내 사회민주주의의 발전 등으로 ODA를 통해 적극적으로 글로벌 남반구의 개발에 기여하기 시작하였다. 스웨덴과 노르웨이가 GNI의 0.7%를 ODA로 사용한다 하

[그림 3] OECD DAC 회원국의 ODA 전체 규모 순위(2019년 기준)

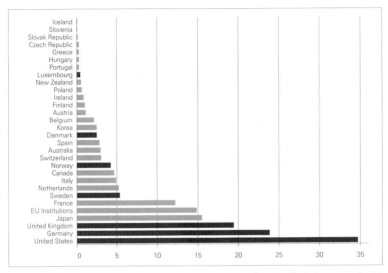

출처: https://public.tableau.com/views/ODA-GNI_15868746590080/ODA2019?:display_count=y&publi
sh=yes&:origin=viz_share_link?&:showVizHome=no#1

더라도 전체 ODA 규모는 2019년 기준 세계 1위인 미국의 334억 9,230
만 달러에 비해 52억 500만 달러로 세계 7위에 머물고 있다. 전체 ODA
규모로는 스웨덴 및 노르웨이가 절대적으로 우위를 차지하지 않는다
([그림 3] 참조). 또한 후발주자로서 북유럽 국가들은 서유럽 공여국과
미국이 다분히 동맹국 및 구식민지 지역을 ODA를 통해 관리해 온 기존
의 개발원조 방식과 차별화하기 위하여 새롭게 민주주의와 평화를 강
조하는 인도주의 방식을 강조했다. 이로써 스웨덴과 노르웨이의 ODA
를 대안적 원조 모델로 브랜드화하고 그 가시성을 제고하는 데 성공하
였다. 따라서 스웨덴과 노르웨이는 글로벌 개발규범을 철저하게 준수
하고 새로운 규범 창설을 선도하며 인도주의 원조 모델로 자국의 ODA

를 환치함으로써 현실주의적 국익을 단기간 내에 물리적 개입이 아닌 중장기적 연성파워의 확장으로 전략화하고 있다고 평가할 수 있다.

결론적으로, 글로벌 북반구에 위치한 어떤 공여국도 자국의 국익과 개발원조를 분리하여 정책화하지 않으며 자국이 처한 환경과 세계체제에서의 위치에 따라 개발원조를 통해 국익 확장에 이바지하려 노력하고 있다는 것을 알 수 있다. 공여국의 모범 사례로 손꼽히는 스웨덴과 노르웨이도 국익을 배제하고 순수하게 이타주의적 입장에서 ODA 및 개발협력을 이행하는 슈퍼에고의 원형에서 탈피한 궤적을 보여주고 있다. 아직 프로이트의 슈퍼에고에 해당하는 DAC 회원국은 없다고 정리할 수 있으며, 대부분의 아프리카뿐 아니라 다른 협력 대상국에 개발원조를 지원하는 공여국은 이드와 에고 사이에 원조의 정체성이 분포되어 있다고 평가할 수 있다.

IV. 한국의 대아프리카 개발협력은? 이드와 에고를 넘어

앞서 논의했듯이, 한국의 대아프리카 개발협력 궤적은 이드의 최고 단계에서 에고로 넘어가는 전환기에 있다. DAC에 가입하면서 글로벌 원조규범을 숙지하고 DAC에서 요구하는 기본 원칙을 준수하기 위하여 한국은 아프리카의 근대성 구축을 존중하고 다양성을 지원하는 방식으로 원초적인 자국 중심의 개발원조를 극복하려는 단계에 있는 것이다. 한국 정부는 2010년 DAC 가입 후 5년마다 한국의 국제개발협력 정책 방향을 제시하는 '국제개발협력기본계획'을 범정부 차원에서 협의하여 수립해 왔다.[9] 제1차 국제개발협력기본계획은 2010년에 수립되었다. 주요 목표는 신생 DAC 회원국으로서 한국의 개발협력 시스템을 선진화하는 것이었고 이를 실현하기 위한 중기 전략을 무상·다자협력(UN 및 기타 국제기구) 및 유상·다자협력(국제금융기구)으로 나누어 제시하고 있다. 이러한 기본계획을 처음으로 기획하다보니 정작 기본계획이 제공해야 하는 기본적 임무인 전략목표와 중장기적 방향성은 배제되고 대단히 구체적인 정책기준과 목표가 제시되는 경향이 강하였다.

한국의 ODA가 추진되는 철학적 원칙과 전략적 방향보다는 DAC의 주요 기준을 최소한으로 준수하기 위한 제도적 정비가 주를 이루었다. 최소한의 정비는 유상원조를 담당하는 기획재정부와 무상원조 주무기관인 외교부 간의 심각한 갈등과 분절적 이행을 구조적으로 인정하고 통합 대신 국무총리실 산하 국제개발협력위원회를 설치하여 조율하는 방식으로 절충하였다는 근본적 한계를 가지게 되었다. 이는 한국의 국익을 최우선으로 하는 기획재정부의 이드적 접근과 상대적으로 에고적 접근을 하는 외교부의 글로벌 규범우선 정책 간의 세력 다툼이 한국 ODA 정책에 깊게 배태되어 있음을 보여준다.

이러한 구조적 문제점을 2015년 제2차 국제개발협력기본계획에서는 '인류의 공동 번영과 세계평화에 기여'라는 대단히 거시적인 비전하에 통합전략과 계획을 통해 체계적인 ODA를 추진하여 원조의 분절화를 방지하고 효과성을 높이기 위해 '통합적 ODA' 추진을 제시하였다. 이와 더불어 '내실있는 ODA'를 강조하여 협력 대상국과의 협의를 강화

---

9   한국 국제개발협력기본계획의 내용에 관해서는 https://www.odakorea.go.kr/ODAPage_2018/category02 /L02_S01_02.jsp 참조 (2021년 2월 11일 검색).

하고 사업 시작 단계부터 협력 대상국의 요구와 협력을 극대화함으로써 아프리카 파트너 국가의 오너십과 현장의 맥락을 최적화하려는 노력을 강구하였다. 또한 ODA 사업을 추진함에 있어 정부뿐 아니라 시민사회·학계·기업 등의 다양한 이해관계자multi-stakeholder가 참여하는 '함께하는 ODA'를 강조하였다. 따라서 제2차 기본계획에서는 한국 개발협력 거버넌스에 고착된 원조의 분절화를 에고적 단계로 올리기 위한 노력을 시도하였다. 그러나 아직까지 분절적 구조는 개선되지 않았으며 개발주의developmentalism에 입각한 이드적 사고는 제3차 기본계획에도 계속 문제가 되고 있다(김태균, 2016).

2021년 1월에 제3차 국제개발협력기본계획이 수립되어 2025년까지 한국의 ODA 정책과 사업에 적용될 예정이고 물론 아프리카 개발원조에도 공통적으로 적용된다. 제3차 기본계획의 비전은 '협력과 연대를 통한 글로벌 가치 및 상생의 국익 실현'으로 최초로 '국익'이란 단어가 한국의 국제개발협력 정책의 핵심 비전으로 부각되었다. 여기서의 국익은 단순히 전통적 의미의 힘과 경제력에 기반한 현실주의적 개념이 아니라 글로벌 공공재를 생산하고 빈곤 퇴치와 세계평화에 기여하는 것을 국익과 등치시키는 자유주의적 개념이다. 최근 영국·미국·호주·독일 등이 자국의 ODA 비전에 국익 개념을 사용하고 있다는 점에서 한국의 새로운 비전도 같은 맥락에서 이해할 수 있다.

그러나 한국 시민사회는 이러한 제3차 기본계획의 비전이 한국 ODA를 이드적 단계로 퇴행시킬 수 있다는 점에서 신랄하게 비판하고 있으며 정부기관과 시민사회 간에 국익 개념에 대한 해석을 둘러싸고 이견이 대립될 가능성이 높다.[10] 제3차 기본계획은 제1차와 제2차 기본계획보다 한 단계 발전한 수준에서 SDGs 등의 글로벌 규범과 한국의 특수한 목표가 결합된 에고적 단계의 계획이라 볼 수 있다. 하지만 비전에서의 국익 문제와 분절적 구조 등 아직 이드적 성향이 강하게 남아 있어 이드와 에고 사이에 고립되어 있다고 해석해야 할 것이다.

그렇다면 한국의 대아프리카 개발원조가 한국의 이드적 단계와 서구의 에고적 단계를 극복할 수 있는 방법이 있는지, 그리고 있다면 그 방법이 무엇인가에 대한 심도 있는 분석과 토론이 필요하다. 안타깝게도 아직까지 한국 학계에서 이러한 한국 개발협력의 철학적 논쟁이 활발하게 진행되지 않고 있다. 대부분의 학술연구는 아프리카에 진출하는 한국 ODA의 원조 효과성 제고, 부패 축소, 섹터별 원조 배분 등 철학적 그리고 이론적 논쟁이 아니라 기술적이고 기능적인 연구가 주를 이루고 있다. 한국의 대아프리카 개발원조에 관한 철학적 논쟁은 가장 근원적인 개발정책의 출발점이자 한국 국제개발협력의 전체적인 철학적 배경과 직결된다. 사회적으로 합의된 개발협력의 철학적 토대가 부재할 경우 한국의 아프리카 개발원조는 항상 이드적 단계에 머물 것이며 개선 작업이 추가되어도 낮은 수준의 에고적 단계에 천착될 가능성이 매우 크다.

그럼에도 한국 국제개발정책의 향후 방향성에 관한 몇 가지 논쟁과 함께 이드와 에고를 동시에 극복할 수 있는 이론적·철학적 정책 제안이 제기되고 있다(김태균, 2019). 이른바 '아시아의 북유럽'으로 한국의 정체성을 전환하는 것이다. 스웨덴과 노르웨이가 국제개발 후발주자로서

---

10 시민사회의 제3차 기본계획에 대한 연대 성명은 http://pida.or.kr/58/?idx=5791251&bmode=view 참조 (2021년 2월 11일 검색).

인도적 원조를 적극적으로 전개하였듯이, 한국도 개발주의로 점철되어 있는 아시아의 치열한 경쟁 과정에서 인도주의 중심의 대안적 개발협력을 전면에 내세워 한국 국제개발협력의 브랜드로 강조할 수 있다.[11] 아시아의 북유럽을 한국의 대안적 전략으로, 그리고 한국이 이드와 에고를 동시에 극복할 수 있는 방안으로 강조하는 이유는 본질적으로 후발주자인 한국이 아시아에서 유일하게 글로벌 규범을 준수하는 모범적 대표주자라는 사실을 새롭게 아프리카 협력 대상국에게 각인시키기 위함이다.

이를 위해 한국은 북유럽 공여국처럼 아시아에 퍼져 있는 개발주의 남용을 극복하고 글로벌 원조규범에 입각한 대아프리카 개발협력 정책을 일관되게 추진해야 한다(김태균, 2019). 이 제안은 한국이 아무런 전략과 계산 없이 평화와 인도주의를 선택해야 한다는 순진한 발상이 아니라 대단히 절실한 현실주의적 전략이다. 일본·중국·인도·터키와 한국은 현재 공격적으로 경쟁하면서 아프리카 진출을 위한 교두보를 확보하려 혈안이 되어 있다. 또한 일본과 중국은 대규모 유상원조 기반의 인프라 구축을 아프리카에 경쟁적으로 약속하고 있다. 문제의 핵심은 유상원조이다. 일본은 전체 양자 ODA의 60% 정도를 유상원조로 배치하고 있는데 이는 DAC 회원국 중 가장 높은 수치이다. 중국은 공식 통계를 공개하지 않아 정확한 유상원조의 규모를 확인할 수 없지만 2014년 중국정부가 출판한 백서에 따르면 총 유상원조가 약 64%에 다다르는 것으로 계상되어 일본보다 큰 규모의 유상원조를 인프라 중심으로 진

---

11 김태균, '노르웨이식 평화와 한국식 평화' (가톨릭평화신문, 2020년 1월 5일) 참조.

행하고 있다는 것을 간접적으로 추정할 수 있다(Information Office of the State Council, 2014). 더구나 일본과 중국의 전체 개발원조 규모는 한국의 ODA 규모보다 훨씬 크다는 점을 반드시 기억해야 한다.

같은 방식의 유상원조를 한국이 개도국에서 일본·중국과 경쟁할 수 없는 이유가 바로 규모의 차이에서 발생한다. 일본과 중국처럼 유상원조 중심으로 한국의 원조를 전략화하면 일본과 중국에 한국 유상원조는 묻혀서 전혀 가시적인 효과를 확보하지 못할 것이다. 따라서 한국은 앞으로 유상원조가 아닌 기술과 지식을 아프리카가 원하는 가장 시급한 이슈부터 무상원조를 전략화하는 대안적 접근이 절대적으로 필요하다. 지식공유프로그램Knowledge Sharing Programme: KSP에 아프리카의 다원적 근대성을 토대로 글로벌 규범이 동시에 반영되는 섹터와 주제를 협력대상국 파트너 기관과 긴밀한 협의 하에 전략화하는 것이 중요하다.[12]

비용이 큰 인프라 중심의 유상원조는 개발사업이 실패할 경우 한국이 지불해야 하는 책무성 비용이 엄청나기 때문에 무상원조 중심의 KSP 등 기술협력technical cooperation을 전략화하는 것이 비용관리와 한국 원조의 가시성 제고라는 측면에서도 매우 유용하다. 이로써 유상원조 중심의 개발주의에 비판적으로 접근하는 한국 원조가 일본·중국·인도·

---

[12] 아프리카 지역의 특수한 맥락을 적극적으로 반영한 무상원조 중심의 성과는 최근에 KOICA를 중심으로 공유되고 있다. 주요 사례로, 2019년 11월에 DR콩고 수도 킨샤사에서 공식 개관된 콩고 국립박물관에 한국의 KOICA가 무상원조를 지원한 경우가 있다. 콩고 현지의 문화를 이해하고 현지 기관이 필요로 하는 지식과 기술로 국립박물관 재건이라는 문화원조를 KOICA가 적극 지원했다는 점에서 인프라 중심의 대규모 유상원조보다 소규모의 무상원조가 파트너 국가에게는 더 강한 영향을 주었을 가능성이 높다. 이와 함께, 아프리카의 조세제도 개혁에 한국의 기여(Kim & Kim, 2018), 그리고 조세제도 개혁을 통한 납세자의 권한과 정부의 책무성 관계(Prichard, 2015)에 관한 연구도 있다.

터키 등의 다른 아시아 공여국과 차별화될 수 있다. 아프리카 협력대상
국이 스스로 한국 원조를 인도주의에 입각한 북유럽 방식이라고 인지
하는 순간 한국 원조의 이미지를 중국과 일본의 공격적 유상원조가 아
닌 인도적 개발 파트너로 각인시킴과 동시에 한국 개발원조의 질이 한
층 제고되는 효과를 창출할 수 있다.

결국 앞으로 한국이 해야 할 일은 현재까지 행한 개발원조에 대한 발
전적 성찰을 수행하는 것, 그리고 성찰된 결과의 지속적 실천이다(김태
균, 2019). 한국은 북유럽과 같이 식민지 경험과 전쟁, 그리고 경제발전
과 정치적 민주화를 모두 경험한 OECD DAC의 신흥 공여국이다. 즉
한국은 아프리카 저발전 국가들이 경험하고 있는 부패, 내전, 빈곤과 함
께 역사적으로 식민지의 쓰라린 기억을 공유하고 한국의 발전 경로를
아프리카에 적용하여 현지 조건에 맞게 재현하는 진정한 후원자 역할
을 전개할 수 있다. 이드와 에고를 동시에 극복할 수 있는 지름길로 한
국이 아시아의 북유럽으로 정체성을 확립하고, 아시아를 대표하는 인
도적 원조의 개발원조 추진 체계와 철학적 토대를 구축하는 총체적 노
력이 필요하다.

V. 한-아프리카 국제개발협력의 다양성: 동향과 전망

아프리카 대륙을 바라보는 인식의 프레임을 공여국 중심이 아닌 아
프리카 현지 지역의 시각으로 재구성하는 노력이 한-아프리카 국제개
발협력의 기초가 되어야 한다. 아프리카의 다원적 근대성을 인정하듯
이, 한국의 대아프리카 국제개발협력은 현지의 오너십과 아프리카적

맥락의 다원성, 그리고 공급자가 아닌 수요자 중심의 원조 방식을 선택해야 한다. 이는 곧 한국이 적극적으로 북유럽의 원조 전통을 수용하여 아시아의 인도적 원조 선도국으로 정체성을 확립하는 과정으로 연계된다. 이로써 한국은 스웨덴과 노르웨이와 함께 글로벌 규범까지 선도할 수 있는 잠재력을 보유할 수 있게 된다. 다시 강조하지만, 이러한 일련의 이드와 에고를 극복하려는 시도는 단순히 규범적 차원에서 한국을 모범 국가로 전환시키려는 순진한 의도가 아니라 현재 한국이 처한 국제환경의 다양한 변수를 고려했을 때 가장 현실주의적으로 한국과 아프리카가 상생할 수 있는 전략적 선택을 의미하는 것이다.

이러한 논의를 토대로 이 책은 다음 장부터 한-아프리카 국제개발협력 중 외교관계·평화·젠더·보건의료·교육·정보통신기술·문화 등 7대 영역을 중심으로 각 분야에서의 현황 및 미래의 발전 방향에 대한 전망을 제시한다. 각 영역별 전문성과 동시에 아프리카 지역에 대한 전문성을 보유하고 있는 전문 연구자들이 7대 분야에서 한국과 아프리카의 관계성을 성찰적으로 검토하고 문제점을 해결할 수 있는 비판적 해법을 제시한다.

제2장에서는 김지영(숭실대학교 정치외교학과)이 '한국-아프리카 외교 관계와 개발협력'이라는 제목 하에 한국과 아프리카의 외교 관계를 역사적 관점에서 재검토하고 한국의 개발협력이 아프리카 대륙에 개입하는 역사적 경로를 비판적으로 분석한다. 아프리카는 오랫동안 국제 정치경제 질서에서 국제사회의 질서를 만들어가는 역할이 아닌, 수용하는 위치에 있었다. 그 때문에 많은 강대국의 외교 전략 및 정책에 있어 아프리카와 아프리카 이슈는 중심 사안이 아닌, 주변적이며 부차적인 의미를 갖게 되었다. 한국은 1961년 이래 아프리카 여러 국가와 외교

협력 관계를 맺어 왔으며 특히 2010년 한국이 OECD DAC에 가입한 이후 가장 많은 협력국이 있는 아프리카에 대한 관심과 공적개발원조 활동이 증대했다. 한국은 주요 공여국으로서 국제개발협력 레짐을 발전시키고 한국 외교의 소프트파워를 증진한다는 정책을 표방하고 있다. 2장에서는 한국과 아프리카의 외교 및 개발협력 관계를 역사적 접근방식을 통해 살펴보고, 한국의 대아프리카 외교 관계와 개발협력의 성격 및 특징을 분석하였다. 이를 바탕으로 한-아프리카 관계가 지속가능한 파트너십에 기반을 둔 건설적이며 장기적인 관계로 발전하는 데 필요한 정책적 시사점을 도출한다.

제3장에서는 김태균(서울대학교 국제대학원)이 지금까지 국제사회, 특히 UN이 시도해 온 다양한 평화유지활동과 평화조건 사례 중 성공 사례를 추려내고 그 사례들이 공통으로 보유하고 있는 성공 요인을 밝혀내는 것을 목적으로 한다. 주요 사례연구로 아프리카에서 시행되었던 UN의 평화유지활동 중 성공 사례로 평가되는 나미비아와 모잠비크를 중심으로 분쟁 이후 단계에서 외부의 원조와 평화유지활동이 성공적으로 추진되기 위한 조건들을 아프리카 맥락에서 분석한다. 현실 정치에서 UN의 평화유지활동을 조정하고 성공 여부를 결정하는 핵심적 요인이 정작 다자협력체인 UN이 아니라 주요 양자공여국의 개입과 지원 정도에 의해 좌우된다는 현실주의적 해석에 무게중심을 두고 있다. 무엇보다도, 분쟁 지역에 가장 큰 이해관계를 가지고 있는 양자 중심의 공여국이 분쟁 지역의 평화적 해결과 평화조건에 동의하고 UN의 평화유지활동에 적극 지원한다는 요건을 성공 요인의 핵심 조건으로 강조한다. 결론적으로 이 연구는 분쟁해결과 평화 구축을 위한 UN의 평화유지활동 등의 인도적 개입이 중요한 성공 요인의 필요조건이지만, 양

자협력 공여국의 UN에 대한 지지가 분쟁지역의 평화 프로세스가 성공적으로 진행될 수 있는 필요조건으로서 제3자로서의 양자공여국이 평화조건의 스포일러가 아닌 협조자로 유도하는 전략이 필요하다는 점을 강조한다. 마지막으로 이러한 아프리카의 경험을 한반도에 적용하여 평화협정 이후 한반도에서 나타날 혼란스러운 북한에 대한 외부 원조와 투자, 그리고 이러한 혼란을 평화 구축으로 전환하는 데 필요한 성공요인을 결론에서 타진해 본다.

제4장에서는 권유경(아프리카연구교육개발원)이 '한국-아프리카 개발협력 효과 제고를 위한 젠더평등적 고찰'이라는 제목 하에 한국의 대아프리카 원조에 젠더평등과 젠더 주류화를 위한 전략적 방안을 분석한다. 국제사회에서 이뤄지는 젠더평등에 관한 논의의 빈도나 중요성에 대비해볼 때 실제 한국의 아프리카 개발협력에서는 상대적으로 이 분야에 대한 논의가 소홀히 다뤄진 경향을 부정하기 어렵다. 국제사회의 책임 있는 일원으로서 국제적 협력과 연대가 더욱 필수불가결한 현대사회에서 가장 낙후했지만 또한 성장 잠재력이 가장 높을 것으로 손꼽히는 아프리카와의 협력은 점점 더 중요해질 것으로 예상된다. 이 상황에서 한정적인 재원을 고려할 때 이 지역과의 협력 효과를 높일 수 있는 방안에 대한 체계적이고 핵심적인 영역에 대한 고찰은 필수적으로 요구될 것임에 의심이 없다. 이에 4장에서는 개발협력 효과 제고를 위한 젠더평등적 시각이 왜 특히, 아프리카 지역에 필요하고 더욱 중요한지에 대한 논의를 시작으로 현재 한-아프리카 개발협력에서의 젠더평등 수준을 분석한다. 이를 이론적 고찰로 끝내지 않고 젠더평등을 최대한 현실성 있게 접목할 수 있는 방안들을 제언한다.

제5장에서는 이훈상(국제보건개발 파트너스(GHDP)/연세대학교 보

건대학원)이 '한국의 아프리카 보건 분야 국제개발협력 현황 및 향후 추진 방향'이란 제목 하에 한국이 대아프리카 보건의료 개발원조를 시행할 때 위험요소를 제기하고 발전적 성찰을 위한 해법을 제공한다. 보건 분야 관련 지원은 어떤 방식을 취하든 현지의 오너십과 지속가능성을 고려한 접근이 핵심이라는 점을 강조한다. 여러 가지로 기반 여건이 매우 열악한 아프리카 국가들에게 최고 수준의 보건의료 사업을 제시하기보다는, 외부인들이 지속적으로 관여하지 않고서도 지속이 될 수 있는 적절한 프로그램 구축이 중요하다. 이는 다른 지역의 중저소득 국가에서도 중요하지만 거버넌스 기반 여건과 지역보건행정 역량이 취약할 수 있는 아프리카의 많은 국가들에서는 더욱 중요할 수 있다. 나아가 한국적 모델을 강조하는 것은 주의해서 접근할 필요가 있으며, 가능한 현지 상황에서 가장 최적의 해법을 도출하는 것이 중요하다. 한국과 사회 기반 여건과 맥락이 매우 다른 아프리카의 경우, 한국에서의 성과와 경험에 집중하여 아프리카의 개별 국가들에 그대로 적용하려 하는 경우, 한국에서의 성과가 잘 구현되지 않을 수 있으며 오히려 현지 상황에서 효과적이지 않거나 지속가능하지 않을 수 있다.

제6장에서는 김철희(한국직업능력개발원)가 '한국-아프리카 교육개발협력의 미래'라는 제목 하에 글로벌 환경 변화를 토대로 아프리카의 교육 개선을 지원할 수 있는 교육개발협력 분야의 현황 분석을 토대로 한-아프리카의 교육개발협력 확대 방안을 제시한다. 아프리카 교육 실태와 시사점을 살펴보고, 아프리카와의 교육 분야 개발협력의 의의와 현황을 분석한다. 이를 바탕으로 한국의 교육 분야별 아프리카 개발협력 추진 내용을 진단하여 한-아프리카 교육 분야 개발협력의 미래를 위한 제언을 도출한다. 효과적인 한-아프리카 교육개발협력을 위한 방안

으로 다음과 같이 6대 제언을 제시한다. 첫째, UN SDGs 및 K-SDGs와 연계한 한-아프리카 교육개발협력 추진, 둘째, 교육-복지-고용노동-산업과 연계한 개발협력 추진 및 교육의 범분야 이슈로 활용, 셋째, 분절화 해소를 통한 통합적 교육개발협력 추진체계 구축, 넷째, 아프리카 현지 수요에 적극적으로 부응하는 사업 추진, 다섯째, 교육개발협력은 범분야 이슈이고, 단기간 성과를 내기 어려운 속성이 있기 때문에 범분야, 중장기 사업으로 기초, 기반 인프라의 성격을 부여하여 규모의 대형화 및 중장기 관리 시스템으로 전환, 여섯째, 청년층 등 대상별 특화 프로그램과 직업교육훈련 등 수요가 많은 분야에 대한 선택과 집중을 통한 지원 강화 등이다.

마지막으로, 제7장에서는 김수원(한국외국어대학교 국제지역학대학원)이 한-아프리카 국제개발협력 섹터 중 정보통신기술ICT ODA와 문화산업 간의 관계성을 중심으로 분석한다. 정보통신기술ODA는 그 성격상 융합ODA로 진행되는 경우가 많은데, 그중에서도 문화 콘텐츠 분야에서의 정보통신기술 개발협력을 중심으로 살펴본다. 문화산업은 온라인 경제의 원동력이다. 또한 문화산업과 디지털 산업은 가장 젊은 대륙 아프리카에 큰 개발 가능성을 제공한다. 한국 정부가 진행하고 있는 방송시설 지원 및 콘텐츠 제작지원 프로젝트는 좋은 예이다. 이러한 개발협력은 젊은 인구가 증가하고 디지털로 전 세계와 점점 긴밀하게 연결되고 있는 아프리카 개발에 긍정적 영향을 미칠 것으로 여겨진다. 다만 이러한 프로젝트가 디지털 격차digital divide로 인해 이미 존재하는 사회적 불평등의 재생산으로 이어질 수 있다는 사실을 염두에 두고 진행되어야 한다.

| 참고문헌 |

김미경. 2012. "ODA와 노르딕 예외주의: ODA와 복지국가 상관성에 관한 재검토", 『평화연구』 제20권 2호.

김성수 역(매튜 그라함 저). 2020. 『현대 아프리카의 이해』. 서울: 명인문화사.

김성수 역(존 하비슨 저). 2017. 『세계 속의 아프리카』. 서울: 한양대학교출판부.

김태균. 2020. "분쟁 이후 평화구축의 성공요인에 관한 전략적 평화론: 평화조건과 양자승인의 이중주", 『문화와 정치』 제7권 2호.

김태균. 2019. 『한국비판국제개발론: 국제開發의 發展적 성찰』. 서울: 박영사.

김태균. 2016. "국제개발에서 사회발전으로: 한국 사회의 국제개발 정책에 대한 비판적 고찰과 사회발전론의 재조명", 『경제와 사회』 제109호.

박민철·김진섭·고재길. 2019. "한국 ODA의 아프리카 개발협력정책과 원조효과성", 『무역연구』 제15권 4호.

박영호. 2016. "한국의 對아프리카 ODA 중점분야 도출 방법론에 관한 소고", 『韓國아프리카學會誌』 第47輯.

이영목·오은하·노서경·이규현·심재중·강초롱·김태희·심지영. 2014. 『검은 그러나 어둡지 않은 아프리카: 프랑스어권 흑아프리카의 이해』. 서울: 사회평론아카데미.

이진상. 2020. "한국 ICT 기업의 동북부 아프리카 주요국 진출에 대한 연구: ICT 기업의 관점을 중심으로", 『韓國아프리카學會誌』 第59輯.

한양환. 2015. "국제개발협력 교육과정 개편을 통한 ODA 수원국 중심의 현지밀착형 원조모델 구축방안 연구: 아프리카의 경우", 『세계지역연구논총』 제33권 1호.

황규득. 2016. "한국의 아프리카 지역연구: 현황과 과제", 『韓國아프리카學會誌』 第47輯.

Appadurai, Arjun, *Modernity at Large: Cultural Dimensions of Globalization*

(Minneapolis: University of Minnesota Press, 1996).

Beck, Colin J., "The Stucture of Comparison in the Study of Revolution," *Sociological Theory* 36(2), 2018.

Bergman, Annika, "The Co-constitution of Domestic and International Welfare Obligations: The Case of Sweden's Social Democratically Inspired Internationalism," *Cooperation and Conflict* 42(1), 2007.

Browning, Christopher S., "Branding Nordicity: Models, Identity and the Decline of Exceptionalism," *Cooperation and Conflict* 42(1), 2007.

Buzan, Barry, "The 'Standard of Civilization'as an English School Concept," *Millennium: Journal of International Studies* 42(3), 2014.

Chakrabarty, Dipesh, *Provincializing Europe: Postcolonial Thought and Historical Difference* (Princeton: Princeton University Press, 2000).

Chalfin, Brenda, *Neoliberal Frontiers: An Ethnography of Sovereignty in West Africa* (Chicago: University of Chicago Press, 2010).

Comaroff, Jean & John L. Comaroff, *Theory From the South: Or, How Euro-America Is Evolving Toward Africa* (Abingdon: Routledge, 2016).

Durkheim, Emile, *The Rules of Sociological Method: And Selected Texts on Sociology and its Method* (New York: Free Press, 1982).

Ferguson, James, *Expectations of Modernity: Myths and Meanings of Urban Life on the Zambian Copperbelt* (Berkeley: University of California Press, 1999).

Freud, Sigmund, *The Ego and the Id* (New York: Norton, 1989).

Graham, Matthew, *Contemporary Africa: Contemporary States and Societies* (London: Red Globe Press, 2019).

Harvey, David, *The Condition of Postmodernity: An Enquiry into the Origins of Cultural Change* (Oxford: Blackwell, 1989).

Herbst, Jeffrey, *States and Power in Africa: Comparative Lessons in Authority and Control* (Princeton: Princeton University Press, 2000).

Information Office of the State Council, *China's Foreign Aid* (Beijing: The People's Republic of China, 2014).

Ingebritsen, Cristine, "Norm Entrepreneurs: Scandinavia's Roles in World Politics," *Cooperation and Conflict* 37(1), 2002.

Kim, Sohee and Taekyoon Kim, "Tax Reform, Tax Compliance and State-Building in Tanzania and Uganda," *Africa Development* 43(2), 2018.

Kratochwil, Friedrich, "Of Systems, Boundaries and Territoriality: An Inquiry into the Formation of the State System," *World Politics* 39, 1986.

Lawler, Peter, "Janus-Faced Solidarity: Danish Internationalism Reconsidered," *Cooperation and Conflict* 42(1), 2007.

Makdisi, Saree S., "The Empire Renarrated: *Season of Migration to the North* and the Reinvention of the Present," *Critical Inquiry* 18(4), 1992.

Mills, C. Wright, *The Sociological Imagination* (New York: Oxford University Press, 1959).

Moore, Barrington Jr., *Social Origins of Dictatorship and Democracy: Lord and Peasant in the Making of the Modern World* (Boston: Beacon Press, 1993).

Piot, Charles, *Nostalgia for the Future: West Africa After the Cold War* (Chicago: University of Chicago Press, 2010).

Prichard, Wilson, *Taxation, Responsiveness and Accountability in Sub-Saharan Africa* (Cambridge: Cambridge University Press, 2015).

Rapley, John, *Understanding Development: Theory and Practice in the Third World* (Boulder: Lynne Rienner, 2007).

Riddell, Roger C., *Does Foreign Aid Really Work?* (Oxford: Oxford University Press, 2007).

Shaw, Timothy M., *Towards a Political Economy for Africa: The Dialectics of Dependence* (London: Macmillan Press, 1985).

Skocpol, Theda, *States and Social Revolutions: A Comparative Analysis of France,*

Russia, and China (Cambridge: Cambridge University Press, 1979).

Skocpol, Theda and Margaret Somers, "The Uses of Comparative History in Macrosocial Inquiry," *Comparative Studies in Society and History* 22(2), 1980.

Smith, Anthony D., *State and Nation in the Third World: Western State and African Nationalism* (London: Wheatsheaf Harvester Press, 1983).

Stoler, Ann Laura and Frederick Cooper, "Between Metropole and Colony: Rethinking a Research Agenda," in Frederick Cooper and Ann Laura Stoler (eds.), *Tensions of Empire: Colonial Cultures in a Bourgeois World* (Berkeley: University of California Press, 1997).

Wallerstein, Immanuel, *Africa: The Politics of Independence* (New York: Vintage Books, 1961).

제2장 한국-아프리카 외교 관계와 개발협력[1]

김지영(숭실대학교 정치외교학과)

I. 서론

아프리카는 종종 저발전, 빈곤, 가난, 위험, 분쟁 그리고 원조 의존 등으로 묘사된다. 최근 아프리카 경제가 성장하고 있음에도 실제로 아프리카는 세계 정치경제에서 여전히 주변부에 위치하고 있다. 이처럼 아프리카는 오랫동안 국제정치경제 질서에서 국제사회의 질서를 만들어가는 역할이 아닌, 수용하는 위치에 있었다. 이러한 이유로 많은 강대국의 외교 전략 및 정책에서 아프리카와 아프리카 이슈는 중심 사안이 아닌, 주변적이며 부차적인 의미를 갖고 있다.

이 장에서는 한국과 아프리카의 외교 관계를 역사적 관점에서 살펴

1 이 논문의 초고는 Korea Observer Vol. 43, No. 2. (2012)에 "Post-Busan Challenges for South Korea's Africa Relations"라는 제목으로 출판되었다. 이 논문의 자료 수집에 큰 도움을 준 서울대학교 국제대학원 박수지·이소영 연구조교에게 감사를 표한다.

본다. [2] 한국은 1961년 이래 아프리카 여러 국가와 외교협력 관계를 맺어 왔으며 특히 2010년 한국이 경제협력개발기구Organization for Economic Co-operation and Development: OECD 개발원조위원회Development Association Committee: DAC에 가입한 이후 가장 많은 협력국이 있는 아프리카에 대한 관심과 공적개발원조 활동이 증대했다. OECD DAC 가입 이후 한국은 주요 공여국으로서 국제개발협력 레짐을 발전시키고 한국 외교의 소프트파워를 증진한다는 정책을 표방하고 있다.

이 장에서는 한국과 아프리카의 외교 및 개발협력 관계를 역사적 접근방식을 통해 살펴보고, 한국의 대아프리카 외교 관계와 개발협력의 성격 및 특징을 분석한다. 이를 바탕으로 한-아프리카 관계가 지속가능한 파트너십에 기반을 둔 건설적이며 장기적인 관계로 발전하는 데 필요한 정책적 시사점을 도출한다.

II. 한-아프리카 관계의 역사적 변천[3]

오늘날 아프리카 국가 대부분은 제2차 세계대전 이후 식민지에서 독립한 신생 독립국이다. 1957년 가나가 아프리카 최초로 독립국이 되

---

2 '아프리카'는 한 국가가 아니라 50여 개의 국가로 구성되어 있다. 또한 이 국가들은 각각의 고유한 역사와 문화, 정치경제 및 사회적 특성이 있다. 아프리카를 마치 한 국가인 듯 다루는 접근방식은 이러한 아프리카의 다양성을 간과하는 문제가 있다. 그러나 이러한 한계를 인정하면서 이 논문에서는 개별 아프리카 국가와 한국의 관계가 아닌 한국의 대아프리카 지역 전체에 대한 외교 및 개발 협력 정책에 초점을 맞추어 논의를 전개한다.

3 한-아프리카의 역사적 관계 변천에 대한 자료는 주로 조홍식(2010), 정은숙(2009), 이호영(1999)에 기반을 두었다.

었으며 이후 대부분의 아프리카 국가들이 1960년대 이후 독립국으로 국제무대에 등장했다. 아프리카의 면적은 3천 37만 평방 km로 아시아 다음으로 넓은 대륙이며 다양한 언어와 문화, 인종, 종교가 공존한다. 현재 아프리카에는 55개국이 있다. 아프리카 대륙이 세계 체제로 본격적으로 편입된 시기는 14~15세기 대서양 무역 시기로 거슬러 올라간다. 물론 그 이전에도 아프리카는 인류사의 중심에 있었으며 이집트 문명과 이후 이슬람 문명 확산에 큰 역할을 했다. 유럽이 진출하기 전 아프리카에는 10,000여 개의 정치 공동체가 존재했으며, 강대한 왕국도 존재했다.

그러나 대부분의 오늘날 아프리카 국가들은 (에티오피아를 제외하고) 19세기 후반에서 20세기 전반 무렵 공식적으로 유럽의 식민지가 되었으며 독립 전까지 유럽 제국의 식민 지배를 받았다. 18세기 무렵 유럽 내에서 등장한 계몽사상과 산업혁명 등으로 아프리카 노예무역은 종식되며 이후 유럽인들은 자원 착취와 상품시장 개척을 목적으로 아프리카에 앞다퉈 진출했다. 마침내 1884년 베를린 회의에서 아프리카인들은 배제된 채 유럽인들에 의해 오늘날의 아프리카 국경이 정해졌다.

그렇다면 어떻게 유럽 열강들은 거대한 아프리카 대륙을 식민지화할 수 있었으며, 아프리카에 대한 유럽의 식민지 지배는 오늘날의 아프리카 정치경제와 저발전에 어떠한 영향을 미쳤는가? 이 질문은 매우 중요한 질문이지만 이 장의 주요 논의 영역에 벗어나므로 간단히만 답을 한다면 당시 유럽 열강들은 분열 정책과 간접 통치 그리고 신식 무기를 앞세워 격렬한 아프리카인의 저항에도 아프리카를 식민지화하는 데 성공했으며 대아프리카 통치의 주요 목적은 경제적 착취였다. 유럽 제국은 아프리카에 강압적이며 착취적인 형태의 국가와 정치제도라는 유산을 남겼다. 여전히 과거의 유럽 제국은 그들이 식민지로 삼았던 아프리카 국가에서 여러 경제적 이권을 독점하고 있다. 이러한 측면에서 많은 이들은 아프리카가 공식적으로는 식민지에서 독립했으나 여전히 과거 제국들이 강력한 정치적·경제적 영향력을 행사하고 있다고 지적하면서 이를 '신식민주의'라 규정했다.

오늘날 아프리카는 국제사회에서 주도적 목소리를 내고 있지 못하다. 실제 가장 많은 빈곤국이 아프리카에 있으며 여전히 여러 아프리카 국가가 정치 불안정 및 내전, 인종 갈등 등의 문제를 겪고 있다. 그리고 과거 '아프리카 나눠 먹기'에 참여하지 않은 오늘날의 주요국들(대표적으로 미국)은 자체적인 대 아프리카 외교정책을 도입하지 않은 채 아프리카 문제는 주로 아프리카를 지배한 경험이 있는 유럽 제국에 의지하는 경향이 있다. 일례로 미국의 경우 아프리카는 종종 주요 외교 사안에서 뒷순위로 밀리는 경향이 있으며 미국의 자체적인 대 아프리카 외교정책은 찾아보기 어렵다(Rothchild, 2001). 실제 역대 미국 정권의 아프리카 관련 정책은 주로 영국에 의지해 온 경향이 있다. 이처럼 아프리카 국가들과 상호 이익에 기반을 둔 지속가능한 파트너십을 구축하는 데 있어 많은 주요 국가들은 수동적 태도를 보여 왔으며 이는 한국도 예외가 아니다.

1961년 한국은 아프리카 국가들 중 카메룬, 차드, 코트디부아르, 베냉, 니제르, 콩고와 최초로 외교 관계를 맺었으며 이후 한국과 수교를 맺은 아프리카 국가들은 많이 늘어났다. 현재 한국은 아프리카 48개국과 외교 관계를 맺고 있으며 대륙별 수교국 수는 유럽 다음으로 많다([표 1] 참조). 그러나 재외공관 현황을 보면 다른 지역과 비교했을 때 아프리카의 경우 재외공관 수가 현저히 적은 것을 알 수 있다. 이는 다른 지역에 비교해 아프리카 지역 국가들과의 장기적이고 지속적인 관계 구축에 한국 정부가 적극적 태도를 보이지 않는다는 단적인 예일 것이다. 한국은 아프리카 48개 수교국 중 18개국에만 재외공관을 두고 있으며 이는 한국의 전략적·외교적 우선순위에서 아프리카가 주요한 위치를 차지하지 못하고 있다는 사실을 방증하고 있다고 보인다.

[표 1] 한국의 외교 관계 수립 현황 (2019년)

지역	한국 수교국 현황	한국 재외공관 현황
아시아	37	24
아메리카	34	21
유럽	53	34
중동	18	17
아프리카	48	18

출처: 외교부, 〈2019 외교백서〉 (http://www.mofa.go.kr/www/brd/m_4105/list.do)

대부분의 아프리카 국가들이 독립국의 지위를 회복했던 1960년대와 1970년대의 국제체제는 냉전이 한창인 시기였다. 그리고 이 시기 동안 아프리카의 외교적 중요성은 사회주의 진영과 자본주의 진영 간의 이데올로기 경쟁 구도에서 결정되었다. 냉전 시기 각 진영의 강대국들은 앞 다투어 아프리카 국가들을 각자의 진영에 포섭하려 했고 이러한 이데올로기 경쟁 구도에서 강대국들은 종종 정치 정당성이 약한 아프리카 독재 정권의 전횡을 묵인했다. 이 시기 한국에게 아프리카의 중요성은 국제사회에서 한국 정권의 정당성을 인정받는 차원에 한정됐다. 1953년 한국전쟁의 휴전 협정이 이루어지고 이후 남한과 북한 정권은 각각 한반도에서 유일한 정당성을 가진 정권이라 천명했으며 유엔의 인정을 받기 위해 치열한 외교전을 벌였다. 오늘날에도 여전히 남북한은 서로를 인정하지 않고 있으므로 국제사회의 인정을 받기 위한 양 정권의 전쟁은 여전히 끝나지 않았다고 할 수 있다.

제2차 세계대전 이후 아프리카 지역에서는 많은 수의 신생 독립국이 탄생했고 이 국가들은 유엔이 천명한 "하나의 국가가 하나의 투표권을 행사한다(one nation, one vote)"는 원칙에 따라 유엔 의결 과정에서 주요한 힘을 갖게 되었다. 따라서 한국 정부는 유엔에서 아프리카 국가의 지지를 얻기 위해 이들 국가와의 외교 관계 수립 및 증진에 큰 노력을 기울였다. 특히 '한국 문제'가 유엔 총회에 상정되면 아프리카 국가들의 지지를 얻기 위해 적극적 외교를 펼쳤다. 그러나 이러한 한국 정부의 아프리카 국가에 대한 외교 노력은 지속적이거나 장기적인 파트너십에 기반을 두었던 것으로 보기 어렵다. 당시 한국 정부는 유엔이나 국제회의에서 아프리카 국가의 정치적 지지가 필요할 때 단기적으로 아프리카 국가와의 긴밀한 외교 관계 구축에 노력했다. 실제 1960~70년대 기간에 한국 정부는 유엔 총회가 개최되기 바로 직전에 아프리카에 특별 대사를 파견해 지지를 촉구하는 외교를 펼쳤다. 그러나 이와 같은 단발적 외교 전략 및 행태는 아프리카 국가들과의 장기적이고 상호 호혜적인 관계로 이어지지 못했다.

반면 1960~70년대에 북한은 아프리카 국가들과 굳건한 정치적 관계를 맺는 데 있어서 한국보다 성공적이었다. 이는 아프리카의 독립을 이끈 민족주의자들이 레닌·마르크스 사상에 영향을 받은 친 사회주의자들이 많았던 이유도 주요한 원인이었다. 실제 앙골라, 잠비아, 탄자니아, 가나 등 여러 아프리카 국가는 독립 투쟁 과정에서 중국과 소련 등의 사회주의 국가들로부터 막대한 지원을 받았다. 이러한 역사적 배경 때문에 친 자본주의 국가이며 미국의 우방인 한국보다 북한이 아프리카 국가들로서는 훨씬 더 믿음직한 파트너로 여겨졌다. 또한 많은 아프리카 신생 독립국은 북한의 사회주의 정치 시스템을 배우고자 했기에 유엔에서 아프리카 국가들은 대한민국보다 북한을 더 많이 지지한 경향이 있다.

수십 년간 남북한 정권이 서로 한반도의 유일한, 정당성을 갖는 정권임을 주장하며 유엔에서 치열한 외교전을 벌였다. 마침내 1976년 유엔은 위 문제를 더는 유엔 총회에서 다루지 않는다는 결정을 내렸고 두 정권 모두의 유엔 가입을 허락했다. 또한 한국은 "한국과 다른 정치 체제와 원칙을 가진 국가"와도 외교 관계를 다양화한다는 외교정책을 선언하면서[4] 마침내 한국-아프리카 관계는 '정상적'인 협력관계로 발전할 수 있는 발판이 마련되었다. 특히 유엔과 국제사회에서 한국 정권의 정당성을 인정받아야 하며 이를 위한 모든 외교적 총력을 다해야 한다는 필요성이 감소하면서 한국 정부로서는 경제협력을 위한 잠재적 파트너로서 아프리카 국가들을 대상으로 한 적극적 경제 외교를 펼칠 기회가 마련되었다.

실제 1982년 전두환 대통령은 대한민국 역사상 최초로 아프리카 4개국(나이지리아, 가봉, 세네갈, 케냐)을 순방했다. 이후 한국과 위 아프리카 4개국과의 활발한 경제교류가 이루어졌다. 한국무역협회 데이터에 의하면 1980년대 중반 아프리카에 대한 한국의 수출은 한국 전체 수출 규모의 6% 정도를 차지했다. 그러나 이러한 '정상적'인 한-아프리카 관

---

4 위 문구는 1973년 6월 23일에 발표된 '평화통일을 위한 외교 전략'에 포함되었다(정은숙, 2009: 270).

계는 그리 오래 지속하지 못했다. 1970년대 중후반 이후 여러 아프리카 국가는 채무 위기에 빠졌으며, 이는 경제, 정치, 사회적 위기로 이어졌다. IMF International Monetary Fund와 세계은행World Bank의 주도로 국제사회는 대규모 긴급 금융지원을 아프리카 국가에 투입했으며, 신자유주의에 기반을 둔 구조조정 프로그램Structural Adjustment Program: SAP이 원조 조건으로 부과되었다. SAP의 영향에 대한 견해는 분분하지만 분명한 것은 여러 아프리카 국가가 이후 수십 년간 공여국의 요구에 따라 구조조정 프로그램을 시행했으나 대부분은 지속적인 경제성장과 시장 안정화에 실패했다는 점이다. [5] 산업 성장에 박차를 가하고 있었던 한국은 아프리카 국가들의 만성적 경기침체, 잦은 분쟁 사태, 과거 제국들의 지속적 영향력 행사 등을 목격하면서 아프리카 국가들과 굳건하고 의미 있는 관계를 형성하려는 노력을 중단하기로 한 것으로 추측된다. 1980년대 후반 이후부터 한국 정부는 아프리카 상주 대사관을 철수시키기 시작했으며 앞에서 언급한 것처럼 현재 48개 아프리카 수교국 중에 18개국에만 대사관을 두고 있다.

냉전 종식은 다시 한번 한국과 아프리카 관계에 주요한 변화를 가져오는 계기가 되었다. 1980년대 말 냉전이 종식되고 경제 세계화가 가속화되면서 아프리카 시장에 대한 한국의 관심이 높아졌다. 또한 1990년대 중반 이후 아프리카 내부에서는 민주주의로의 전환과 함께 권위주의 정권 및 워싱턴 합의에 기반을 둔 가혹한 경제정책에 반대하는 시민

---

5   아프리카에 대한 구조조정 프로그램의 영향력에 대한 보다 상세한 논의는 Knodadu-Agyemang (2001) 참조.

사회의 움직임이 본격화되었다. 이러한 아프리카 내부의 변화 또한 한국 정부가 다시 아프리카와의 관계 개선을 위해 노력하게 된 계기가 되었다고 보인다. 1980년대가 아프리카에는 '잃어버린 10년'이었다면 1990년대는 민주주의 전파, 내전 감소, 경제 안정화 등으로 향하는 아프리카의 전환 또는 변혁기라 할 수 있다. 물론 이러한 변화의 결과가 즉시 나오지는 않았다. 실제 냉전 종식 직후 공여국들이 아프리카에 대한 원조를 대폭 감소시키면서 1990년대에 사하라 이남의 많은 아프리카 국가의 빈곤 문제는 더욱 극심해졌다. 그러나 언급한 바와 같이 오늘날 목격되는 아프리카의 변화가 시작된 시기는 바로 냉전이 종식된 1990년대 이후라 하겠다.

[그림 1]은 1990~2019년 동안 한-아프리카 무역 추이를 보여준다. 그림에서 나타난 바와 같이 한국의 대아프리카 무역은 2000년대 이후 급격한 상승세를 보여주고 있다. 특히 2000년대 중반 이후로는 아프리카

[그림 1] 한-아프리카 무역 추이, 1990~2019년 (단위: 백만 달러)

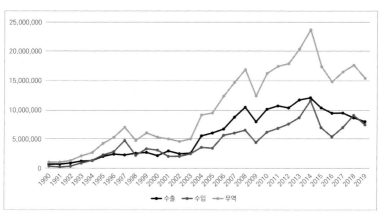

출처: 통계청 데이터베이스(KOSIS); 저자 작성.

에 대한 한국의 수출이 아프리카 지역으로부터의 수입을 웃돌고 있다. 최근 여러 아프리카 국가가 무역 대상국으로서 한국에 대한 높은 관심을 보이고 있으며, 한국의 성공담은 많은 아프리카 지도자들이 한국의 발전 모델에 큰 관심을 보이게 하는 요소가 되었다.

한국 역시 아프리카 국가들과의 교류 강화를 위해 노력해 왔다. 2006년 노무현 대통령은 한국 대통령으로서는 24년 만에 아프리카 3개국(이집트, 알제리, 나이지리아)을 방문했다. 아프리카 순방 이후 노무현 정부는 〈아프리카 이니셔티브〉를 발표했으며, 그해 제1차 한-아프리카 포럼이 개최되었다. 2006년 개최된 아프리카 이니셔티브에서 한국 정부는 2008년까지 아프리카에 대한 공적개발원조Official Development Assistance: ODA를 3배로 늘리겠다고 선언했으며 2009년에 열린 제2차 한-아프리카 포럼에서는 2012년까지 아프리카에 대한 ODA를 2배로 증액할 것을 선언했다.

한-아프리카 관계 개선을 위한 노력은 문재인 정부에서도 지속하고 있다. 2018년 이낙연 국무총리는 케냐, 탄자니아, 튀니지, 모로코를 공식 방문했으며 주로 한국 기업의 진출 확대를 위한 아프리카 정부의 지원을 요청했다. 그리고 아프리카 국가들은 경제발전 모델로서 한국의 성장 경험 공유를 희망했다. 한국은 또한 아프리카 국가들과 장관급을 비롯한 고위급 협의를 개최했으며 여러 방면에서의 협력 확대 방안에 대해 논의를 해오고 있다.[6]

이처럼 2000년대 이후 한국 정부는 '아프리카의 발전을 위한 한국의

---

6   대한민국 외교부, 「2019 외교백서」, 외교부 홈페이지 (www.mofa.go.kr) 에서 내려 받음.

이니셔티브'를 선언하고 대아프리카 ODA 증액, 무역 관계를 증진하는 등 아프리카 국가들과 더욱 긴밀한 관계를 맺기 위해 매우 적극적 노력을 기울이고 있는 것으로 보인다. 그러나 여러 아프리카 국가가 한국과의 교류를 통해 상호 호혜적 파트너십을 구축하려는 의도를 갖고 노력을 기울이고 있는 반면 한국이 장기적인 경제 파트너십 및 협력 파트너로서 이들 아프리카 국가들을 인식하고 있는지는 여전히 의심스럽다. 그리고 장기적 경제협력 및 파트너십이야말로 아프리카의 빈곤 타파와 지속가능한 발전 및 번영에 필수적임은 두말할 나위 없다.

우선 한국과 아프리카 국가들 간의 무역 품목을 살펴보면 양측 간의 '파트너십'에 대한 의문이 제기된다. 2010년 한국의 주요 아프리카 수출 품목은 운송장비(5,453백만 달러), 자동차(1,087백만 달러), 플라스틱(547백만 달러), 통신 장비(343백만 달러), 석유제품(282백만 달러), 전자제품(212백만 달러) 등이다. 한편 한국이 아프리카에서 수입하는 주요 품목은 천연가스 및 공정 가스(1,380백만 달러), 비철금속(1,261백만 달러), 금속 광석(702백만 달러), 철(389백만 달러), 석유제품(228백만 달러), 석탄·코카인·조개탄(228백만 달러) 등이다. 이처럼 한국은 아프리카로부터 주로 원료 제품을 수입하고, 고부가가치의 제조 상품을 수출하고 있으며 [그림 1]에서 나타난 바와 같이 2000년대 초중반 이후 한국은 아프리카와의 교역에서 지속적으로 무역 흑자를 기록하고 있다. 천연자원 및 원자재를 수입하고 고부가가치의 제조산업품을 수출하는 교역 양태는 아프리카 국가들과 발전된 서구 경제국들과의 무역 교류 관계가 보이는 전형적인 특징이다. 그 결과 아프리카 국가들은 세계경제에서 의존적이며 착취적인 위치에서 벗어나지 못하고 있다.

2011년 부산 세계원조총회에서 한국은 원조 효과성의 시대를 맞이하여 개발 효과성의 시대로 나아가기 위해 아프리카의 많은 저발전 국가들과 함께할 것을 선언했다. 그러나 아프리카 국가들과 공여국 간의 무역 관계가 아프리카 국가들이 지속해서 무역 적자를 내는 구조라면 개발 효과성 시대에도 아프리카 국가들과 공여국 간의 불균형한 경제 교류 관계는 계속될 것이다. 이러한 구조에서 원조가 아프리카의 지속적 발전에 이바지할 가능성은 매우 제한적일 것이다.

이제 한국의 대아프리카 ODA를 살펴봄으로써 한-아프리카 관계의 본질에 대해 더 논의하기로 한다.

III. 한국의 대아프리카 원조 관계

[표 2]는 1987~2018년 동안 한국의 대아프리카 공적개발원조 변화 추이를 보여준다. 우선 한국의 총 ODA에서 아프리카 지역이 차지하는 비율은 2000년대 중반 이후 꾸준히 상승하고 있지만 여전히 아시아와 비교하면 아프리카는 한국 ODA 전체에서 차지하는 비율이 높지 않다. 일본과 마찬가지로 한국의 주요 수원국은 아시아 지역에 집중되어 있으며 2017년 아프리카는 한국 전체 ODA 중 약 18.5%를 지원받고 있다 ([표 2] 참조). 그러나 아프리카 지역에 대한 한국의 원조는 2000년대 중후반부터는 안정적으로 상승하는 추세를 보이고 있다. 한국 경제의 규모가 빠르게 성장함에 따라 아프리카에 대한 공적개발원조도 1987년 23.5백만 달러에서 2017년 2,201.35백만 달러로 가파르게 증가했다.

2018년 한국의 아프리카 중점 협력국은 에티오피아(84.54백만 달러), 이집트(77.90백만 달러), 탄자니아(72.54백만 달러), 르완다(26.09백

[표 2] 한국의 대아프리카 양자 ODA 변화 추이, 1987~2017년

(단위: 백만 달러)

연도	아프리카	비율(%)†	총합
1987	0.11	0.5	23.5
1988	0.08	0.2	33.96
1989	1.97	5.8	33.88
1990	9.12	14.9	61.18
1991	5.33	9.3	57.59
1992	12.11	15.8	76.86
1993	23.56	21.1	111.63
1994	13.93	9.9	140.26
1995	15.2	13.1	115.99
1996	14.9	9.4	159.16
1997	12.28	6.6	185.63
1998	5.22	2.9	182.7
1999	10.19	3.2	317.48
2000	24.27	11.4	212.05
2001	4.38	1.7	264.64
2002	5.63	2.0	278.75
2003	18.98	5.2	365.88
2004	28.11	6.6	423.39
2005	39.14	5.2	752.38
2006	47.83	10.5	455.27
2007	70.17	10.1	696.12
2008	104.06	13.0	802.33
2009	95.01	11.6	816.04
2010	139.88	11.9	1173.75
2011	178.36	13.5	1324.53
2012	261.01	16.3	1597.46
2013	271.72	15.5	1755.38
2014	332.72	17.9	1856.73
2015	358.76	18.7	1915.39
2016	415.64	18.5	2246.16
2017	408.01	18.5	2201.35

출처: OECD QWIDS 데이터베이스; 저자 작성
참조†: 한국의 총 ODA 중 아프리카의 비율

[표 3] 한국의 아프리카 중점협력국, 2000~2018년

순위	1	2	3	4	5	6	7	8	9	
2000	튀니지 (12.02)	앙골라 (8.61)	남아공 (1.88)	이집트 (0.66)	에티오피아 (0.49)	케냐 (0.1)	탄자니아 (0.26)	차드 (0.22)	카메룬 (0.2)	ㄱ (0
2001	튀니지 (2.07)	앙골라 (1.04)	이집트 (0.65)	남아공 (0.51)	에티오피아 (0.5)	탄자니아 (0.27)	카메룬 (0.23)	가나 (0.2)	세네갈 (0.14)	나이 (0
2002	이집트 (1.99)	에티오피아 (0.84)	탄자니아 (0.56)	모로코 (0.46)	케냐 (0.43)	알제리 (0.31)	카메룬 (0.3)	우간다 (0.28)	튀니지 (0.28)	나ㅁ (0
2003	가나 (12.4)	이집트 (1.71)	알제리 (1.16)	에티오피아 (1.05)	탄자니아 (0.78)	모로코 (0.68)	카메룬 (0.42)	세네갈 (0.28)	케냐 (0.26)	튀 (0.
2004	가나 (15.22)	모로코 (2.5)	이집트 (2.2)	에티오피아 (2.07)	수단 (1.48)	튀니지 (1.25)	탄자니아 (1.24)	카메룬 (0.63)	모리타니 (0.62)	세 (0.
2005	가나 (15.22)	케냐 (11.65)	이집트 (4.4)	탄자니아 (2.37)	에티오피아 (2.37)	모로코 (1.4)	튀니지 (0.86)	수단 (0.71)	카메룬 (0.69)	알 (0.
2006	케냐 (16.25)	앙골라 (10.09)	이집트 (5.64)	탄자니아 (3.84)	모로코 (2.4)	에티오피아 (2.29)	알제리 (1.82)	나이지리아 (1.72)	코트디부아르 (1.03)	세 (0
2007	앙골라 (17.4)	탄자니아 (9.42)	이집트 (5.77)	케냐 (3.39)	에티오피아 (3,3)	모로코 (2.85)	알제리 (2.72)	세네갈 (2.43)	기니 (2.23)	콩고 (1.
2008	앙골라 (25.92)	리베리아 (10.33)	세네갈 (10.25)	이집트 (7.47)	탄자니아 (7.15)	에티오피아 (4.39)	튀니지 (3.48)	알제리 (3.46)	수단 (2.63)	모 (2.
2009	앙골라 (28.35)	탄자니아 (9.19)	세네갈 (5.92)	이집트 (5.57)	케냐 (5.08)	에티오피아 (4.16)	튀니지 (3.62)	모로코 (2.7)	알제리 (2.6)	ㄱ (2.
2010	탄자니아 (21.46)	앙골라 (19.07)	세네갈 (14.85)	에티오피아 (10.2)	르완다 (6.86)	가나 (6.73)	콩고(DRC) (5.67)	튀니지 (5.2)	이집트 (4.16)	모 (3.
2011	탄자니아 (20.94)	앙골라 (16.75)	말리 (12.93)	에티오피아 (11.61)	케냐 (9.29)	세네갈 (8.71)	마다가스카르 (7.61)	모로코 (7.51)	모잠비크 (6.48)	콩고 (5.
2012	탄자니아 (50.64)	세네갈 (31.68)	모잠비크 (25.13)	가나 (23.44)	에티오피아 (20.44)	카메룬 (15.51)	케냐 (8.98)	앙골라 (7.98)	르완다 (7.11)	콩고 (6.
2013	모잠비크 (57.08)	탄자니아 (56.87)	에티오피아 (27.34)	세네갈 (17.25)	르완다 (12.48)	우간다 (11.42)	앙골라 (10.28)	가나 (9.85)	말리 (9.32)	카 (7.
2014	탄자니아 (79.84)	모잠비크 (56.51)	에티오피아 (42.91)	세네갈 (19.86)	르완다 (16.46)	가나 (15.82)	콩고(DRC) (13.03)	우간다 (12.16)	카메룬 (11.36)	밀 (8.
2015	탄자니아 (71.29)	에티오피아 (46.02)	모잠비크 (42.49)	가나 (39.84)	우간다 (22.95)	르완다 (20.93)	카메룬 (16.70)	앙골라 (13.14)	콩고(DRC) (12.00)	밀 (10
2016	탄자니아 (63.60)	에티오피아 (61.59)	모잠비크 (46.01)	세네갈 (36.57)	우간다 (27.70)	가나 (23.18)	르완다 (18.27)	말리 (15.85)	카메룬 (11.25)	앙 (10
2017	에티오피아 (46.95)	가나 (45.99)	탄자니아 (39.29)	모잠비크 (36.64)	우간다 (28.94)	카메룬 (25.57)	세네갈 (23.31)	마다가스카르 (19.56)	르완다 (16.52)	콩고 (14
2018	에티오피아 (84.54)	이집트 (77.90)	탄자니아 (72.54)	르완다 (26.09)	세네갈 (25.57)	우간다 (24.37)	모잠비크 (21.44)	케냐 (21.27)	콩고(DRC) (19.26)	ㄱ (17

출처: 한국수출입은행 ODA 통계 (https://stats.koreaexim.go.kr/odastats.html); 저자 작성.
참조: 괄호 속 숫자는 US 백만 달러 기준으로 한국이 아프리카 각국에 지출한 ODA 금액을 나타냄.

만 달러), 세네갈(25.57백만 달러), 우간다(24.37백만 달러), 모잠비크 (21.44백만 달러), 케냐(21.27백만 달러), 콩고민주공화국(19.26백만 달러), 가나(17.25백만 달러)이다([표 3] 참조). 특히 상위 3개국인 에티오피아, 이집트, 탄자니아에 대한 한국의 ODA는 다른 중점협력국에 비해 지원 규모가 매우 크다. 위 국가들은 또한 2000년 이래로 (에티오피아와 탄자니아는 한 해도 빠짐없이) 거의 내내 한국의 주요 아프리카 중점협력국 리스트에 포함되었다.

한국의 아프리카 중점협력국 리스트를 자세히 살펴보면 다음과 같은 흥미로운 분석결과를 도출해 낼 수 있다. 우선 한국의 주요 아프리카 중점협력국은 한국의 주요 무역 대상국을 포함하고 있다. 한국무역협회 데이터에 의하면 주요 아프리카 수원국 중 2017년 에티오피아, 남아공, 케냐, 탄자니아는 한국의 아프리카 상위 10대 수출 교역국이기도 하다. 또한 수출입은행 데이터베이스에 의하면 2017년 한국의 아프리카 중점협력국 중 남아공, 모잠비크, 탄자니아, 케냐, 에티오피아, 가나, DR콩고는 한국의 대아프리카 FDIForeign direct investment가 가장 활발한 국가이다. 이는 한국의 대아프리카 수원국 선정 기준에 경제적 이해관계와 동기가 강력하게 작용함을 시사한다.

그러나 아프리카 지역에 대한 한국의 경제협력 동기가 장기적 파트너십에 기반하고 있다고 보기엔 아직 이르다. 실제 보다 장기적이고, 대규모 투자가 이루어지며 기술이전까지 가능하여 투자 대상국이 선호하는 FDI의 경우 아프리카 지역은 한국의 FDI 대상 지역에서 거의 소외되어 있다. 사하라 이남 아프리카 지역에 대한 한국 FDI 누계는 41억 달러이며 이는 한국 전체 FDI의 1.1%로 매우 적은 양이다. 사하라 이남 아프리카 지역이 전 세계 FDI에서 상대적으로 소외당하는 지역임을 고려해도 2016년 기준 전 세계 FDI 중 3.4%가 사하라 이남 아프리카에 지원된 점을 볼 때 한국의 아프리카 FDI는 매우 저조하다는 점을 알 수 있다.[7]

둘째, 한국의 ODA는 빈곤 기준만을 엄격히 따른다고 보기 어렵다. 2015~2016년 기간의 한국 ODA 누계를 살펴보면 가장 많은 ODA(36%)가 최빈국이 아닌 하위 중소득국에 지급되었으며, 총 ODA의 35%가 최빈국에, 그리고 상위 중소득국에도 13%가 지급되었다.[8] 그리고 한국의 아프리카 중점협력국 중에서도 2018년 이집트는 유엔 인간개발지수 Human Development Index: HDI 리스트에서 상위의 발전 지수를 기록했으며, 케냐와 가나도 중급의 HDI 점수를 받은 국가이다. 또한 2016년 한국의 10대 중점협력국 중 1위 베트남, 4위 필리핀, 9위 인도네시아는 각각 한국의 주요 수출 대상국이다. 한국무역협회 데이터베이스에 의하면 2016년 베트남은 4위, 필리핀은 13위, 인도네시아는 14위의 한국 수출 대상국이다.

셋째, 한국의 아프리카 중점협력국은 미국의 주요한 전략적 우방 국가를 포함하고 있다. 이집트, 탄자니아, 에티오피아, 모로코, 가나 등이 그 예다. 위 국가들은 미국의 전통적인 아프리카 우방 국가들이다. 이는 한국의 외교정책이 냉전 구도에서 형성된 미국과의 전략적 동맹 관계에 큰 영향을 받고 있으며 대아프리카 ODA 양태에서도 이러한 한국

---

7 대한무역투자진흥공사(KOTRA). 「2018 권역별 진출전략: 아프리카」, KOTRA 홈페이지(www.kotra.or.kr)에서 내려 받음.

8 한국수출입은행/대외경제협력기금. 「2017 숫자로 보는 ODA」, 대한민국 ODA 통합홈페이지 (www.odakorea.go.kr)에서 내려 받음.

외교정책의 단면이 보이는 것이라 하겠다. 실제 미국 외교정책에 영향을 받아 ODA를 지출하는 현상은 한국 ODA 정책의 전반적 특징 중 하나라 할 수 있다. 예를 들어 2010년 한국 전체 ODA의 22%에 육박하는 규모의 금액이 이라크에 지원되었으며 당시 미국은 이라크 지역에서 전쟁을 벌이고 있었다. 미국 정부는 한국 정부에 대해 이라크 지역에 평화유지군을 파견해 줄 것을 강력히 요청했으며 대규모의 공적개발원조가 한국의 평화유지군 파견과 함께 이라크에 지원되었다.

넷째, 아프리카 협력국에 대한 한국의 지원은 매우 큰 유동성을 보인다는 특징이 있다. 2000년 아프리카에 대한 한국의 총 양자 ODA는 24.27백만 달러였으나 바로 다음 해인 2001년에는 4.38백만 달러로 급락했다. 2010년 이후에서야 한국의 대아프리카 ODA 규모는 안정적으로 증가하는 추세를 보인다. 많이 알려진 바와 같이 원조 유동성은 원조 효과성을 저해하는 대표적 문제 중 하나로 지적되고 있다. 이러한 아프리카에 대한 한국 ODA의 큰 유동성은 개별 아프리카 국가에 대한 ODA에서도 살펴볼 수 있다. 예를 들어 튀니지의 경우 2000년에 12.02백만 달러 규모의 ODA를 지원받았으나 바로 다음 해 이 규모는 2.07백만 달러로 급격히 감소했다([표 3] 참조). 그리고 2011년 이후 튀니지는 한국의 아프리카 상위 10위 협력국 리스트에 포함되지 않았다. 가나도 2003~2005년 동안 한국 최대 아프리카 수원국이었으며 2005년 15.22백만 달러 규모의 ODA를 지원받았으나 다음 해인 2006년에는 아예 상위 10위국 리스트에서 제외되었으며 2009년에 지원된 규모는 2.47백만 달러에 불과했다.

다섯째, 한국은 여전히 아프리카에 대해 상당량의 유상원조를 제공하고 있다. [표 4]는 2013~2018년 기간의 한국 유상원조 지원 대상 상위

[표 4] 한국 유상원조 상위 10개국 수원국 현황, 2013~2018년　　　　(단위: 백만 달러)

순위	2013	2014	2015	2016	2017	2018
1	베트남 (198.61)	베트남 (128.5)	베트남 (165.98)	베트남 (127.89)	베트남 (131.14)	베트남 (85.06)
2	모잠비크 (53.50)	탄자니아 (66.94)	라오스 (65.18)	탄자니아 (48.49)	미얀마 (39.06)	이집트 (76.08)
3	탄자니아 (46.17)	모잠비크 (52.27)	탄자니아 (51.78)	모잠비크 (36.85)	가나 (35.48)	몽골 (52.93)
4	파키스탄 (32.12)	방글라데시 (50.86)	방글라데시 (33.64)	에티오피아 (36.12)	캄보디아 (32.58)	탄자니아 (52.41)
5	스리랑카 (30.31)	요르단 (36.46)	모잠비크 (33.36)	필리핀 (33.45)	니카라과 (32.43)	콜롬비아 (50.00)
6	캄보디아 (27.90)	캄보디아 (32.68)	요르단 (32.15)	세네갈 (30.76)	인도네시아 (31.04)	방글라데시 (46.84)
7	방글라데시 (25.28)	스리랑카 (31.00)	가나 (29.16)	니카라과 (22.97)	우즈베키스탄 (29.01)	에티오피아 (46.10)
8	콜롬비아 (13.95)	필리핀 (28.24)	캄보디아 (28.38)	요르단 (22.19)	라오스 (27.04)	니카라과 (46.65)
9	라오스 (13.74)	에티오피아 (23.57)	에티오피아 (22.50)	몽골 (20.55)	모잠비크 (25.34)	라오스 (35.15)
10	세네갈 (11.10)	니카라과 (17.85)	인도네시아 (20.60)	인도네시아 (20.07)	에콰도르 (24.76)	필리핀 (27.72)

*이 지표는 순지출을 기준으로 함.
출처: 한국수출입은행/대외경제협력기금 2019; 저자 작성

10개국과 액수를 나타낸다. 이 통계자료에 의하면 모잠비크, 탄자니아, 세네갈, 에티오피아, 이집트 등의 아프리카 국가에 대해 한국은 많은 양의 유상원조를 지원한다. 이 국가들은 모두 한국의 아프리카 주요 협력국이며 이집트를 제외하고는 모두 유엔 HDI 분류 기준에 의하면 '저발전' 그룹에 속한다. 2000년대 이후 아프리카 국가들의 부채 문제가 저발전의 주요 원인으로 지목되었고 이후 국제사회는 사하라 이남 아프리카 국가에 대한 원조는 무상으로 지원한다는 레짐을 발전시켜 왔다. 한

국의 경우는 국제사회의 레짐과는 달리 여전히 사하라 이남 아프리카 국가에 많은 양의 유상원조를 지원하는 것이다. 더욱 흥미로운 점은 2018년 한국의 상위 무상원조 수원국은 에티오피아와 우간다를 제외하고는 모두 아시아 국가라는 점이다. 그리고 이들 중 몽골, 필리핀, 우즈베키스탄은 유엔 HDI 지표에 근거하면 '발전된High Human Development' 국가이며 베트남, 라오스, 미얀마는 발전 수준이 '중급Medium Human Development'인 국가로 분류됐다. 한국 무상원조 수원국 상위 10위에 속한 아시아 국가 중 그 어느 국가도 유엔 HDI 기준상 가장 낮은 발전단계Low Human Development에 속한 국가는 없다. 다시 말해 한국의 유상원조는 대부분 가난한 나라에, 무상원조는 어느 정도 발전된 국가에 지원되고 있다는 의미다.

실제 한국은 OECD DAC 국가 중 상대적으로 많은 양의 유상원조를 지원하는 공여국이다. 2018년 총지출 기준 한국 ODA의 40.86%는 유상, 나머지 59.14%는 무상으로 지원되고 있다. 선진 북유럽 공여국들의 경우 ODA는 전액 무상으로 제공된다. 이처럼 한국의 유상원조 규모가 상대적으로 큰 이유는 두 가지 요인으로 설명할 수 있다. 일단 한국 원조 시스템은 유상과 무상의 원조 형태별로 정책 기관이 분절화되어 있다. 무상원조는 외교부가, 유상원조는 기획재정부에서 담당하며 한국국제협력단Korea International Cooperation Agency: KOICA과 수출입은행이 각각의 실행기관이다. OECD DAC 회원국 대부분은 외교부에서 통합적으로 원조 정책을 담당하는 반면 한국은 이처럼 유상과 무상의 ODA 형태별로 각각 다른 부처에서 정책을 담당하는 것이다. 이러한 이유로 양관계 부처는 원조 정책을 둘러싸고 지속적 경쟁을 벌이고 있으며 ODA 관료 정치의 결과로 두 가지 형태의 지원 방식이 어느 정도 대등한 수준으로 유지되고 있다고 보인다. 또한 기획재정부를 중심으로 한국 정부 내의 많은 관료와 정책결정자들은 유상원조의 효율성에 대한 굳은 믿음을 가진 것으로 판단된다.

실제 한국의 경제발전 과정에서 유상원조, 특히 일본으로부터의 차관은 한국의 경제계획을 재정적으로 지원하는 데 크게 이바지했다. 당시 한국 경제의 차관 의존도는 매우 높아 1960년대와 1970년대를 '차관 경제' 시기라 명명하기도 한다. 유상원조를 지지하는 시각에 의하면 한국의 경험에 비추어 보았을 때, 무상원조보다 유상원조가 수원 주체에게 보다 더 효율적 경제정책을 고안하여 빠른 성장을 도모하게 하는 강력한 인센티브를 제공한다.

마지막으로, 유상원조의 경우 무상원조보다 구속성 비율이 훨씬 높기에[9] 아프리카에 대한 한국 ODA 중 상당한 양이 차관 형태라는 의미는 구속성 원조, 즉 아프리카 수원국에 조달하는 물자 및 용역의 조달처가 한국으로 한정되는 경우가 많다는 의미이다. 다시 말해 아프리카에 지원되는 한국 유상원조 중 상당한 규모는 여러 경제기반 시설 건설에 지원되고 있으며 이러한 프로젝트는 대부분 한국 건설업체에 의해 수행되고 있다.

---

9 예를 들어 2018년 무상원조의 비구속성 비율은 88.7%였는데 반해 유상원조는 44.5%에 불과했다 (수출입은행/대외경제협력기금, 2019).

IV. 결론: 변화하는 아프리카와 한-아프리카 파트너십 형성을 위한 과제

2000년대 이전까지만 해도 아프리카는 '희망이 없는 대륙'으로 여겨졌다. 그러나 2010년 McKinsey Global Institute는 *Lions on the Move: The Progress and Potential of African Economies*라는 제목의 보고서를 발간하는 등 아프리카 발전에 대한 전망은 그 어느 때보다도 밝아 보였다.[10] 또다시 10년이 지난 2020년 아프리카 개발은행은 아프리카 경제에 대해 다음과 같이 전망했다.[11]

- 아프리카의 경제 성장세는 2010년 초중반보다는 주춤하지만, 안정세에 들어섰으며 다시 성장할 것으로 기대된다. 2014년 이후 아프리카의 성장률은 3% 정도를 기록하고 있다. 이는 이전 10년간 평균 5%를 기록한 것에 비교하면 다소 낮아졌다. 그러나 2020년에는 3.9%를 기록할 것으로 보이며 2021년에는 4.1%를 달성할 것으로 기대된다.
- 아프리카 국가 간의 성장 차이는 매우 확연하고 몇몇 국가는 매우 성공적인 경제성장을 기록했다. 2019년 동아프리카 지역이 가장 빠르게 성장했다. 특히 르완다(8.7%), 에티오피아(7.4%), 코트디부아르(7.4%), 가나(7.1%), 탄자니아(6.8%), 베냉(6.7%)은 가장 빠른 성장을 보인 세계 10대 국가에 이름을 올렸다.
- 아프리카의 성장 패턴은 소비에서 투자 및 순수출로 바뀌면서 전반적 향

10　McKinsey Global Institute (2010) 참조.
11　African Development Bank (2020).

상을 보였다. 2019년 10년 만에 처음으로 투자 비용이 소비보다 GDP 성장에서 더 큰 부분을 차지했다. 특히 석유가가 회복되면서 순수출이 늘어난 것이 주요 요인이었다. 또한 거시경제가 안정되고 금융 신용이 향상되면서 인플레이션도 다소 낮아졌다(그러나 여전히 높긴 하다).

- 물리적 자본 축적이 장기적 성장을 이끈 것으로 보인다. 더불어 인적자본도 주요한 역할을 했다. 이는 아프리카의 노동생산성 향상에도 긍정적 영향을 미친 것으로 판단된다.

- 아프리카의 불평등지수는 여전히 높다. 이는 아프리카의 경제성장이 포용적이지 못했음을 의미한다. 교육 수준이 높고 구조 변화 비율이 높은 국가일수록 보다 포용적인 성장을 한다고 밝혀졌다. 성장과 함께 불평등을 줄여가는 정책을 함께 추진하는 아프리카 국가들이 2030년까지 극심한 빈곤을 감소시킬 수 있는 확률이 더 높다.

이러한 보고서들과 아프리카 경제에 대한 전망은 아프리카가 더는 희망이 없는 대륙이 아닌 경제협력 및 외교 관계 파트너로서 변화했음을 의미한다. 물론 여전히 높은 인플레이션과 실업률, 불평등 문제 등은 해결해야 할 당면 과제다. 그러나 1980년대와 1990년대와 비교했을 때 오늘날 아프리카의 경제 성장세는 많은 아프리카인이 주장하는 바와 같이 '필연적inevitable'인 것으로 보인다. 이처럼 2000년대 이후 아프리카의 가시적 성장은 중국의 대규모 투자가 큰 역할을 해왔다. 오늘날 아프리카에 유입되는 가장 큰 규모의 외국 자본은 공적개발원조가 아닌 송금과 FDI이다. 특히 2018년 아프리카는 전 세계에서 가장 큰 FDI 유입 성장세를 기록했다. 당시 글로벌 경기침체로 인해 전 세계 FDI 성장세가 -13%를 기록했으나 아프리카는 11%의 성장을 보였다.

그렇다면 한국은 아프리카를 정치경제 협력 파트너로 바라볼 준비가 되었는가? 지금까지의 논의를 기반으로 지속가능한 파트너십에 기반한 한-아프리카 관계 형성을 위해 다음과 같은 제언을 한다.

산업혁명 이후 유럽인들은 천연자원 채굴과 시장 개척을 위해 아프리카에 진출했다. 1884년 베를린 회의 이후 아프리카에 대한 식민지가 공식화되면서 이러한 유럽인들의 대아프리카 정책은 보다 더 적극적으로, 노골적으로 이루어졌다. 제2차 세계대전 이후 식민지 시기가 종식되고 아프리카의 독립이 이루어진 이후 오늘날까지 아프리카 경제는 여전히 세계경제 체제 주변부에 위치하며, 의존적 구조를 벗어나지 못하고 있다. 독립 후 많은 아프리카 국가가 내전을 비롯한 정치적 혼란, 사회적 불평등 및 빈곤 문제 등을 겪게 되면서 (이러한 문제들의 근본적 뿌리는 식민지 시기로 거슬러 올라간다) 강국들은 아프리카의 부패한 리더들과 손 잡고 아프리카에 대한 착취를 지속해 온 측면이 있다.

최근 중국의 원조 방식은 서구와 달리 시혜적 차원이 아닌, 경제협력 파트너로서 아프리카에 접근한다는 측면에서 많은 지지를 받고 있다. 그러나 중국의 원조와 대아프리카 경제협력 방식에 우려를 표하는 시각에 의하면 중국의 아프리카 접근방식은 아프리카 내부의 정치적 동학에 민감하지 못하다는 한계가 있다. 즉 중국은 종종 대다수 자국민의 지지를 받고 있지 못한 정권과 협력함으로써 결과적으로는 정당성이 약한 정권을 돕는다는 것이다. [12]

이제까지 살펴본 바와 같이 최근 아프리카는 변화하고 있다. 그리고

---

12 중국의 대아프리카 원조에 대한 보다 상세한 내용은 김지영(2014) 참조.

이러한 변화를 이끄는 세대는 아프리카 독립 이후 태어난, 최상급의 서구 교육을 받은, 서구의 아프리카에 대한 인식과 제국주의 의도를 꿰뚫고 있는 새로운 세대다. 이들은 경제발전을 위해서는 정치적 안정과 법치주의, 원활한 시장 기능이 필수적임을 잘 이해하고 있다. 아프리카와의 지속적 파트너십을 위한 관계 형성을 위해 한국은 이처럼 변화하는 아프리카를 이끌어나가고, 많은 아프리카인들의 지지를 받는 새로운 리더십을 잘 이해해야 한다. 그리고 이를 위해서는 아프리카 정치경제 및 최근의 변화와 동학에 대한 보다 더 심층적 이해가 필요하다. 이러한 지식을 바탕으로 한국은 단기적 경제 협력뿐 아니라 지속가능한 파트너십에 필수적인 안정적이고 효율적인 거버넌스 및 정치 정당성을 가진 아프리카 국가와의 관계 형성을 위해 신중한 접근을 도모해야 할 필요가 있다.

아프리카는 한국의 지속적 경제발전에 필요한 자원과 시장을 제공할 수 있다. 그리고 한국은 아프리카 여러 국가가 필요로 하는 과학기술과 무엇보다 빈곤국에서 공여국으로 탈바꿈한 발전 경험이 있다. 여전히 많은 국가는 자원 확보와 물품 판매를 위해 아프리카에 접근하고 있다. 또한 시혜적인 입장에서 마치 어린아이를 대하듯 아프리카에 대한 원조를 시행하고 있다. 지나온 한-아프리카의 역사를 살펴보면 아프리카는 한국의 발전 경험에 대해 매우 높은 관심을 갖고 있으며 한국으로부터 배우려 한다. 문제는 한국이 자원과 시장이 아닌 국제사회에서 파트너로서 아프리카를 인식하고 있느냐는 점이다. 상호호혜에 바탕을 둔 아프리카와의 지속적 파트너십 형성을 위해서는 무엇보다 아프리카에 대한 진정한 관심과 이해를 바탕으로 한 그야말로 파트너로서 아프리카를 인식하는 노력이 선행되어야 한다.

| 참고문헌 |

김지영. 2014. "한·중·일의 대 아프리카 ODA 분석을 통한 아시아 원조 모델 모색", 『사회과학연구』제22권 1호.

이호영. 1999. "한국의 대아프리카 외교",『한국정치학회보』제33권 3호.

정은숙 편. 2009.『한국의 대 개도국 외교』. 서울: 한울출판사.

조홍식. 2010. "한국의 대아프리카 외교의 성공 조건",『정세와 정책』2월호.

Knodadu-Agyemang, Kwado (ed.), *IMF and World Bank Sponsored Structural Adjustment Programs in Africa: Ghana's Experience, 1983-1999* (London: Routledge, 2001).

McKinsey Global Institute, *Lions on the Move: The Progress and Potential of African Economies* (New York: McKinsey Global Institute, 2010).

Rothchild, Donald S. "The U.S. Foreign Policy Trajectory on Africa," *SAIS Review*, 21(1), 2001.

대한무역투자진흥공사(KOTRA),『2018 권역별 진출전략: 아프리카』: KOTRA 홈페이지 (www.kotra.or.kr).

대한민국 외교부,『2019 외교백서』: 외교부 홈페이지 (www.mofa.go.kr).

한국수출입은행/대외경제협력기금,『숫자로 보는 ODA』, 2017, 2019: 대한민국 ODA 통합홈페이지 (www.odakorea.go.kr).

African Development Bank. 2020. African Economic Outlook 2020: Developing Africa's Workforce for the Future: (www.afdb.org)

제3장 아프리카 지역의 평화-개발 연계와 평화조건의 성공 요인: 나미비아와 모잠비크 사례 비교연구[1]

김태균(서울대학교 국제대학원)

I. 들어가며: 평화-개발 연계와 평화조건

2018년 두 차례 남북정상회담과 북미정상회담이 성사되면서 한반도에 북핵위기의 해법이 가시화되는 희망적 시기가 지나갔다. 2019년 들어와서는 북한의 이어지는 중단거리 미사일 실험과 남한 정부에 대한 비방 그리고 북미 간 북핵협상의 답보상태가 계속되었다. 그 와중에 트럼프 대통령이 존 볼턴 국가안보보좌관을 전격 해임하면서 다가오는 미국 대선에서 유리한 위치를 선점하기 위하여 다시 북미 간 북핵협상의 물꼬를 트고 있어 2019년 연내에 반가운 소식이 전해질지 귀추가 주

---

1 이 장은 저자가 2020년 6월 서울대학교 국제학연구소에서 출간한 『국제·지역연구』에 게재한 논문을 수정·보완한 것이다. 이 논문의 자료 수집에 큰 도움을 준 서울대학교 국제대학원 김호원 연구조교에게 감사한다.

목되고 있다. 북핵과 평화협정에 관하여 반복되는 롤러코스터식의 외부 변수에 한국이 좌지우지되는 것보다 차분히 북미 간 평화협정 이후 단계를 전략적으로 준비하는 것이 바람직하다.

평화협정 이후 우선으로 고려해야 할 이슈는 북한에 우후죽순으로 집중될 개발원조와 여기서 파생되는 원조조정aid coordination의 문제 그리고 평화와 개발을 제도적으로 연계하는 문제이다(김태균, 2019). 이미 북한에서 활동하는 UN 기구와 유럽의 NGO, 그리고 대북지원 활동을 하는 한국의 시민사회단체들 간에 유기적 소통과 정책 조율이 원활하게 이루어지지 않는 상황에서 대북원조를 이행해야 한다는 딜레마가 당대에 발생하고 있다는 점에서 볼 때, 평화협정 체결 이후 나타날 원조조정 문제는 더욱 심각할 가능성이 농후하다.

따라서 지금까지 UN 중심으로 진행되어 온 평화유지활동peacekeeping operation: PKO과 평화조건peace conditionality의 성공 사례를 발굴하여 상호 비교를 통해 평화협정 이후 원조조정과 평화구축peacebuilding의 성공 요인을 찾아내는 작업이 중요하게 부각된다. 성공 요인을 찾아내게 되면 이를 북미 간 종전선언 또는 평화협정 이후 단계에 적용하여 한반도 평화 프로세스의 중요한 요소로서 평화조건과 개발-평화 연계의 로드맵을 준비하는데 중요한 참고 자료가 될 것이다.

평화조건의 성공 요인을 분석하는 작업은 기존의 취약국 시각에서 북한 개발협력을 접근했던 국내 연구와 유사한 특징을 갖는다. 북한을 취약국으로 인식하고 취약국에 지원되는 인도적 지원 및 개발협력에 관한 국제규범과 실행 사례에 대한 분석이 분쟁 및 취약국의 지속가능 발전목표sustainable development goals: SDGs 이행을 위한 이슈로 확산되어 왔다 (김수진, 2017). 한편 북한개발의 이슈에서 북한을 일반적인 취약국으로 분류하는 주류 학문에 문제를 제기하고 북한에 대한 취약성 평가를 비판적으로 검토하고 북한의 관점에서 개발수요와 우선순위를 중심으로 인도적 지원이 아닌 중장기적 개발협력을 기획해야 한다는 주장도 설득력을 얻고 있다(손혁상·김선주, 2019). 최근 평화협정 이후 북한개발을 효과적으로 추진하기 위한 조건으로 국제사회의 평화조건을 도입하자는 연구가 발표되고 있다. 그러나 아직 북한이라는 취약국 또는 유사 취약국에 개발원조가 성공적으로 투입되고 이행되는 조건에 대한 분석까지 발전하지 못하고 있는 실정이다(김태균, 2019).

따라서 이 연구는 지금까지 국제사회, 특히 UN이 시도해 온 다양한 평화유지활동과 평화조건 사례 중 성공 사례를 추려내고 성공 사례가 공통으로 보유하고 있는 성공 요인을 밝혀내는 것을 목적으로 한다. 주요 사례연구로 UN의 PKO 추진 역사상 최초의 성공적 사례로 거론되는 아프리카의 나미비아Namibia와 같은 대륙의 성공 사례로 평가되는 모잠비크Mozambique를 중심으로 취약국 및 분쟁 이후 단계에서 외부의 원조와 평화유지활동이 성공적으로 추진되기 위한 조건들을 분석한다.

비록 아프리카 지역에 한정된 두 사례를 분석하는 것이지만, 실제로 UN의 PKO 중 성공한 사례가 많지 않기 때문에 첫 사례라고 평가되는 1990년 나미비아와 성공 사례 중 대표적으로 거론되는 1992년 모잠비크 사례를 비교·분석하여 공통 요건을 성공조건으로 분류하는 학술적 노력은 대단히 중요하다.[2]

---

2 UN PKO에 관한 한 연구결과에 따르면, 냉전 종식 이후 2000년대 후반까지 UN이 진행해 온 PKO는 총 35차례로 집계되며 이 중 6차례의 PKO만이 성공했다는 평가를 받고 있다(Howard, 2008: 1-20). PKO의 성공 여부를 평가하는 과정은 대단히 복잡한 변수들과 결부되기 때문에 평가를 성공

성공조건의 주요 변수로 통상적인 UN의 평화구축 활동뿐 아니라 취약국에 직간접으로 양자원조를 통해 개입하는 공여국의 역할에 분석을 포함하는 것이 중요하다(Manning and Malbrough, 2010). 이는 현실정치에서 UN의 PKO 활동을 조정하고 성공 여부를 결정하는 핵심적 요인이 정작 다자협력체인 UN이 아니라 주요 양자공여국의 개입과 지원 정도에 의해 좌우된다는 현실주의적 해석에 점점 무게중심이 옮겨지고 있기 때문이다(Killick, 1997; Frerks, 2006).

이러한 맥락에서 이 연구는 분쟁 지역에서 분쟁 종료 후 평화협정에 합의하고 그 이후 평화구축 과정이 성공적으로 추진되기 위한 필요조건인 다자협력의 UN과 더불어 충분조건인 양자협력의 주요 공여국 역할에 초점을 맞추어 나미비아와 모잠비크 사례연구를 검토한다. 무엇보다도, 분쟁 지역에 가장 큰 이해관계를 가지고 있는 양자 중심의 공여국이 분쟁 지역의 평화적 해결과 평화조건에 동의하고 UN의 PKO에 적극적으로 지원한다는 요건을 성공 요인의 핵심 사항에 주목한다. 결론적으로 이 연구는 분쟁 해결과 평화구축을 위한 UN의 PKO 등의 인도

과 실패로 양분화하기 어려운 것이 사실이지만, 대체로 다음과 같이 여섯 경우의 PKO 작전을 성공 사례로 분류하고 있다. (1) 나미비아(UNTAG), (2) 엘살바도르(ONUSAL), (3) 캄보디아(UNTAC), (4) 모잠비크(UNOMOZ), (5) 크로아티아의 동슬라보니아(UNTAES), (6) 동티모르(UNTAET). 이 중 캄보디아 사례는 아직도 성공 사례로 평가하는데 이의를 제기하고 실패 사례로 포함하는 경향이 강하기 때문에 실제로 실패와 성공이 교차하는 사례로 보는 것이 정확하다. PKO 중 최대의 실패 사례인 소말리아(UNOSOM II), 르완다(UNAMIR), 보스니아(UNPROFOR), 그리고 앙골라(UNAVEN II) 등이 엄청난 충격으로 국제사회에 공유되면서 상대적으로 PKO의 결과가 주로 실패로 수렴되었다는 선입관을 낳게 되었다. 이러한 이유로 6건의 PKO가 성공 사례라는 해석에 의외의 반응을 보일 수도 있지만, 실제 현장에서는 평화 정착의 프로세스가 갈등을 조장하는 프로세스와 상반된 과정이 아니기 때문에 실패와 성공 사례 모두 동일하게 평화 정착의 프로세스를 거치게 되고, 실패와 성공은 사실상 과정의 차이가 아니라 동일한 과정에 참여하는 관련 행위자의 차이에서 발생할 가능성이 큰 것이다.

적 개입humanitarian intervention이 중요한 성공 요인이지만, 양자협력 공여국의 UN 활동에 대한 적극적 지지가 분쟁 지역의 평화 프로세스가 성공적으로 진행될 수 있는 중요한 제3자third party 변수임을 인식하고 이에 연구 초점을 맞추는 분석틀을 기획한다.

아프리카의 두 사례 비교연구를 통해 그 결과를 수정 없이 바로 한반도 상황에 적용하는 데는 무리가 따른다. 나미비아와 모잠비크가 처한 정치적·경제적·사회적·국제적 상황과 한반도 상황을 동일시하는 것은 무리한 일반화의 오류가 발생하기 마련이다. 그러므로 이 연구는 연구결과를 직접 한반도에 적용하는 것을 피하고 나미비아와 모잠비크에서 얻을 수 있는 함의를 추후에 한반도 평화 프로세스에 참고할 수 있는 정도로 그 수위를 조정하고자 한다.

II. 원조조건으로서 평화: 성공과 실패

양자원조의 제3자 행위자인 양자공여국의 적극적 지원이 분쟁 지역의 평화구축 성공에 가장 중요한 필요조건이란 가설이 도출되기까지 기존의 많은 연구가 시행착오를 거치면서 다양한 독립변수를 실험해왔다. 기존의 주요 문헌을 정리함과 동시에 대표 경험 사례인 나미비아와 모잠비크의 비교·분석을 통하여 이 연구는 평화구축을 위한 평화조건의 성공에 필요한 마중물로 제3의 양자공여국이 평화조건을 지지하거나 최소한 이를 묵인하는 과정이 필요하다고 강조한다.

이론적으로나 경험적으로나, 원조조건으로 평화가 거론되는 궁극적 이유는 평화구축 프로세스를 봉쇄하고 방해하는 이른바 평화의 '스포일러spoiler' 문제를 다각도로 통제하기 위함이다. 스포일러의 개념은 평화협정으로 인하여 불리한 이해관계에 봉착하거나 봉착할 가능성이 큰 행위자를 의미한다. 평화협정이 스포일러의 권력과 인센티브 구조에 위협을 가한다고 판단하기 때문에 스포일러는 평화협상을 시도하는 노력을 무력화시키는 행위를 기획하게 된다(Stedman, 1997: 5). 따라서 평화조건의 성공과 실패를 평가하는 판단 근거로 스포일러의 존재와 그 저해 요인이 중요하게 거론된다. 평화조건의 성공을 위하여 스포일러의 행위를 적절하게 제어할 수 있는 제도와 정책에 관한 연구가 진행되어 왔다(Stedman et al., 2002).

UN의 PKO뿐 아니라 대외원조 프로젝트가 취약국을 비롯한 개발도상국에 제공될 때 이러한 스포일러가 어디에서 발생하는가가 관건이다. 이는 스포일러의 발생 지점, 그리고 개발협력 및 인도적 지원에 관여하는 다양한 행위자 중 어느 행위자가 스포일러 역할을 수행하는가에 따라 원조 프로젝트의 성공 여부가 갈리게 되기 때문이다. 스포일러의 주된 후보자는 부패와 무기력으로 점철된 분쟁국의 정부와 분쟁 당사자이자 평화협상의 걸림돌이 되는 교전 집단 및 반정부단체에서 찾는 경우가 일반적이다(Gisselquist, 2018; Goodhand and Sedra, 2006; Manor, 2007; Boyce, 2002a; Howard, 2008; Stedman, 1997).

그러나 기존 연구가 주목해 온 정부와 반정부단체는 모두 분쟁 지역의 내부적 행위자이기 때문에 사실상 평화 프로세스 스포일러의 유력한 용의자로 당연히 소환되어야 할 대상들이다. 한편 내부 행위자에서 스포일러를 찾는 작업과 함께 외부 조건 중 스포일러가 나타날 가능성에 대한 심도 높은 분석이 사실상 더욱 핵심적이다. 내부 행위자가 자신의 이익을 위하여 평화조건에 저항할 가능성은 분쟁 지역의 정치 역학

관계에서 흔히 목격할 수 있는 상수이다. 그러나 외부에서 주어지는 변수는 실제로 어느 조건이 스포일러로 작동하는지 파악하기 어렵기 때문에 평화조건의 성공 사례 분석은 필연적으로 외부 변수 중 스포일러를 찾아내는 과정을 포함해야 한다.

따라서 원조조건으로서 평화의 성공과 실패에 대한 분석을 위해서는 분쟁 당사자인 내부 행위자 변수를 상수로 설정하고 외부 변수 가운데 성공과 실패의 원인을 추적하는 것이 바람직하다. 지금까지의 연구결과를 살펴보면, 평화구축의 외부 변수로 UN 중심의 국제기구에 치중한 나머지 분쟁국에 가장 강력한 영향력을 보유한 양자공여국의 개입에 관한 연구는 상대적으로 부족한 상황이다. 제한적으로나마 양자공여국 변수를 평화조건의 성공 결정 요인으로 분석하고 개념화하는 연구가 간헐적으로 진행되어 왔다. 이러한 연구가 실제로 양자공여국을 평화구축의 스포일러로 명확히 규정하지는 않았지만 양자공여국의 적극적 평화조건 이행과 개입을 분쟁 당사자 간 성공적인 평화구축의 전제조건으로 강조하고 있다.[3]

평화조건과 이에 따른 평화구축의 성공 요인은 결국 외부 변수로서 양자공여국이 어느 정도로 평화조건에 부합하는 행동을 선택하는가에 있다. 따라서 원조조건으로서 평화가 공여국에게는 대단히 중요한 행동수칙이자 UN에게는 공여국의 자국 중심의 전략적 행보를 미연에 방지하거나 스포일러를 통제할 수 있는 평화 프로세스의 제도적 장치로

---

3 특히 외부 변수로서 양자공여국의 역할을 집중적으로 분석한 기존 연구는 매우 제한적이며, 대표적인 연구로는 Manning and Malbrough (2010)의 모잠비크 사례연구가 있다.

[표 1] 원조조건의 유형 및 역사적 진화

세대	시기	유형	주요 내용
1세대	1970년대 ~ 1980년대	경제개혁(economic reform)	경제자유화, 국내경제개혁, 구조조정
2세대	1990년대	정치/거버넌스 개혁 (political/governance reform)	민주화, 법치, 인권, 굿거버넌스, 경제자유화
3세대	1995년 ~ 현재	갈등해결 및 평화구축 (conflict resolution & peacebuilding)	갈등예방, 평화조정, 국가재건, 안보섹터개혁(SSR), 군비축소·동원해제·재통합(DDR), 화해·조정, 분쟁 후 평화구축
4세대	1999년 ~ 현재	평화강제(peace enforcement)	인도적 개입, 테러와의 전쟁, 현지 민주주의 확립, 재건 및 평화구축, 민군협력관계
5세대	2005년 ~ 현재	탈조건화(post-conditionality)	공여국과 협력 대상국 간의 대칭관계, 협력 대상국의 리더십과 오너십, 원조일치, 투명성과 책무성

출처: Frerks (2006: 9).

작동한다(Boyce, 2002a; 김태균, 2019). [표 1]에서 확인할 수 있듯이, 평화조건은 흔히 개발원조에 따라붙는 원조조건의 한 종류로 정의할 수 있다. 1970년대와 1980년대에 풍미했던 구조조정 중심의 경제개혁 조건(제1세대)과 1990년대의 정치적 민주화를 위한 거버넌스 조건(제2세대)을 넘어 1990년대 중반부터 평화조건으로 분류될 수 있는 원조조건이 형성되어 왔다. 1995년부터 지금까지 이어지는 갈등해결conflict resolution과 평화구축peacebuilding 중심의 제3세대 원조조건과 1999년부터 적용되기 시작한 평화강제peace enforcement 중심의 제4세대 원조조건이 평화조건의 주요 구성요소가 된다.

이러한 맥락에서 볼 때 평화조건은 갈등해결부터 평화강제까지 평화 프로세스를 구성하는 다양한 이슈에 모두 적용이 가능하다. 즉 갈등

예방·국가재건·군비축소·평화구축·인도적 개입·테러리즘·민주주의 확립 등 평화 프로세스 전 단계에 걸쳐 필요조건처럼 필요한 원조조건이라 해석할 수 있다. 다시 말해 평화조건은 분쟁이 종식된 후 UN과 같은 국제기구가 PKO 등의 제도를 활용하여 분쟁 지역에 우후죽순으로 투입되는 다양한 원조와 공격적 투자를 평화구축 취지에 맞게 조정하여 외부 원조가 원조조건의 목적인 평화에 부합하도록 인도하는 유도장치 역할을 한다(Boyce, 2002b, 1996).

궁극적으로 평화조건의 이행은 분쟁 이후 제3의 행위자인 주요 양자공여국이 UN PKO에 대한 명시적 또는 암묵적 승인을 넘어 평화 공고화 프로세스가 계속 진행될 수 있도록 보증하는 과정까지 확보하는 것을 의미한다(Muscat, 2015). 따라서 UN PKO 사례 중 평화조건이 성공한 사례를 찾기 위해서는 PKO 시작 단계에 핵심 양자공여국의 지지를 유도함과 동시에 분쟁 이후 어느 정도 평화구축이 이루어지는 단계에서도 양자공여국이 평화 프로세스를 지속적으로 지지할 경우 모두를 만족하는 사례가 필요하다. 평화조건의 성공 사례가 공유하는 공통분모가 이 연구에서는 주요 양자공여국의 다자기구가 추진하는 평화유지 활동의 전 과정을 평화조건을 만족하면서 지지하는 변수로 설정하고 이를 UN PKO 사례 중 아프리카에서 찾고자 한다. 앞서도 밝혔지만 이 연구는 아프리카 성공 사례로 나미비아와 모잠비크를 선정하고 이를 분석한다.

III. 성공 요인으로서 제3자 양자공여국의 중요성

국제사회의 분쟁 지역에 대한 인도적 개입의 논의는 다양하게 전개되어 왔다(Stewart and Knaus, 2011; Wheeler, 2000). 다양한 연구 가운데 최근 평화구축과 개발원조가 분쟁 지역에 투입될 때 성공적 이행을 위하여 어떠한 여건이 필요한가에 대한 연구가 주목을 받고 있다. 2015년 *International Peacekeeping*이라는 국제학술저널에서 특집호로 '평화구축을 위한 개발원조Development Assistance for Peacebuilding'의 이슈를 다루는 논문 통합본을 출간했다. 여기서 주장한 성공 요건은 크게 세 가지이다. (1) 외부 개입의 영역과 분쟁국의 국가제도에 대한 개입 정도, (2) 외부 개입에 대한 현지의 지지와 현지 주체의 역량 등 현지 맥락에 기반을 둔 변수들, (3) 프로그램 기획 능력과 관리 등으로 압축했다(Gisselquist, 2018: 1-19). 이렇게 UN의 평화구축 활동에 관한 변수가 평화구축 프로그램 내부 변수와 분쟁 지역의 내부 변수로 국한되어 있던 경향성이 점차 분쟁 지역에 역사적·정치적으로 오랜 기간 깊이 관여를 해 왔던 주요 강대국의 적극적 지지 또는 암묵적 동의라는 외부 변수로 이동하게 된다. 주요 양자공여국이 UN의 평화조건 이행과정의 주요 행위자이거나 외부의 제3자이지만 PKO에 지지를 보낼 경우가 여기에 해당된다. 양자공여국의 평화조건에 의한 압력이 UN PKO가 성공할 수 있는 핵심적 요건이라는 해석이 늘어나고 있다(Frerks, 2006: 16; Stokke, 1995).

평화조건의 개념을 만든 보이스Boyce는 평화조건이 효과적으로 추진되는 과정에 가장 장애물로 작동하는 변수가 분쟁 당사국이라는 기존 연구결과와 반대로, 양자공여국의 정책과 개입이 평화구축의 장애

물이자 해법이라는 두 가지 양면성을 가지고 있다는 사실을 인지하는 것이 중요하다고 역설했다(Boyce, 2002a: 1026). 외부의 공여 주체가 수원국 정치구조에 관하여 무지하거나 의도적으로 민주화라는 미명 하에 수원국 내부 정치변수를 배제하려고 강요할 경우 원조 효과성과 평화구축의 프로세스에 부정적 결과를 초래할 가능성이 크다. 외부 공여국은 종종 분쟁 지역의 맥락, 즉 권력이동의 본질과 구조에 관한 충분한 지식을 갖추지 못하고 있을 뿐 아니라 정치·경제·사회적 측면의 정보가 부족한 상태이다. 따라서 양자공여국의 원조가 미치는 정치적 영향을 공여국이 미리 인지하지 못하거나 이러한 정치적 영향력에 둔감할 경우 평화조건의 결과는 상당히 부정적으로 나타날 확률이 높다.[4] 특히 취약국fragile state의 경우 '해를 끼치지 마라(do no harm)'의 원칙이 개발원조를 제공하는 공여국이 준수해야 할 가장 근본적 약속이기 때문에 더욱 외부의 제3자로서 양자공여국이 평화 프로세스에 개입할 때 조심스럽게 접근해야 한다(Anderson, 1999; 권혁주, 2017).

공여국은 평화조건을 추진하기 위하여 다른 공여국과의 정책 조율 및 조정이 필요한데 이러한 과정을 불필요한 부담으로 느낄 수 있다 (Boyce, 2002b). 양자원조를 원칙으로 하는 공여국들은 사실상 다른 원

---

4 이에 관한 중요한 사례로, 아프가니스탄 분쟁 이후 국제사회의 아프가니스탄 개입을 들 수 있다. 주요 공여국은 아프가니스탄 분쟁 이후 단계에 투입하는 원조정책과 국가재건 과정에 있어 분쟁에 가담했던 주요 국내 단체들을 배제하였고, 이를 위하여 정치개혁의 주인공이 될 후보 단체를 적극 포용하고 이들을 집중적으로 지원하는 정책을 선택하였다. 이러한 현지 정치적 변수를 제대로 이해하지 못하고 배제하는 개입은 평화구축 과정에 부정적 영향을 미치게 되었다. 마찬가지로 보스니아와 이라크 사례에서는 외부 행위자가 선거제도 개혁과정에 개입하면서 국내 정치과정에 대한 이해도가 낮아 직간접적으로 예상치 못한 부정적 결과를 양산하게 된다. 아프가니스탄 사례는 Goodhand and Sedra (2006)를 참고. 보스니아와 이라크 사례는 Manning (2002)을 참고.

조기관과 프로그램을 조율하고 협력하라는 주문에 매력을 느끼지 못하고 주저하는 경향이 강하다. 이는 양자공여국이 가지고 있는 원조의 인센티브 구조가 다른 행위자의 구조와 다르기 때문이다. 궁극적으로는, 개별 공여국이 세금의 일부로 사용되는 평화구축 사업에 책무를 지게 되고, 분쟁국에서의 성과를 자국의 납세자에게 보여주어야 하는 책무성accountability의 이슈에 노출되기 때문이다(Ebrahim and Weisband, 2007; 김태균, 2013). 또한 양자공여국은 특정 협력 대상국에 동일한 목표를 공유할 수 없기 때문에 자국의 고유한 목표에 따라 평화조건에 대한 수용도가 차이를 보이게 된다.

당연한 논리이지만, 분쟁국에 가장 영향력 있는 양자공여국이 원조조건에 동의하고 이를 적극적으로 수용할 때 원조 효과성이 배가될 수 있다. 이러한 가정 아래 양자공여국의 개입이 적절하고 예상 가능한 방식으로 평가되고 그 효과성에 대하여 보상 또는 처벌이 가능할 경우 평화조건의 현실 타당성은 객관화될 수 있다. 또한 양자공여국 개입의 책임을 평화 프로세스의 주요 요소로 제도화할 수 있게 된다(Frerks, 2006: 32-33; Stokke, 1995). 따라서 평화조건이 성공적으로 분쟁 이후 단계에서 이행되기 위해서는 내부 요인인 분쟁 당사자들의 적극적인 평화조건 수용과 함께 평화협정과 평화 프로세스에 실질적 기여를 하는 공여국이 분쟁국의 정치·경제·사회조건을 충분히 숙지해야 한다. 이를 토대로 분쟁 이후의 수원국 정부와 중장기적 시각에서 UN의 평화조건이 이행될 수 있도록 제3자로서 지지를 해야 한다(Svensson, 2000; Cortright, 1997; Killick, 1997).

물론 양자공여국의 평화조건에 적극적인 지지만이 UN의 PKO 및 평화구축을 위한 국제사회의 노력이 성공할 수 있는 유일한 조건이라는 주장은 아니다. 원조 공급자 변수 외에 원조 수급자인 분쟁국의 적극적 평화조건 이행도 성공 여부를 가르는 주요 변수이다. 그럼에도 앞서 언급했듯이 기존 연구가 내부 조건으로 분쟁 당사자의 변수에 평화구축 성공 사례의 무게중심을 두어 왔다는 비판적 검토를 바탕으로 외부 변수인 제3자의 공여국에 대한 분석이 더 필요한 상황이다.

이러한 내부 및 외부 변수로서의 원조조건이 성공할 수 있도록 모든 조건을 만족시키는 사례가 아프리카 지역에서는 나미비아와 모잠비크이다. 실제로 UN의 PKO가 아프리카 지역에서 성공했다고 평가되는 사례가 많지 않다. 르완다, 라이베리아 등 대부분의 아프리카 국가들은 내전 및 인종갈등 등의 갈등 국면 이후 평화정착과 평화를 개발과 연계하는 프로세스가 실패로 끝난 경우가 다반사이다(Clapham, 1998; Jones, 2001; Goose and Symth, 1994; Barnett, 1997). 나미비아와 모잠비크는 대단히 예외적인 성공 사례로 심층적으로 분석할 필요가 있다. 나미비아는 UN PKO가 아프리카 지역에서 연속해서 실패로 끝나는 부정적 결과의 고리를 끊은 평화구축 성공의 첫 사례라는 점에서 분석의 의의가 있다(Howard, 2002). 모잠비크는 아프리카 지역에서 UN이 실시한 PKO 중 가장 모범적 사례로 알려져 있기 때문에 나미비아와 같이 평화조건의 성공요인으로 본 연구가 천착하려는 양자공여국의 역할 분석에 중요한 사례이다(Manning, 1998).

IV. 나미비아: UNTAG과 양자공여국

나미비아 분쟁을 해결하기 위해 조직된 '국제연합나미비아독립지원그룹United Nations Transition Assistance Group: UNTAG'은 1964년 콩고에서 활동했던 국제사회의 평화유지활동이 실패한 이후 UN 최초의 아프리카 성공 사례이자 UN이 다차원적 평화유지활동을 시도한 최초의 사례이다. 1990년 3월에 종료된 UNTAG는 기존의 UN PKO가 군사활동을 통해 정전 및 휴전을 모니터하는 임무에서 벗어나 내전과 식민통치가 종료된 후 민주적 전환을 감독하고 지원하기 위한 정치적 임무로 성공적 전환을 도모했다는 사실에서도 중요한 시사점을 준다. 전체적으로 UNTAG의 임무는 크게 (1) 1978년의 안전보장이사회 결의 435의 임무를 성공리에 이행, (2) 나미비아 독립 이후 정치적 안정을 지속할 수 있는 제반 조건을 성공적으로 제공하였다는 두 가지 면에서 성공한 PKO로 평가되고 있다(Cliffe, 1994).

　UNTAG의 임무는 UN 안보리에서 1978년에 결의되어 1990년 PKO 임무가 완료될 때까지 12년의 긴 시간이 필요하였다. UNTAG이 성공적으로 종료되기 위한 결정적 요인은 UN의 국제기구를 통한 다자협력 또는 나미비아 독립에 관련된 내부 단체라기보다는 실제로 나미비아의 독립에 역사적으로 영향을 미치고 있는 외부 주요 공여국과 주변국인 남아프리카공화국으로 수렴된다(Howard, 2002).

　역사적으로 나미비아 독립 문제는 남부 아프리카의 평화와 안전에 영향을 직접적으로 미치는 이슈로 나미비아뿐 아니라 남부 아프리카의 주변국에게 공히 중요한 외교적 사안이었다(Dobell, 1995; du Pisani, 1994). 나미비아는 지속적으로 자국의 독립을 주장했지만 주변국인 남아프리카공화국은 나미비아의 독립을 반대하는 갈등관계가 이어져 왔다. 1978년 들어 남부 아프리카의 지역 문제였던 나미비아 독립이 캐나다·프랑스·서독·영국·미국에 의해 UN 안보리로 넘어가면서 국제문제로 확대되었다. 결국 1978년 안보리 이사국들이 UN 안보리 결의 435에 합의하면서 UNTAG를 설치하여 나미비아 독립을 위한 제헌의회 선거를 지원하게 되었다. UNTAG는 제헌의회 선거과정을 감독하기 위하여 모든 당사자가 합의된 조항을 이행하도록 평화유지활동을 전개하였다. 그러나 나미비아 독립 계획은 남아프리카공화국이 나미비아에서 군대를 철수하지 않겠다는 결정으로 평화협정이 결렬되어 교착상태에 빠진다. 이러한 교착상태는 10년 동안 지속되었으며, 결국 1988년 미국의 조정과 소련의 지원으로 앙골라, 쿠바, 남아프리카 간 3국의 평화협정이 서명될 수 있었다. 평화협정에 따라 UNTAG은 나미비아 독립 계획을 수행해 나갔으며, UNTAG가 감독·지원한 나미비아 제헌의회 선거는 1989년 11월에 성공적으로 실시되어 남서아프리카인민기구South West African People's Organization: SWAPO가 집권당이 되었다. 이후 남서아프리카인민기구 중심의 제헌의회는 헌법을 채택하고 1990년 3월 21일에 드디어 독립을 선포하게 된다.

나미비아의 성공 요인을 찾기 위해서는 무엇보다 나미비아가 겪은 국제정치적 권력관계를 이해하여야 한다. 이를 토대로 UNTAG의 성공 여부가 단순히 UNTAG 자체의 나미비아 평화 프로세스에 대한 기여와 함께 나미비아를 둘러싸고 있는 지역 수준의 힘의 균형이 어떠한 UN-TAG 활동에 영향을 미치고 최종적으로 나미비아 독립에 중요한 변수가 되었다는 것을 분석할 수 있다. 따라서 앞에서 강조했던 제3자로서의 양자공여국 및 역사적으로 깊숙이 개입한 주변 국가의 변수가 나미비아에서 UN PKO의 성공에 가장 중요한 평화조건이었다는 사실을 확인할 수 있다.

나미비아는 제노사이드, 식민지, 인종차별apartheid 등의 20세기 중 최

악의 정치적 갈등과 침해를 겪은 전 세계에서 유례가 드문 취약국 사례
이다(Thornberry, 2004). 1800년대 후반에 나미비아는 독일에 식민 지
배를 당하게 되고 이 식민지 기간에 독일은 헤레로Herero 부족과 나마
Nama 부족을 처참하게 학살하였다. 제1차 세계대전에서 독일이 패망한
이후, 독일의 자리를 남아프리카공화국이 대신하여 나미비아를 식민화
하였다. 당시 남서아프리카South West Africa로 알려졌던 나미비아는 짧은
기간이지만 영국 제국주의의 희생양이 되었고, 다시 1920년에 남아프
리카공화국에 의해 식민화되어 국제연맹League of Nations에서 남아프리카
공화국이 나미비아를 대신 대표했다. 제2차 세계대전 종료 후 UN은 나
미비아를 신탁통치 대상국으로 선정하지만, 남아프리카공화국이 자국
의 식민통치 권한을 포기하기를 거부하였다. 1966년 UN총회는 남아프
리카공화국의 통치를 불법으로 선언하고 나미비아 인민을 유일하게 합
법적으로 대표하는 기관으로 SWAPO를 인정하게 된다(Brown, 1995).

1971년에는 국제사법재판소International Court of Justice가 남아프리카공
화국의 통치권을 기각하고 나미비아로부터 철수하기를 권고했다. 그럼
에도 남아프리카공화국은 나미비아에 매장된 다이아몬드와 자원 광산
의 경제적 이권 때문에 개입을 중단하지 않는다. 또한 나미비아에 거주
하고 있는 백인의 생활권을 보장하기 위하여 철수를 거부하였다는 점
에서 전형적인 아파르트헤이트인 인종차별 정책을 지속해 나갔다.

1966년 나미비아 옴굴룸마쉐Omgulumbashe 지역의 SWAPO 캠프에서
처음으로 SWAPO와 남아프리카공화국 군대 간에 물리적 충돌인 전투
가 발생하게 된다. 이러한 소규모 충돌은 게릴라전 방식에서 점차 대규
모 내전으로 확산되었다. 남아프리카공화국이 나미비아 현지 군대를
조직하여 SWAPO와 전투를 감행으로써 대리전 양상까지 보이게 되어

나미비아에서의 물리적 충돌은 점차 남아프리카공화국과 그 주변국 간의 분쟁으로 확대되어갔다(Dobell, 1997; du Pisani, 2004). 따라서 SWAPO와 남아프리카공화국 간의 1차적 분쟁은 복잡다단하게 주변국과의 분쟁으로 이어지고 심지어는 남아프리카공화국 내부에서 나미비아 개입에 대한 반대운동까지 조직되었다. 나미비아를 둘러싸고 확대되는 분쟁의 지역적 확산은 30여 년 동안 이어졌으며, 앙골라, 모잠비크, 나미비아, 남아프리카공화국 그리고 짐바브웨까지 분쟁의 소용돌이 휘말리게 된다. 이러한 지역 수준의 분쟁으로 확대된 나미비아 내전은 앞서 설명한대로 UNTAG와 미국 그리고 소련의 지원으로 해결의 실마리를 찾게 된다. 최종적으로는 1990년 나미비아 초대 대통령으로 당선된 샘 누조마Sam Nujoma와 함께 남아프리카공화국의 민주혁명가였던 넬슨 만델라Nelson Mandela라는 뛰어난 지도자가 있었기에 분쟁이 종식될 수 있었다.

따라서 분쟁부터 종식까지 사실상 나미비아 평화 프로세스의 결정적 핵심 요인은 남아프리카공화국의 태도 변화와 협의 의지에 있다고 평가할 수 있다. 이는 역사적으로 나미비아라는 소국에 가장 강력한 공여국이자 식민통치의 외부자였던 남아프리카공화국이 지속적으로 나미비아 국정에 강력한 영향을 미쳤고, 국제사회의 권고에도 나미비아 개입에 대한 결정을 변경하지 않으면 사실상 UNTAG의 평화유지활동도 쉽게 그 목적을 달성할 수 없었을 것이다. 남아프리카공화국 변수 외에 일부 학자들은 UNTAG의 현지 적응력과 나미비아 현지의 정치구조를 정확히 이해하고 평화유지활동을 추진했다는 성공 요인을 강조한다(Howard, 2008).

기존의 다른 UN PKO와 달리 뉴욕 UN본부 안보리와 같은 고위급 정치 기관의 미시관리micromanagement에서 벗어나 현지에서 평화유지활동의 실마리와 추동력을 학습했다는 점이 나미비아와 기존 사례의 차이점이다. 이는 다시 말해 UN PKO가 기존 방식대로 본부 차원의 매뉴얼에 따라 움직이지 않고 나미비아가 처한 지역 정치적 상황과 국내 상황을 적극적으로 이해하고 SWAPO와 같은 국내 조직을 활용하며 남아프리카공화국에게 압력을 가하기 위하여 UN의 주요 강대국의 지원을 받아내는 전략적 선택으로 UNTAG 활동을 성공적으로 마무리할 수 있었다고 평가할 수 있다.

V. 모잠비크: UNOMOZ와 양자공여국

나미비아의 평화협정이 성공적으로 이루어지면서 아프리카 지역의 분쟁 국가들도 그동안 지체되었던 평화 프로세스와 UN의 PKO가 다시 힘을 받게 되어 대표적으로 모잠비크에서 다시 내전 종결을 위한 평화 협상이 재개되었다. 모잠비크 내전 종식을 위한 평화협상은 1990년 이탈리아가 주최하고 모잠비크의 주요 양자공여국인 미국, 영국, 포르투갈, 독일이 참관하는 가운데 시작되었다(Manning, 2002). 협상이 시작된 지 2년만인 1992년 10월에 프레리모Frelimo 모잠비크 정부와 레나모Renamo 반군이 평화협정General Peace Accord: GPA에 서명함으로써 비로소 모잠비크 내전이 종료되었다.

평화협정의 체결은 곧 레나모 반군의 무장해제와 새롭게 통합된 정부군과 경찰 기관으로의 흡수가 이행되었고(Stephen, 1995; Berman, 1996; Malan, 1999), 레나모가 장악했던 지역의 반환과 민주적 정당정치

구축을 위한 제1 야당으로 레나모의 재탄생이 이루어졌으며(Manning, 1998), 모잠비크 역사상 최초로 다당제 선거를 위한 거버넌스 개혁 및 선거 실시로 이어졌다. 이에 UN은 6,800명의 평화유지군과 선거감시단으로 구성된 '국제연합모잠비크감시단United Nations Observation Mission in Mozambique: UNOMOZ'을 발족시키고 GPA 이행과정을 감시 및 지원하는 임무를 UNOMOZ에 맡겼다(Turner et al., 1998).

UNOMOZ의 모잠비크 평화협정 이행 임무는 본래 1년을 계획하였으나 예상보다 길어진 1994년 10월까지 연장되었다. 특히 UNOMOZ 활동에서 주목해야 할 부분은 다른 PKO 사례와 달리 모잠비크에 개입하고 있는 주요 양자공여국을 적극적으로 평화 프로세스에 참여하도록 유도하였고, 공여국이 실질적으로 평화조건 이행에 기여할 수 있는 제도적 장치를 마련하였다는 점이다(Manning and Malbrough, 2010: 148-149). 이는 UN PKO 역사상 처음으로 성공 사례로 평가되었던 나미비아에서 얻은 양자공여국의 중요성에 관한 교훈을 전략적으로 활용한 것으로 해석할 수 있다.

GPA를 이행하기 위하여 다양한 평화이행 위원회commissions가 설립·운영되었다. 위원회 구성을 보면 레나모의 야당 대표, 정부 및 프레리모의 집권당 대표, 그리고 UNOMOZ와 다양한 공여국 대표가 함께 협의하도록 조직되었다. 이러한 위원회 중 가장 핵심적 위원회는 감독감시위원회Supervisory and Monitoring Commission: CSC로 CSC는 평화협정 이행을 총괄하는 역할을 수행하였다. CSC는 이탈리아 출신의 UN 사무총장 특별대표Special Representative of the Secretary General: SRSG인 알도 아엘로Aldo Ajello가 의장직을 수행하고, 모잠비크 정부와 레나모 대표 그리고 주요 공여국인 미국·영국·이탈리아·프랑스·포르투갈 대표가 참여하였다(Ajello, 1999).

　　모잠비크 사례에시 양자공여국이 성공 요인이라는 해석의 중요한 증거로서 UNOMOZ가 주로 휴전과 평화 프로세스를 합의된 공식 프레임 안에서 감독하는 주무기관의 역할을 맡았음에도 UNOMOZ와 양자공여국 간의 상보적 관계 또는 양자공여국의 유연하고 즉각적인 개입이 동반되지 않았다면 UNOMOZ의 PKO 활약은 성공적으로 마무리되기 어려웠다는 점이다. UNOMOZ와 공여국 간의 협력관계가 상대적으로 쉽게 형성된 이유에 관해서는 주요 공여국에게 모잠비크 자체가 정치적·경제적으로 크게 매력적이지 않았다는 것이 일반적으로 거론되는 이유이다(Bartoli, 1999). 다른 사례에서 공통적으로 찾아볼 수 있는 공여국의 역할이 주로 평화 프로세스에 가담한 다양한 행위자들을 중개하는 것이었다면, 모잠비크 사례는 이와 달리 주요 공여국인 강대국의 외교정책 리스트에 높은 위치를 선점하지 못할 정도로 정치적으로나 경제적으로 큰 관심거리가 아니었다. 오히려 UNOMOZ의 평화유지활동이 수월하게 성공적 결과를 만들게 되었다는 해석이다. 나미비아 사례와 비교해도 모잠비크 사례는 내전에서 습득한 경험과 모잠비크 내부의 평화구축에 대한 열망 그리고 강대국 사이에 모잠비크에 대한 전략적 이해관계의 부재 등이 평화조건의 필수조건인 양자공여국 간의 성공적인 조정과 조율로 이어졌다는 결론이 가능하다.

　　모잠비크의 평화유지활동이 성공할 수 있었던 또 다른 원인은 평화 프로세스에 개입한 양자공여국이 자국 기관의 선호도에 따라 평화구축과 긴급구호를 투입한 것이 아니라 모잠비크가 원하는 사업과 정책에 지원을 했다는 사실이다(Manning, 2002: 152). 역사적으로 모잠비크는 대외원조의 의존도가 대단히 높은 수원국이었다. 이러한 수원국으로서의 역사적 경험으로 공여 주체의 의도를 파악하고 공여국의 원조를 통해 모잠비크의 국가정책을 이행하는 타협 및 동원 방식의 전략을 구사해 왔다. 1975년 식민지 종주국이었던 포르투갈에서 카네이션 혁명으로 포르투갈 민주주의 신정부의 승인으로 모잠비크가 독립을 쟁취하게 되고, 독립 후 계속 포르투갈을 비롯한 국제 원조사회로부터 원조를 받아 내부 경제정책을 유지했다. 그 다음 단계로 유럽의 사회민주주의자, 소련 그리고 소련 위성국가들로부터 사회주의 국가로 전환한다는 조건으로 대규모 원조를 받았다. 냉전 종료 이후에는 세계은행과 서구 공여국으로부터 구조조정과 시장경제로의 전환을 위한 대규모 원조를 받고, 1992년 이후에는 UN의 평화유지활동 지원이 지속되었다. 일면으로는 외부 세력에 의해 끊임없이 국정관리가 통제되고 주권이 침해되는 것으로 이해되지만, 반면 공여 주체가 부여한 원조조건을 충실히 이행함으로써 원조의 성공 사례라는 기록이 축적됨에 따라 공여국은 모잠비크에 원조하기를 선호하고 모잠비크는 원조로 자국에 필요한 정책을 수행할 수 있었던 것이다(Howard, 2008: 199-201).

그렇다면 주요 양자공여국이 무슨 이유에서 모잠비크 평화 프로세스에 기존의 다른 사례보다 평화구축을 위하여 적극적 개입을 시도했는지, 그리고 그다지 매력적이지 않은 모잠비크의 평화구축을 위하여 원조조정에 방해가 되는 요소들을 기꺼이 제거했는가에 대한 분석이 필요하다. 무엇보다도 주요 공여국들은 아프리카 지역의 거시경제 안정, 식량안보, 지속가능 발전, 보건의료, 교육서비스 등 자국이 설정한 목표를 달성하기 위해서는 평화조건에 의한 UN의 평화유지활동이 성공한 사례가 최소한 하나라도 있는 것이 중요하다는 합의에 도달했다(Boyce, 2002b). 아프리카에 평화구축이 계속 실패로 귀결되고 나미비아가 겨우 남아프리카공화국의 퇴각으로 평화를 되찾았다고 하나, 동아프리카 지역에서는 아직 평화구축의 성공 사례가 만들어지지 않은 상태였다. 따라서 서구 공여국이 아프리카에 진출하여 자국의 목표를 달성하기 위해서는 협력 대상국 집합체인 아프리카 지역에 평화구축과 민주주의 및 시장경제가 성공적으로 정착된 사례를 만들어야 하는 요구가 높았던 것이다. 둘째로, 주요 양자공여국은 바로 모잠비크 이전에 앙골라에서 평화 프로세스가 처참하게 실패한 것을 목격하고 모잠비크에서 연이어 UN PKO가 실패할 경우 국제사회 및 아프리카에서 서구 열강에 대한 신뢰도 하락할 것이라는 부작용을 충분히 인지하고 있었다(Turner et al., 1998). 성공 신화를 만들고 싶었던 서구 공여국들은 이러한 이유로 앙골라에서 선거과정에 직접 참여했던 UN 직원들의 경험을 공유하고 모잠비크 선거과정에 어떻게 개입하는 것이 좋은지 앙골라 사례를 반면교사로 삼았다.

UN PKO와 같은 다자기구의 개입보다 주요 양자공여국의 개입이라는 변수가 성공적인 평화구축 과정에서 가장 결정적 요인으로 작동한다는 사실을 나미비아 사례보다 모잠비크 사례에서 더 명확하게 확인할 수 있다. 실제로 모잠비크 사례에서도 여타 UN PKO와 유사하게 UN의 평화활동에 대한 요구가 지속적으로 확장되었다. 앙골라에서의 대참사로 인하여 국제사회의 모잠비크 개입에 대한 지원은 더욱 강력하게 추진되었다. 그럼에도 양자공여국 입장에서는 UN PKO 개입과 배치의 느슨한 기획과 이행이 UN 내부 관료제의 고질적 문제점으로 해석되었다. 모잠비크 현장에서 활동하는 UNOMOZ, UNDP 그리고 기타 UN기구 간의 역할 조율 및 조정이 PKO 활동 시작부터 제대로 작동하지 않았다고 비판할 정도로 UN PKO의 물리적·조직적 한계에 주요 공여국들은 민감하게 반응하였다(Ball and Barnes, 2000). 한편 이러한

UN PKO에 대한 불신으로 인하여 제3의 양자공여국은 평화조건이 실질적으로 이행될 수 있도록 공여국 간 정책 조정에 필요한 경험과 지식 그리고 충분한 동기부여를 가지고 있었다. 주요 공여국이 UNOMOZ의 활동을 지원하고 협력 거버넌스를 조직하려 노력하였다. 그러나 UN-OMOZ 입장에서는 UN의 다자업무를 위해 양자공여국과 협력을 추진할 동기가 충분하지 않았고 그러한 협력관계가 UNOMOZ에게는 그다지 필수 요건도 아니었을 것이다. 이러한 상황에서 UNOMOZ와 주요 공여국들이 상호협력을 구축할 수 있었던 이유는 이탈리아 정치인이자 주요 공여국에서 대사를 지내고 UN기구의 내부 조직생리를 능숙하게 알고 있는 UNOMOZ 대표이자 UN 사무총장 특별대표인 알도 아옐로라는 개인의 리더십에서 찾고 있다. 아옐로에 의해 UNOMOZ와 공여국이 협력과 조정을 위한 협의체 및 거버넌스 조직을 구축할 수 있었다는 것이 중론이다. [5]

아옐로라는 전문 외교관은 이미 UN PKO의 다자주의가 성공하려면 필연적으로 분쟁 당사국에 가장 깊이 개입해 온 공여국들의 협력을 이끌어내야 한다는 교훈을 다양한 경험을 통해 인지하고 있었던 것이다. 따라서 주요 공여국을 기꺼이 평화 프로세스와 평화조건 이행에 주요 파트너로 초대하려는 아옐로 특별대표의 선구자적 전략이 모잠비크에서의 UN PKO가 성공할 수 있었던 핵심 요건이 되었다고 평가할 수 있다.

---

5 모잠비크 사례에서 평화유지활동과 평화조건 이행의 성공 요인을 온전히 설명하기 위해서는 UNOMOZ의 리더십 유형과 아옐로 특별대표의 개인적 성향과 역량에 관한 분석이 동반되어야 한다(Jett, 1999: 77).

VI. 아프리카 맥락에서 평화조건의 성공 요인

지금까지 UN PKO 중 최초로 성공 사례로 평가된 아프리카의 나미비아 UNTAG 사례와 가장 성공적으로 평화조건이 평화구축으로 이행된 모잠비크의 UNOMOZ 사례를 비교·검토하였다. 앞서 언급했듯이 35건의 PKO 중 성공 사례로 평가되는 PKO는 총 6건이며 이 중 아프리카 사례는 나미비아와 모잠비크 두 건에 해당된다. 아프리카 지역이 아닌 엘살바도르ONUSAL, 캄보디아UNTAC, 크로아티아의 동슬라보니아UNTAES, 그리고 동티모르UNTAET에서 평화 프로세스가 성공적으로 이행될 수 있었던 성공 요인을 개별적으로 연구하고 나미비아와 모잠비크와 비교할 경우 보다 분명하게 아프리카 지역의 평화조건 성공요인을 객관화할 수 있을 것이다. 따라서 이 연구에서 평화조건의 성공요건을 아프리카 지역에 국한하여 추출한 과정은 다른 지역 사례에 적용할 수 없으며, 아프리카라는 특수한 맥락의 가정 아래 공통적 성공요건을 찾아가는 분석결과라고 한정해야 한다.

나미비아와 모잠비크 두 사례에서 공통적으로 발견되는 평화조건의 성공 요건은 크게 두 가지 조건으로 압축·정리할 수 있다. 첫째, 분쟁 지역에 UN이라는 다자기구의 개입이 필요조건necessary condition으로 상정될 정도로 모든 분쟁 후 평화 프로세스를 관리하고 평화조건을 이행하기 위한 UN PKO 및 이와 상응한 다자기구의 개입이 추진되어야 한다. 현실적으로 분쟁 지역에 주변국이나 강대국이 직접 개입하기에는 국제법상의 문제가 있으며 특히 분쟁 당사국의 주권 문제와 직접적으로 충돌될 수 있다. 따라서 UN이라는 다자 국제기구를 통해 분쟁 이후 단계에 평화구축을 지원하는 방식이 정치적 정당성을 확보할 수 있고 분쟁 당사자 모두에게 적절한 동의를 얻을 수 있는 해법이다. 지금까지 두 아프리카 사례에서 확인했듯이 UN PKO는 필요조건으로 역할을 다 하고 있었지만 실제로 평화조건의 성공 요인으로서의 타당성을 확신할 수 없을 정도로 실패할 가능성이 농후하다.

둘째, 이러한 UN의 다자주의적 개입이 평화조건과 평화구축의 성공을 보장할 수 없기 때문에 이를 보완하는 분쟁 지역에 이해관계가 있는 주요 양자공여국의 UN PKO에 대한 적극적 지지 및 물리적 지원, 또는 적어도 묵인과 같은 소극적 지지가 충분조건sufficient condition으로 작동해야 평화조건의 성공적 이행이 가능하다. 나미비아에서는 UNTAG이 성공할 수 있도록 미국과 소련의 지속적인 지원, 그리고 남아프리카공화국의 최종적 결단이 다자기구의 평화구축활동과 긍정적으로 결합하였음을 알 수 있다. 마찬가지로 모잠비크의 UNOMOZ 경우에도 아옐로 특별대표의 전략적 행보로 UNOMOZ와 주요 공여국인 미국·영국·이탈리아·프랑스·포르투갈이 협력하는 제도가 CSC로 구체화되어 평화조건이 모잠비크에서 성공적으로 수행될 수 있는 양자공여국의 협력을 효과적으로 동원할 수 있었다.

무엇보다 평화조건이 성공하기 위해서는 최소한 제3자로서의 주요 공여국이 스포일러로 행동하지 않도록 외부 환경을 조성해야 한다. 양자원조를 위주로 분쟁국에 개입하는 공여국이 UN 평화유지활동을 지지하지 않고 독자적 행동을 취할 경우 양자공여국은 평화조건에 방해가 되는 스포일러로 활동하게 된다. 이는 전체적으로 다자기구가 추구하는 평화구축에 큰 장애물로 작동할 것이기 때문이다. 따라서 공여국의 변수는 평화조건의 성공 요인 중 가장 핵심적 변인으로 조심스럽게 취급하여야 한다. 분쟁 후 평화구축 프로세스에 참여하는 대부분의 양자공여국은 평화 프로세스에 참여하는 충분한 이유가 있기 마련이다. 평화 프로세스 참여를 통해 공여국의 단기 이익뿐 아니라 중장기 이익을 추구하거나, 역사적으로 나미비아와 모잠비크에 깊게 연루되어 있어 두 나라의 평화구축 문제를 해결하는 정책을 제시하여 분쟁 지역에 공여국의 영향력을 확대할 수 있기 때문이다. 이러한 공여국의 개입이 예외 없이 공여국 간에 조화와 협력적 관계가 조성된다는 의미가 아니기 때문에, 특히 평화 프로세스에서 성공적인 평화조건의 이행을 위하여 언제나 공여국 간의 조정기제가 반드시 요구된다.

필요조건으로서 UN PKO와 충분조건으로서 주요 공여국이 상호 적극적인 협력 관계가 구축될 경우 아프리카 분쟁 당사국 내부의 정치 집단도 평화 프로세스에서 평화조건을 무시하거나 거절할 수 없는 상황이 조성된다. 분쟁 이후 나미비아와 모잠비크 정부와 국내 정당이 외부의 공여국을 정치적으로 활용할 수 있는 스포일러로 전락하는 것을 방지하기 위해 다자기구의 개입과 양자공여국 간의 조정과 협력이 적극적으로 수용되고 제도화되어야 한다(Howard, 2008: 192).

결론적으로 나미비아와 모잠비크라는 아프리카 사례에서 공통적으로 발견할 수 있는 평화조건의 핵심 성공 요인은 분쟁 당사국에 역사적·정치적·경제적으로 장기간 개입해 온 주요 양자공여국이 독자적으로 전략적 행보를 취하지 않고 다자주의라는 플랫폼 안으로 들어가 UN이 추구하는 평화조건 이행을 지지하도록 제도화하는 전략적 해법이라 정리할 수 있다.

VII. 맺으며: 한반도에서 평화조건의 성공 요인

서론에서 언급했던 평화조건의 성공 요인이 우리에게 중요한 이유는 사실 아프리카 맥락의 특수성에 기반한 연구결과일 수 있으나, 제3자로서 양자공여국 변수가 UN 등의 다자기구가 평화구축 프로젝트를 시행할 때 절대적으로 중요하다는 함의는 향후 한반도에서 벌어질 평화조건의 성공 요인으로도 작용할 수 있을 것이라는 예견적 일반화가 가능하다. 아프리카에서의 학습효과를 다시 한반도로 옮기면, 분석의 초점은 한반도에 평화협정이 체결된 이후, 어떻게 평화를 정착시키고 발전시킬 것인가에 대한 시나리오와 연결된다. 특히 평화협정 체결과 대북제재 해제가 어느 정도 가시화되었을 경우 우후죽순으로 북한에 제공될 원조와 투자로 인하여 공식적으로 남북한 간의 분쟁이 해소된 한반도에 닥칠 또 하나의 위기 상황을 어떻게 평화조건의 이행과 UN의 개입을 통해 최소화할 것인가라는 문제의식과 직결된다(김태균, 2019).

UN의 평화조건과 양자공여국 간의 긍정적 관계가 핵심적 성공 요인이라는 나미비아와 모잠비크 사례의 결론은 한반도에 다음과 같은 시나리오로 적용될 수 있을 것이다. 첫째, 필요조건으로서 UN의 평화구축 활동은 평화협정과 대북제재 해소 단계 이후 북한 지역에서 현재 운영되고 있는 유엔북한조정관UN Resident Coordinatr for DPRK: RC을 중심으로 개편될 가능성이 높다. 대북제재 상황인 작금의 조건에도 UN기구 중 세계식량계획WFP, 유엔아동기금UNICEF, 유엔개발계획UNDP, 식량농업기구FAO, 세계보건기구WHO, 유엔인구기금UNFPA 등 6개 기관이 현재 북한에 상주해 인도적 지원을 제공하고 있다(de Ruyt, 2018). UN기구 간에는 유엔인도지원조정국UNOCHA 내 '유엔인도주의북한팀UN DPRK Humanitarian Country Team'을 UNDP 북한사무소 내에 설치하고 일반적으로 1명의 UNDP 북한사무소장이 RC를 겸직하게 되어 전체 UN의 인도적 대북원조 중장기 계획을 UN기구 간 그리고 북한 당국과 협의하는 역할을 수행한다. 따라서 평화협정 이후 한반도에 평화조건을 적용하고 이행하기 위해서는 RC의 역할이 대단히 중요해질 것으로 예상할 수 있다. 모잠비크의 아옐로 특별대표와 같이 한반도에서는 RC가 어떻게 북한에 가장 첨예한 이해관계를 가지고 있는 양자공여국들을 UN의 평화조건 이니셔티브 안으로 수용하여 관리할 수 있는가가 성공 요인의 필요조건으로 작동할 것이다.

둘째, 필요조건으로서 한반도 주요 주변국의 UN의 평화조건 이행에 대한 적극적 지지 또는 암묵적 동의를 유도하는 과정이 성공 요인의 핵심 조건이 된다. 이러한 과정을 누가 주도권을 가지고 모든 관련 국가들을 움직일 것인가가 관건이다. 한국 정부가 양자공여국들이 한반도 평화구축에 스포일러 역할이 아닌 조력자로서 지원할 수 있도록 치밀한 전략과 UN과의 협력 관계를 미리부터 준비해야 할 것이다. 실제로, 한반도는 나미비아와 모잠비크보다 더 복잡다단한 국제관계와 양자관계가 교차하고 있다는 점에서 충분조건인 주요 공여국의 지지를 이끌어내는 과정이 대단히 어려울 가능성이 크다.

우선, 한반도에 가장 큰 영향력을 행사하는 양자관계가 미국과 중국으로 대표되는 최강대국들이라는 점에서 북한 사례는 나미비아와 모잠비크와 차별성을 갖는다. 특히 미·중 간의 경쟁구도는 곧 국제정치의 주도권 경쟁으로 확산되기 때문에 한반도 평화구축을 위하여 G2인 미국과 중국을 한국이 원하는 방향으로 쉽게 움직이게 하기는 어렵다. 그러나 최소한의 UN의 평화조건에 맞추어 한반도에 평화 프로세스를 추진하는 것에 대한 암묵적 동의를 받아내는 노력은 필요하다.

마지막으로 한반도에서 평화조건의 성공 요인을 충족하기 위하여 UN을 비롯한 다자기구 및 국제사회의 한반도 개입, 그리고 한반도의 미래에 가장 큰 영향을 미치는 미국과 중국이 UN의 평화조건을 지지할 수 있도록 — 적어도 스포일러가 되지 않도록 — 두 변수를 긍정적으로 결합시킬 수 있는 협상자가 필요하다. UN 측에서는 주로 RC가 이 역할을 수행할 가능성이 크고, 양자공여국 변수에서는 미국이나 중국이 이러한 협상을 주도하려 할 가능성이 크다. 미국이나 중국이 서로 경쟁하거나 갈등관계에 있으면 더더욱 협상을 주도하려는 경쟁이 가속화될 것이고 이는 곧 UN의 RC도 미·중 간의 갈등에 종속될 확률이 높다.

이에 대한 뚜렷한 해결책을 아프리카의 모잠비크와 나미비아에서 찾을 수는 없다. 그럼에도 모잠비크 사례에서는 UN의 아옐로 특별대표가 보인 전략적 외교술로 모든 양자공여국의 협력을 끌어낸 교훈, 그리고 나미비아 사례에서는 ICJ 또는 UN안보리 등의 법적 구속력이 있는 국제규범과 국제법을 활용하여 평화구축의 문제를 해결하려 노력했던 교훈도 한국 입장에서는 반드시 주목해야 할 사항이다. 이러한 협상자의 역할을 한국 정부가 맡을 수 있도록 지금부터 평화협정 이후 한반도에 평화조건을 이행하는 다자기구의 유치와 이를 지원하는 주변 국가의 동의를 받아내는 전략적 기획 준비를 시작해야 할 것이다.

| 참고문헌 |

권혁주. 2017. "취약국가의 지원을 위한 글로벌 수준의 정책적 접근: 뉴딜의 경험
과 과제",『국제개발협력』제2호.

김수진. 2017. "선진 공여기관의 분쟁 취약국 지원전략 및 성과관리",『국제개발
협력』제2호.

김태균. 2019. "국제개발 조건으로서의 '평화': 대북원조의 이중적 딜레마와 북한
개발협력의 평화-개발 연계개발 연계",『국제개발협력연구』제11권 3호.

김태균. 2013. "글로벌 거버넌스와 개발협력의 책무성: 수용과 남용의 딜레마",
『국제정치논총』제53집 4호.

손혁상·김선주. 2019. "북한개발협력을 위한 취약국 지원 전략: 유용성에 대한 비
판적 검토",『국제정치논총』제59권 1호.

Ajello, Aldo, "Mozambique: Implementation of the 199s Peace Agreement," in
Chester A. Crocker, Fen Osler Hampson and Pamela Aall (eds.), *Herding
Cats: Multiparty Mediation in a Complex World* (Washington, D.C.: U.S.
Institute of Peace, 1999).

Anderson, Mary B., *Do No Harm: How Aid Can Support Peace - or War* (Boul-
der: Lynne Rienner, 1999).

Ball, Nicole and Sam Barnes, "Mozambique," in Shepard Forman and Stewart
Patrick (eds.), *Good Intentions: Pledges of Aid for Postconflict Recovery*
(Boulder: Lynne Rienner, 2000).

Barnett, Michael N., "The U.N. Security Council, Indifference, and Genocide in
Rwanda," *Cultural Anthropology* 12(4), 1997.

Bartoli, Andrea, "Mediating Peace in Mozambique: The Role of the Community
of Sant'Egidio," in Chester A. Crocker, Fen Osler Hampson and Pamela
Aall (eds.), *Herding Cats: Multiparty Mediation in a Complex World*

(Washington, D.C.: U.S. Institute of Peace, 1999).

Berman, Eric, *Managing Arms in Peace Processes: Mozambique* (UNIDIR Disarmament and Conflict Resolution Project) (Geneva: United Nations, 1996).

Boyce, James K., "Aid Conditionality as a Tool for Peacebuilding: Opportunities and Constraints," *Development and Change* 33(5), 2002a.

Boyce, James K., *Investing in Peace: Aid and Conditionality after Civil Wars* (IISS Adelphi Paper 351) (Oxford: Oxford University Press, 2002b).

Boyce, James K., *Economic Policy for Building Peace: The Lessons of El Salvador* (Boulder: Lynne Rienner, 1996).

Brown, Susan, "Diplomacy by Other Means? SWAPO's Liberation War," in Colin Leys and John S. Saul (eds.), *Namibia's Liberation Struggle: The Two-Edged Sword* (London: James Currey, 1995).

Chachiua, Martinho and Mark Malan, "Anomalies and Acquiescence: The Mozambican Peace Process Revisited," *African Security Review* 7(4), 1998.

Clapham, Christopher, "Rwanda: The Perils of Peacemaking," *Journal of Peace Research* 35(2), 1994.

Cliffe, Lionel, *The Transition to Independence in Namibia* (Boulder: Lynne Rienner, 1994).

Cortright, David, *The Price of Peace: Incentives and International Conflict Prevention* (Lanham: Rowman & Littlefield, 1997).

De Ruyt, Laurent, "Cooperation between Resident and Non-Resident Organizations," Presented at the 2018 International Conference on Humanitarian and Development Assistance to the DPRK, Seoul, Korea, 1 November 2018.

Dobell, Lauren, "Namibia's Transition under the Microscope: Six Lenses," *Journal of Southern African Studies* 21(3), 1995.

Dobell, Lauren, "Silence in Context: Truth and/or Reconciliation in Namibia," *Journal of Southern African Studies* 23(2), 1997.

du Pisani, Andre, "Namibia: Impressions of Independence," in Paul B. Rich (ed.),

The Dynamics of Change in Southern Africa (New York: St. Martin's Press, 1994).

du Pisani, Andre, "The Role of the Military in the Formation and Consolidation of the Namibian State," in Peter Batchelor, Kees Kingma and Guy Lamb (eds.), *Demilitarisation and Peace-Building in Southern Africa, Volume III: The Role of the Military in State Formation and Nation-Building* (Aldershot: Ashgate, 2004).

Ebrahim, Alnoor and Edward Weisband (eds.), *Global Accountabilities: Participation, Pluralisma and Public Ethics* (Cambridge: Cambridge University Press, 2007).

Frerks, Georg, *The Use of Peace Conditionality in Conflict and Post-Conflict Settings: A Conceptual Framework and a Checklist* (Hague: Netherlands Institute of International Relations, 2006).

Gisselquist, Rachel M., "Good Aid in Hard Places: Learning from 'Successful' Interventions in Fragile Situations," in Rachel M. Gisselquist (ed.), *Development Assistance for Peacebuilding* (Abingdon: Routledge, 2018).

Goodhand, Jonathan and Mark Sedra, *Bargains for Peace? Aid, Conditionalities and Reconstruction in Afghanistan* (Hague: Netherlands Institute of International Relations, 2006).

Goose, Stephen D. and Frank Symth, "Arming Genocide in Rwanda: The High Cost of Small Arms Transfers," *Foreign Affairs* 73(5), 1994.

Howard, Lise Morjé, *UN Peacekeeping in Civil Wars* (Cambridge: Cambridge University Press, 2008).

Howard, Lise Morjé, "UN Peace Implementation in Namibia: The Causes of Success," *International Peacekeeping* 9(1), 2002.

Hume, Cameron, *Ending Mozambique's War: The Role of Mediation and Good Offices* (Washington, D.C.: U.S. Institute of Peace, 1994).

Jett, Dennis C., *Why Peacekeeping Fails* (Basingstoke: Palgrave, 1999).

Jones, Bruce D., *Peacemaking in Rwanda: The Dynamics of Failure* (Boulder: Lynne Rienner, 2001)

Killick, Tony, "Principals, Agents and the Failings of Conditionality," *Journal of International Development* 4(4), 1997.

Malan, Mark, "Peace-Building in Southern Africa: Police Reform in Mozambique and South Africa," *International Peacekeeping* 6(4), 1999.

Manning, Carrie, *The Politics of Peace in Mozambique: Post-Conflict Democratization, 1992-2000* (Westport: Praeger, 2002).

Manning, Carrie, "Constructing Opposition in Mozambique: Renamo as Political Party," *Journal of Southern African Studies* 24(1), 1998.

Manning, Carrie and Monica Malbrough, "Bilateral Donors and Aid Conditionality in Post-Conflict Peacebuilding: The Case of Mozambique," *Journal of Modern African Studies* 48(1), 2010.

Manor, James, *Aid That Works: Successful Development in Fragile States* (Washington, D.C.: World Bank, 2007).

Melber, Henning, "Limits to Liberation: An Introduction to Namibia's Postcolonial Political Culture," in Henning Melber (ed.), *Re-examining Liberation Namibia: Political Culture Since Independence* (Uppsala: Nordic Africa Institute, 2003).

Mendez, Juan E., "Accountability for Past Abuses," *Human Rights Quarterly* 19(2), 1997.

Muscat, Robert J., *Investing in Peace: How Development Aid Can Prevent Or Promote Conflict* (Abingdon: Routledge, 2015).

Stedman, Stephen John, "Spoiler Problems in Peace Processes," *International Security* 22(2), 1997.

Stedman, Stephen John, Donald Rothchild and Elizabeth M. Cousens (eds.), *Ending Civil Wars: The Implementation of Peace Agreements* (Boulder: Lynne Rienner, 2002).

Stephen, Michael F., "Demobilisation in Mozambique," in Jakkie Cilliers (ed.), *Dismissed: Demobilisation and Reintegration of Former Combatants in Africa* (Pretoria: Institute for Defence Policy, 1995).

Stewart, Rory and Gerald Knaus, *Can Intervention Work?* (New York: W. W. Norton & Company, 2011).

Stokke, Olav, "Aid and Political Conditionality: Core Issues and the State of the Art," in Olav Stokke (ed.), *Aid and Political Conditionality* (Abingdon: Frank Cass, 1995).

Svensson, Jakob, "When is Foreign Aid Policy Credible? Aid Dependence and Conditionality," *Journal of Development Economics* 61(1), 2000.

Thornberry, Cedric, *A Nation Is Born: The Inside Story of Namibia's Independence* (Windhoek: Gamsberg Macmillan Publishers, 2004).

Turner, J. Michael, Sue Nelson and Kimberly Mahling-Clark, "Mozambique's Vote for Democratic Governance," in Krishna Kumar (ed), *Postconflict Elections, Democratization, and International Assistance* (Boulder: Lynne Rienner, 1998).

Vines, Alex, *Renamo: From Terrorism to Democracy in Mozambique?* (London: James Currey, 1996).

Weiland, Heribert and Matthew Braham, *The Namibian Peace Process: Implications and Lessons for the Future* (Freiburg: Arnold Bergstrasser Institut, 1994).

Wheeler, Nicholas J., *Saving Strangers: Humanitarian Intervention in International Society* (Oxford: Oxford University Press, 2000).

Wiechers, Marinus, "Namibia's Long Walk to Freedom: The Role of Constitution Making in the Creation of an Independent Namibia," in Laurel E. Miller (ed.), *Framing the State in Times of Transition: Case Studies in Constitution Making* (Washington, D.C.: U.S. Institute of Peace, 2010).

UN, *The United Nations and Rwanda, 1993-1996*, Blue Book Series vol. 10. (New York: United Nations, 1996).

제4장 한국-아프리카 개발협력 효과 제고를 위한 젠더평등적 고찰[1]

권유경(아프리카연구교육개발원)

I. 서론

OECD DAC 가입 이후 한국은 정책 일관성과 원조 효과성 증진을 위해 국제개발협력기본법을 제정하고 개발도상국의 개발에 기여하기 위해 지속적으로 ODA를 증대시키고 있다. 2018년에는 전년 금액 대비 9%를 증가시키고 2010년 0.12%였던 GNI의 ODA 비율을 0.14%까지 끌어올려 국제사회에 약속한 원조 규모 확대를 충실히 이행하기 위해 노력 중에 있다.[2] 이 중에서도 특히 아프리카 지역은 2010년 전체 ODA 순지출액 기준 13% 내외로 지원하였으나 2018년에는 약 27% 수준으로 지원 규모가 급격히 늘어 주목할 만하다.

---

1   이 논문의 자료 수집에 큰 도움을 준 서울대학교 국제대학원 김예인·전소현 연구조교에게 감사한다.

2   OECD statistics (2020) 참조.

109

한국이 아프리카 지역에 대한 관심과 지원이 증가한 데에는 아프리카 대륙이 55개국으로 구성되어 이 지역 국가들과의 정치적 협력을 맺는 것은 거의 거대한 단일 국가 지역 그룹과 외교관계를 맺는 것과 같은 효과를 나타냄으로 인해 정치적으로 중대한 파트너로서 아프리카 지역을 다시 고려하며 협력관계 개선 및 확대에 집중한 것이 시발점이 되었다. 또한 경제적 측면에 있어서도 탈냉전과 함께 아프리카가 자원 보고와 신흥시장으로 주목받으며 아프리카 지역과의 경제협력 필요성은 농후해졌다고 볼 수 있다. 당시 MDGs 달성을 위한 세계적 노력이 전개되는 가운데 '공존'이라는 가치 아래 전 세계가 함께 국제사회의 일원으로 가장 열악한 대륙으로 꼽히는 아프리카 지역에 대한 지원의 중요성을 강조함에 따라 이 지역을 재조명하는 계기가 된다(권유경, 2016: 4).

전체적으로 볼 때 한국은 여전히 아시아 지역에 대한 지원이 가장 많으나 10년이 채 안 된 짧은 시간 내 지원 규모의 성장과 협력의 확대를 고려한다면 한국의 ODA에 있어 아프리카 지역이 상대적으로 지니는 의미가 더욱 중요해졌다고 볼 수 있다. 이에 해당 지역에 대한 집중된 관심과 체계적 접근은 보다 면밀히 진행되어야 할 것으로 판단된다.

더불어 이 지역에 대한 집중과 함께 개발을 달성하기 위해 다양한 주체, 수단들이 포괄적으로 개입하는 과정에서 개발 효과성을 제고하는 방안의 일환으로 젠더평등[3]에 대해 주의 깊게 살펴볼 필요성을 제기하

---

3 젠더평등과 성평등은 일상생활뿐 아니라 학계에서 혼재되어 쓰여지고 있으나 이 논문에서는 생물학적 성(sex)이 아닌 사회·문화적 의미인 젠더를 강조하고자 하는 목적을 가지고 영문표기를 그대로 옮겨 원문에 성평등이라고 직접 명기된 한국 참고문헌을 제외하고는 '젠더평등'이라는 용어를 사용했다.

고자 한다.

젠더평등의 중요성은 개발의 효과성 이전 원조 효과성 논의 때부터 개발의 균형과 지속적 측면에서도 꾸준히 국제사회에서 강조되어 왔다. 이론적으로는 사회적 배제의 측면에서 한 계층으로서의 성별이 소외되는 것이 전체적인 개발 증진 속도를 늦춘다는 점에서부터(DFID, 2005; 2009) 실증적으로 여성에게 교육, 경제, 사회활동의 기회를 제공하는 것이 어떤 식으로 개발에 긍정적 영향을 미칠 수 있는지까지 다양한 접근이 이뤄졌다(World Bank, 2012).

그러나 국제사회에서 이뤄지는 젠더평등에 관한 논의의 빈도나 중요성에 대비해 볼 때 실제 한국의 아프리카 개발협력에서는 상대적으로 이 분야에 대한 논의가 소홀히 다뤄진 경향을 부정하긴 어렵다. 이러한 이유로는 아프리카 개발협력에 관심을 갖기 시작한 지 얼마 되지 않아 국내의 충분치 않은 아프리카 지역 전문가를 기반으로 새로운 상대 지역의 특성 파악에 대한 어려움이 산재하였다는 점이다. 또 다른 주요 개발 분야들에 보다 집중함으로써 범분야로서의 의미가 강했던 젠더평등에까지 주의를 기울이기 어려웠던 점 등 다양한 요인이 복합적으로 작용하였기 때문인 것으로 보인다.

국제사회의 책임 있는 일원으로서 국제적인 협력과 연대가 더욱 필수불가결한 현대사회에서 가장 낙후했지만 또한 성장 잠재력이 가장 높을 것으로 손꼽히는 아프리카와의 협력은 점점 더 중요해질 것으로 예상된다. 이러한 상황에서 한정적 재원을 고려할 때 이 지역과의 협력 효과를 높일 수 있는 방안에 대한 체계적이고 핵심적인 영역에 대한 고찰은 필수적으로 요구될 것임에 의심이 없다.

이 장에서는 개발협력 효과 제고를 위한 젠더평등적 시각이 왜 특히, 아프리카 지역에 필요하고 더욱 중요한지에 대한 논의를 시작으로 현재 한-아프리카 개발협력에서의 젠더평등 수준을 짚어본다. 이를 이론적 고찰로 끝내지 않고 젠더평등을 최대한 현실성 있게 접목할 수 있는 방안들을 제언한다.

II. 왜 젠더평등인가?

1. 개발협력 효과 제고 측면에서의 젠더평등

젠더평등과 여성역량 강화에 관한 원칙은 Post-2015 지속가능한 개발을 위한 주요 의제 중 하나이다. 국제사회에서 이와 관련한 중요성을 찾는 것은 오히려 진부하다고 평할 수 있을 수준으로 일관되게 주장되어 왔다. 특히 55개국 회원국으로 구성된 아프리카 연합African Union: AU의 어젠다 2063에서도 젠더평등과 여성역량Gender Equality and Women Empower-ment: GEWE은 기본적 인간의 권리를 바탕으로 지역 통합, 경제성장 및 사회개발을 위한 핵심으로 평가하여 AU 전략에 반영, 추진하고 있는 분야이다.

젠더불평등의 해소가 개발과 밀접한 관계를 지니고 있는 점은 하나의 '사회적 배제social exclusion'의 측면에서 설명하기 용이하다. 사회적 배제는 한 계층에 대한 차별이 사회적 연대와 통합을 저해할 수 있고 이러한 논리 선상에서 여성에 대한 배제는 결국 사회 발전의 걸림돌로 작용할 수밖에 없다는 논리이다. 이는 Post-2015 종합보고서를 통해 SDGs 목표 달성을 향한 원칙으로서 'Leave no one behind'의 원칙과 일맥상통한다고 볼 수 있다. SDGs에서는 지원이 가장 필요한 집단에 관심을 기울일 것을 촉구하며, 특히 인류의 절반인 여성이 전진함으로써 인류 전체의 가능성이 충분히 실현될 수 있음으로도 강조된 바 있다(UN, 2014: 14-15).

사회, 경제, 정치 모든 영역에서 차별과 배제는 구조화될 수 있으며 이는 법체제와 같은 공식적 제도뿐 아니라 전통, 문화와 같은 비공식적 영역에서도 흔히 나타날 수 있다. 이로 인해 일반적으로 경제가 발전하더라도 배제된 그룹에 포함한 사람들은 여전히 극심한 빈곤 속에 생활할 가능성이 높다. 이는 전체적으로 사회 전반의 빈곤 감소 속도를 더디게 하고 경제성장을 저해하는 주요 요인으로 작용할 수 있다(Expert Group on Gender, 2006; DFID, 2005, 2009: 1-2; 권유경, 2015: 149).

2. 아프리카 지역의 젠더불평등 특수성

1) 경제구조와 젠더불평등

유엔개발계획이 인간개발의 성취도를 복합적으로 평가하여 매해 발표하는 인간개발지수Human Development Index: HDI에 따르면 아프리카 지역은 0.687로 세계에서 2번째로 열악한 지역으로 파악되었다. [4] 아프리

---

4 2019년 발표된 189개국의 HDI 세계평균은 0.731이다. UNDP 보고서에서는 한국이 아프리카지역을 55개국을 통으로 구분하는 것과는 달리, 사하라 이남/아랍으로 나누고 있다. 이에 한국이 기준하는 아프리카를 보기 위해서는 통계에서 제시하는 사하라 이남 아프리카 지역에 5개국을 합산, 통합하여 통계를 재구성할 필요가 있다. 이러한 방식으로 아프리카의 HDI 평균을 산정하면 남아시아가 0.642로 아프리카 지역 전체보다 더 열악한 것으로 나타난다(UNDP, 2019: 303). 하지만 본문에서도 언급한 바와 같이 북아프리카 지역은 경제와 문화 상황이 통상 한국이 '아프리카'라고 전제하는 전체 지역의 평균과 상대적으로 차이가 크다. 이에 실질적으로 아프리카 지역의 대다수 평균은 사하라 이남 아프리카 지역을 기준으로 보는 것이 보다 현실성에 근접할 것으로 사료된다.

카 지역 내에서도 경제 및 문화가 다소 상이한 5개 북아프리카 지역 국가를 제외한 사하라 이남 아프리카 지역 단독으로만 살펴본다면 HDI는 0.541로 세계에서 가장 열악하다. 이는 1990년 이후부터 거의 변동 없이 가장 낮은 수준의 HDI를 나타내고 있다(HDI, 2019).

그동안 아프리카 지역의 빈곤이 크게 개선되지 않는 이유로는 크게 부패한 시스템, 기후환경, 국민성 등 외부적 요인이 지적되어 왔다. 하지만 다수의 개발도상국들이 이러한 문제점을 공통적으로 안고 있음에도 성장을 이루었다는 점을 고려하면 이러한 접근방법으로는 빈곤의 현상과 결과를 설명하기에 논리적으로나 현실적으로 타당하지 않다(박영호 외, 2008: 47-49).

이에 아프리카 지역의 빈곤 상황과 원인의 핵심적 요인을 다시 살펴볼 필요성이 있다. 왜냐하면 타지역의 빈곤 국가들과 유사하게 빈곤 해결을 위한 국제사회의 노력들이 있음에도 비슷한 결과를 도출해낼 수 없다는 것은 분명 타지역과 동일한 방법으로 접근해서는 해결되지 않는 아프리카 지역만의 독특성이 존재하기 때문임이 분명하다(권유경, 2013: 4).

유엔개발계획이 매해 HDI와 더불어 발표하는 젠더불평등지수Gender Inequality Index: GII를 살펴보면 아프리카 지역이 타지역과 구분되는 독특한 점을 객관적으로 확인할 수 있다([그림 1] 참고). GII 지역평균 비교를 살펴보면 세계평균은 0.439로 북아프리카 5개국(0.371)은 세계평균보다는 덜 열악하고 사하라 이남 아프리카 지역은 0.573으로 세계에서 가장 열악한 것으로 나타난다. 보다 세분화하여 GII를 산정하는 지표 구성을 중심으로 분석하면 모자보건(10만 명당 모성 사망, 천 명당 청소년 임신) 부분에서는 사하라 이남 아프리카 지역이 세계평균보다도 훨씬

[그림 1] GII 평균 및 GII 구성요소별 비교

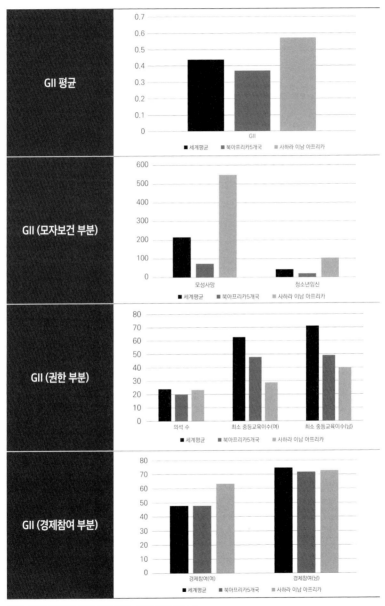

출처: UNDP (2019: 300-303, 316-319). 저자 재구성.

웃돌아 매우 열악한 상태임을 확인할 수 있다. 권한 부분의 의석수 부분에서는 다수의 아프리카 지역 국가들이 여성의 정치 참여 30%를 이루려 노력하는 가운데 세계평균과 크게 동떨어지지 않는 수치를 나타내고 있다. 중등교육 부분에서는 여성이 남성보다 전체적으로 낮은 이수를 보이며 북아프리카 5개국과 사하라 이남 아프리카 모두 세계평균보다도 낮다.

그러나 경제 참여는 앞서 분석한 GII 내용과는 구별되는 특이한 점이 눈에 띈다. 평균적으로 남성의 경제 참여에 있어서는 세계평균(74.9), 북아프리카 5개국(71.9), 사하라 이남 아프리카 지역(72.9) 모두 비슷한 가운데, 사하라 이남 아프리카 지역의 여성 경제 참여(63.5)는 세계평균(48.0)보다 훨씬 높으며 남성과 큰 차이를 보이지 않고 있다. 이는 젠더불평등을 논할 때 여성의 경제활동의 제약이 주된 이유로 꼽히는 점을 고려하면 여성의 높은 경제참여율이라는 특징은 꽤 이례적으로 주목할 필요가 있다.

세계경제포럼World Economic Forum이 2019년 발표한 Global Gender Gap Report(2020)의 글로벌젠더갭지수Global Gender Gap Index: GGGI[5]를 살펴보면 앞서 제기한 여성의 경제 참여와 관련한 이 지역 젠더불평등의 독특한 점을 보다 분명하게 확인할 수 있다. [그림 2]에서 보는 바와 같이 전체적으로 아프리카 지역은 세계평균보다 상대적으로 젠더불평등 정도가 심한 가운데 경제 참여에 있어서만큼은 사하라 이남 아프리카

---

5 글로벌젠더갭지수는 세계경제포럼이 2006년부터 성별에 따른 격차의 정도를 경제, 교육, 보건, 정치를 기준으로 산정하여 국가별 비교가능한 지수로서 젠더불평등을 효과적으로 감소시킬 수 있는데 기여하기 위해 고안되었다.

[그림 2] 글로벌젠더갭지수 지역별 비교

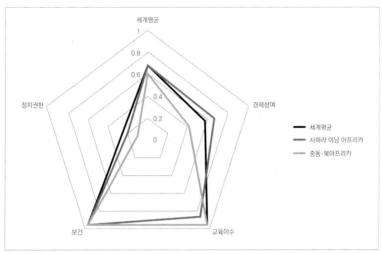

출처: World Economic Forum (2020: 22). 저자 재구성

와 북아프리카 지역은 전혀 상반된 결과를 보이고 있다.

그러나 경제 참여 부분에서 세부 지표의 내용들을 국가별로 살펴보면 북아프리카 지역은 대체적으로 세계평균과 비슷하거나 열악한 유형을 보이는 가운데 사하라 이남 아프리카 지역은 경제 참여 기회를 갖는 것 자체에서는 어려움을 겪고 있지 않다. 그러나 비슷한 형태의 일에서 겪는 남녀임금 불균형, 수입 창출의 어려움, 전문적 직업 획득 등에는 격차가 크게 나타나는 양상을 확인할 수 있다(World Economic Forum, 2020). [표 1]의 성별 및 고용형태별 비교에서도 잘 드러나고 있듯이 여성이 상대적으로 남성보다는 낮은 고용률을 나타내면서 실제 수익과 연관되는 고용 영역에는 낮은 비중을 차지하여 이러한 특징이 나타나는 것으로 다시 한번 확인할 수 있다.

또한 여전히 농업이 GDP에서 차지하는 비중이 52%[6]로 높은 상황에서 농업 중심의 경제구조 속에서 노동에는 기여하되 수익 배분으로는 이어지지 않는 농업노동의 특성은 이러한 특징을 보다 강하게 하는 것으로 추측 가능하다.

[표 1] 아프리카 지역 성별 및 고용형태별 비교

항목	성별	
	남	여
전체 고용	56.8%	43.1%
- 고용인, 고용주 및 자영업	62.2%	37.7%
- 가족노동에 기여	34.6%	65.3%

출처: https://ilostat.ilo.org/topics/employment/ (2020년 10월 21일 검색). 저자 재구성.

2) 사회문화와 젠더불평등

아프리카 지역은 전 세계에서 조혼child marriage율이 가장 높은 국가들이 밀집된 경향을 보이고 있다.[7] 사실 아프리카 대다수 지역에서 만연해 있다고 해도 과언이 아니다([그림 3] 참고).

이러한 조혼이 빈번하게 발생하는 이유로는 빈곤이 극심한 상태에서 신부대bride price를 통한 일시적인 가계의 수입 증대, 전통의 영향, 성폭력 등의 신체 폭력이 난무한 사회 환경에서의 빠른 회피 등 여러 요인

---

6 2020년 사하라 이남 아프리카 기준 (World Bank indicator: https://data.worldbank.org/indicator/SL.AGR.EMPL.ZS?locations=ZG (2020년 10월 21일 검색))

7 UNICEF의 2017년 자료에 따르면 18세 이하 조혼율 최악의 국가 1~10위 중 6개 국가가 아프리카 지역에 속해 있다(1위: 니제르(76%), 2위: 중앙아프리카공화국(68%), 3위: 차드(67%), 4위: 방글라데시(59%), 5위: 말리(52%), 6위: 남수단(52%), 7위: 부르키나파소(52%), 8위: 기니(51%), 9위: 모잠비크(48%), 10위: 인도(47%)) (UNICEF, 2017: 182-185; 저자 재구성).

[그림 3] 아프리카 지역 내 조혼 발생 현황

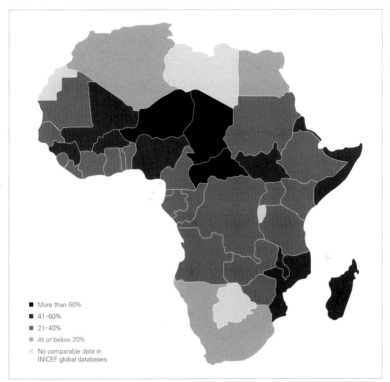

출처: UNICEF (2018a: 2).

이 결합한 것으로 파악된다(Girls not Brides, 2015).

여러 개발도상국에서 젠더불평등의 원인이자 결과로서 조혼이 거론되는 가운데 조혼이 아프리카 지역에서만 발생하는 것은 분명 아니다. 그러나 문제는 타지역 대비 아프리카 지역의 조혼개선율이 긍정적이지 않다는 데 있다. [그림 4]에서 확인되는 것처럼 남아시아 지역은 25년 전 약 60%대의 조혼율을 나타냈으나 현재 30%대로 50% 이상의 개선율을 보이고 2030년대에는 약 10% 후반대로 떨어질 것이 예상된다.

[그림 4] 조혼율 개선 상황 세계 지역별 비교

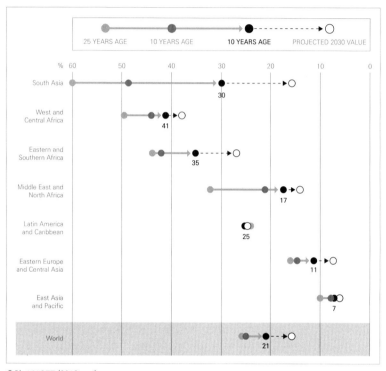

출처: UNICEF (2018b: 4).

그러나 아프리카 지역은 전체 평균 및 각 지역별로 세분화해 보더라도 개선 속도가 상대적으로 매우 더딘 편에 속한다.

아프리카 지역 평균적으로 35%대의 조혼율을 나타내는 가운데, 지역 내에서도 특히 서아프리카와 중앙아프리카는 상대적으로 높은 조혼율 속에서 개선이 더디게 이뤄지고 있다([그림 5] 참고). 이는 소녀들의 교육, 건강에 대한 권리 및 윤리적 측면뿐 아니라 인권적 문제와 더불어 사회구성원의 교육 정도, 노동력의 질 등과 연관되어 사회 성장 및 발전

[그림 5] 아프리카 지역 내 조혼율 현황 및 비교

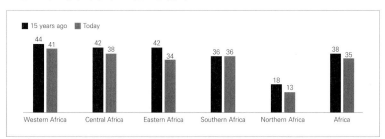

출처: UNICEF (2018a: 3).

을 저해하는 주요 요소로 거론되고 있다(Pritha Mitra et al., 2020).

아프리카 지역의 조혼이 쉽게 개선되지 않는 데에는 전통적 요소뿐 아니라 사회문화적 환경과도 밀접하게 연관되어 있다. 전 세계적으로 약 25만 명의 HIV/AIDS 감염자가 발생하는 가운데, 약 10~19세의 청소년 중 65%가 소녀이고 그중에서도 70% 이상은 사하라 이남 아프리카 지역에서 발생한다고 보고되고 있다. 또한 이 지역의 15~19세 소녀 약 4명당 1명꼴로 HIV에 대한 감염률이 높으며 조혼은 HIV 감염 위험률을 보다 높일 수 있는 요소로 작용하는 것으로 파악되고 있다(Girls not Brides, 2018).

이외에도 아프리카 지역은 사회문화적 속성과 젠더불평등이 복합적으로 발생하고 있다. 특히 여성의 처녀성을 보존하기 위해 시행되고 있는 여성성기절제Female Genital Mutilation: FGM는 FGM이 현존하고 있는 약 30개 국가 중 대부분이 아프리카 지역이다. 조혼, FGM 모두 HIV/AIDS가 성행하는 가운데 보다 안전한 성적 상대를 찾으려 하는 남성 위주의 사회문화가 주요하게 작용하며 발생하는 대표적 젠더불평등 현상이라 할 수 있다.

III. 한-아프리카 개발협력과 젠더평등 분야

1. 한-아프리카 개발협력 개요

1) 한-아프리카 포럼 및 국내 ODA 환경

아프리카 지역의 성장 가속화, 정치 안정, 소비시장으로서의 급부상 등 환경적 변화와 국제무대에서의 지지 획득을 위한 아프리카 국가들과의 외교관계가 지니는 중요성이 높아지는 가운데 아프리카와의 협력 관계는 어느 때보다 중요하다고 평가할 수 있다. 실제 한국은 2006년 노무현 대통령의 아프리카 순방을 계기로 기존 아시아 지역에 집중했던 관심을 아프리카로 다변화하고자 했다. 아프리카 개발을 위한 한국의 이니셔티브 발표와 1차 한-아프리카포럼 개최 등이 아프리카와의 개발협력을 확대하는 기폭제가 되었다고 할 수 있다.

한-아프리카포럼은 한국과 아프리카 지역 간의 실질적이고 미래지향적인 협력방안을 모색하고자 설립된 하나의 협의체이다. 빈곤 퇴치, 지속가능한 발전, 경제협력 강화 등을 주된 내용으로 2차부터 AU와 협력, 진행하고 있으며 매 회차마다 아프리카 지역의 환경 변화, AU의 추진정책 및 국내의 정책과 ODA 환경 등을 고려하여 분야를 선정하고 상호의 실질적 이해관계를 위한 협력을 강화해가고 있다.

현재까지 4차 한-아프리카포럼이 개최되었으며 내용의 주요 골자로는 △경제협력 △인적자원 개발과 과학기술 △청년개발과 여성역량 강화 △평화안보 △모니터링 평가 등으로 구성되었다. 특히 AU가 추진하고 있는 전략과 일치시켜 최근 들어 청년개발과 여성역량 강화 및 평화안보가 예전과 비교할 때 상대적으로 강조된 경향이 있다. 전반적으로 포럼은 회를 거듭할수록 규모나 내용에 있어 확대되고 있는 상황이다 (권유경 외, 2019: 62-65).

이러한 가운데 국제개발협력위원회의 〈2021년 국제개발협력 종합 시행계획(안)〉에 따르면 우리 정부는 코로나19라는 특별한 상황에서 '글로벌 가치실현에의 기여 및 상생의 번영추구'라는 방향 아래 ODA 확대정책 기조에 부응하여 양자 협력분야 중 유상협력에서는 핵심 협력국 지원 지속 확대를 추진할 예정이다. 그리고 무상협력에서는 신남방 ODA 전략 이행 등 아시아 중심 지원 기조를 유지하는 가운데 아프리카 등 신북방 비중을 확대하는 계획을 가지고 있다. 다자협력에 있어서도 기구의 전문성 및 기존 관계를 종합적으로 고려한 협력을 지향하는 계획을 포함하여 아프리카 지역에 대한 협력은 중장기적으로 현재보다 확대될 것으로 예측할 수 있다.

2) 한-아프리카 개발협력 현황 개요

OECD/DAC 가입 이후 2011년 한국의 ODA는 21.4억 달러에서 2018년 약 28.5억 달러 수준으로 증가하였다. 아시아 위주의 지원에도 불구하고 아프리카 지역에 대한 지원 비중은 2011년 18%에서 2018년에는 약 28%까지 큰 폭으로 늘었다. 이는 한국의 취약국 및 최빈국에 대한 지원 확대 기조와 더불어 앞으로도 이 지역에 대한 지원이 꾸준히 증가할 것으로 예상된다.

그동안 아프리카 지역에 대한 양자원조는 2018년을 제외하고는 교육·보건 등이 포함된 사회 인프라·서비스 분야가 평균 22.8%로 우세하였으며 경제 인프라·서비스가 평균 18%로 다음을 차지했다. 생산 분야는 6% 내외로 그다지 높지 않았으며 인도적 지원은 1%가 되지 않아 미

[그림 6] 전체 ODA와 아프리카 지역의 비중 변화(2011~2018년)

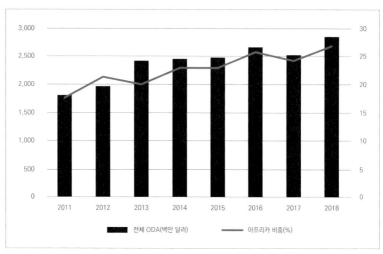

출처: https://stats.oecd.org/ (2020년 11월 4일 검색). 저자 재구성.

[그림 7] 아프리카 지역의 주요 ODA 분야 변화(2011~2018년) (단위: %)

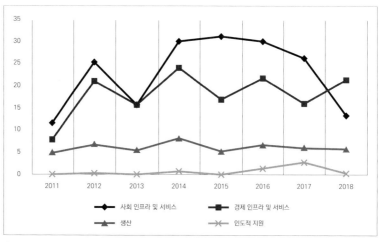

출처: https://stats.oecd.org/ (2020년 11월 5일 검색). 저자 재구성.

미한 편이다.

2. 한·아프리카 개발협력에서의 젠더평등 분야

1) DAC 젠더평등정책마커

DAC 젠더평등정책마커Gender equality policy marker(이하 '젠더마커')는 젠더평등을 목표로 하는 개발협력 활동을 기록하는 통계도구이다. DAC 회원국의 연례보고 중 일부이며 젠더마커를 기반으로 한 데이터는 일종의 DAC 회원국이 젠더평등에 대한 의지를 보여주는 일종의 척도로 가장 중요한 지표이다.

OECD DAC는 회원국들의 원조 동향을 파악하는 '통계보고시스템Creditor Reporting System: CRS'에 젠더마커를 기입하도록 포함시키고 있다. 데이터베이스를 통해 △개별 젠더평등 중심의 프로젝트와 프로그램 △젠더평등을 위한 전 세계적 원조 추정치 △젠더평등과 여성권한 부여에 초점을 맞춘 DAC 회원국 원조 비율 △젠더평등에 초점을 둔 우선 분야sector △각 분야에서의 투자 정도 △젠더평등을 우선하는 국가 등에 대한 정보를 공개, 제공하고 있다. 이러한 과정을 통해 각국의 현황 파악에 공정성을 기하며 회원국들의 젠더평등지원이 확대될 수 있도록 장려하는 경향이 있다.

젠더마커는 크게 3가지의 채점 시스템을 기반으로 한다. 모든 사업은 젠더마커 2, 1, 0점을 기준으로 주어진다. 젠더평등 달성이 사업 자체의 목표 혹은 계획에서의 핵심 요소일 경우 2점principal을, 젠더평등이 사업의 주목적은 아니지만 사업에서 젠더평등에 대한 잠정적 그리고 긍정적 영향을 지닌 경우는 1점significant을 부여한다. 전혀 이러한 목적과 무

[그림 8] OECD DAC 회원국 양자원조에서 젠더평등 분야 비중(2016~2017년 평균)

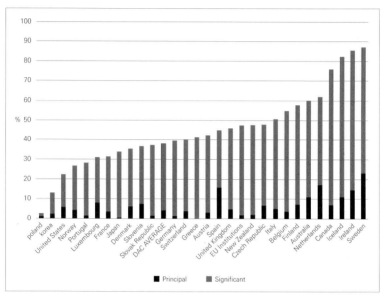

출처: OECD (2019: 5).

관할 경우 0점not targeted이 주어진다(OECD DAC, 2016).

한국은 2010년 DAC 가입 이후 성인지적 ODA 추진전략, 규범 및 정책 개선 방안 등 젠더평등과 관련한 원조의 확대를 위해 노력해왔다. 2020년 발표된〈2021년 국제개발협력 종합시행계획〉에서도 ODA 사업 추진시 주요 목표에 '성평등 요소'를 포함시키도록 하고 시행기관 인식을 제고하는 등의 성인지적 관점 제고 기반을 강화한다는 내용을 재차 강조하고 있다. 그러나 이러한 환경에서도 OECD DAC 젠더마커(2017년 기준)에 따르면 젠더평등 및 GEWE와 관련한 한국 ODA 비율은 약 13%로 DAC 회원국 평균 38% 대비 매우 낮은 편이며 거의 최하위에 속한다.

[그림 9]에 따르면 GEWE와 관련한 OECD DAC 회원국들의 지원은

[그림 9] OECD DAC 회원국 전체의 GEWE 지원 개요

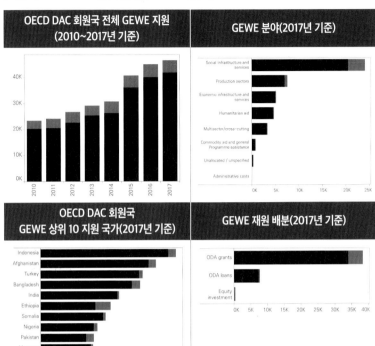

출처: https://www.oecd.org/dac/stats/gender-related-aid-data.htm (2020년 11월 6일 검색).
*commitments 기준
- Principal
- Significant

2010년부터 꾸준히 증가하는 가운데 사회 인프라·서비스 영역이 월등히 많고 생산 영역, 경제 인프라·서비스가 그 뒤를 잇는다. 또한 상위 지원국으로는 인도네시아, 아프가니스탄, 터키 등이 있으며 아프리카 국가로는 에티오피아, 소말리아, 나이지리아가 포함된다. 'principal', 'significant' 모두 무상원조에서 비율이 유상원조 대비 상대적으로 매우 높은 편이다.

2) 한국의 젠더평등 관련 개발협력 현황

한국은 매해 약간의 편차를 나타내는 가운데 GEWE 관련 활동을 진행하고 있다. 전반적으로 규모가 크지 않으나 2011년 이후 OECD DAC 회원국들과 대비해서는 상대적으로 'principal' 부분의 비중이 작지 않은 편이다. 그러나 OECD DAC 회원국들이 GEWE와 관련한 다양한 분야를 지원하는 가운데 한국은 사회 인프라·서비스와 경제 인프라·서비스에 거의 집중되어 있다. 특히 GEWE 'principal' 영역은 사회 인프라·서비스 부분이 절대적이다. 세네갈, 볼리비아, 솔로몬군도 등이 상위 지원국에 위치했고 아프리카 국가 중 마다가스카르와 가나는 'principal'로만 배치되었다. 이는 전반적으로 지원 규모가 크지 않아 1~2개의 프로젝트만 여기에 속해도 'principal'로 결과가 도출된 것으로 보인다. 또한 무상원조에서는 'principal' 영역이 있으나 유상원조가 규모가 훨씬 큰 가운데 'significant'로만 구성되어 있다.

사실 한국의 GEWE 지원은 전반적으로 규모가 크지 않은 가운데 매해 새로운 프로젝트들의 발굴, 착수 시마다 편차가 크게 나타나는 것이 특징이다. 이러한 특성으로 인해 아프리카 지역만 도출하여 설명하기에는 논리적 타당성이 떨어질 수 있다. 이에 전반적인 GEWE 측면에서 한국의 개발 현황의 한계점과 시사점을 언급하고 IV장에서 아프리카 지역 현실에 보다 적합한 제안 방안을 도출하고자 한다.

3) 한국의 GEWE 지원 한계와 시사점

2019년 발간된 OECD의 GEWE와 관련한 공여국들의 지원 분석보고서를 살펴보면 다른 DAC 공여국들이 다양한 분야sector에서 GEWE 지원을 하는 것과 달리 한국은 인구 및 생식보건, 교육, 보건에 매우 치

[그림 10] 한국의 GEWE 지원 개요

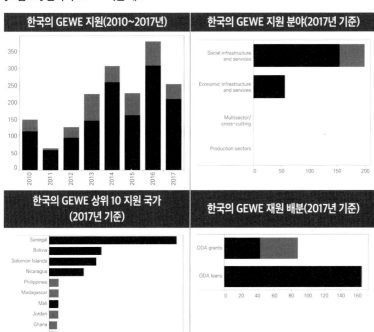

출처: https://www.oecd.org/dac/stats/gender-related-aid-data.htm (2020년 11월 10일 검색).
*commitments 기준

■ Principal
■ Significant

우처 활동하는 것을 발견할 수 있다. 뿐만 아니라 DAC 공여국들이 주요 상위 협력국에서 GEWE 지원이 동반 상승하는 반면, 한국은 주요 협력국 상위 10 국가에서 오히려 GEWE와 관련한 예산 및 활동이 상당히 저조한 편으로 주요 협력국 여부와 GEWE 지원은 거의 상관관계가 없는 것으로 보인다(OECD, 2019).

젠더마커는 사업 대상 및 요소에 따라 다른 점수가 부여될 수 있

[그림 11] 한국의 GEWE 지원 현황(2016년 기준)

한국의 GEWE 지원 분야	상위 수원국에서의 GEWE 지원 비중
	Gender equality focus in aid to top ten recipients *2016 USD million*

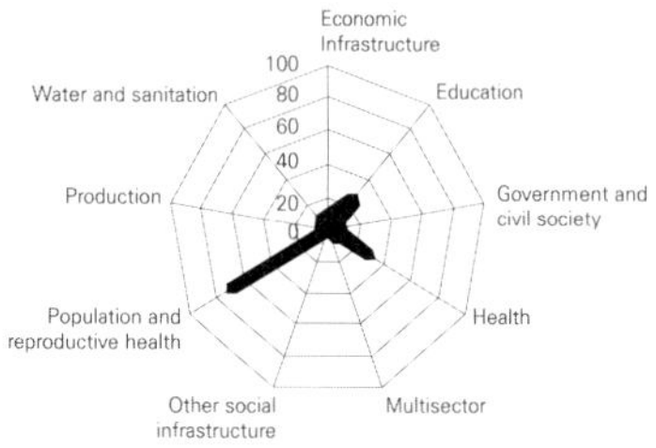

	Total aid	Total bilateral allocable aid	Gender equality focused aid (3)
Viet Nam	188	188	1%
Lao Peoples's Democratic Republic	138	138	2%
Egypt	136	136	0%
Uzbekistan	132	132	0%
Sri Lanka	121	121	0%
Myanmar	118	118	0%
Cambodia	110	110	2%
Nicaragua	103	103	23%
Philippines	102	102	3%
Bangladesh	98	98	39%

출처: OECD (2019: 22).

다. 예컨대, 남녀를 위한 기본 교육 및 문해력 프로젝트는 0, 남녀를 위한 기본 교육 및 문해력 프로젝트이더라도 여성의 진입장벽 해소 및 교육 장려를 위한 재정적 인센티브 제공 등이 포함되면 1, 여성과 소녀를 대상으로 교육 프로그램을 추진하면 2를 책정할 수 있다(OECD, 2016: 11-13). 이는 예시로서 살펴볼 때는 설명이 간단하게 보일 수 있으나 실제 복잡하게 구성된 사업 요소에서 정확한 교육을 받지 않은 사업 담당자가 명확하게 젠더마커를 구분하여 적용하기는 어려울 수 있다.

실제 해당 담당자들의 젠더마커 자체에 대한 인식 및 이해 부족은 한국의 젠더마커 활동에 상당한 영향을 미치는 것으로 조사되었다. 김은경 외(2016)에서는 젠더마커에 대한 관계자들의 인식은 비교적 높은 편이었지만 양성평등 이슈에 대한 지식 부족, 협의할 전문가 부족 등으로 인해 사업 담당자가 젠더마커의 구분 기준과 내용에 대해서는 이해도가 상대적으로 낮게 나타났다. 또한 임은미 외(2019)에서 지적한 것처럼 한국은 아직까지 성평등 사업 자체를 여성을 위한 사업으로 인식하는 경향으로 인해 '젠더마커 1'이 될 수 있는 무상원조 사업임에도 실무자들의 명확한 이해 부족으로 마커 표기 자체를 누락하여 전반적으로 DAC 국가 중 한국이 성평등 원조가 저조한 것으로 분류된 측면도 있었다.

국제사회에서 지속 성장을 위한 개발활동으로서 GEWE의 중요성을 강조하는 것만큼 GEWE의 중요성에 대해서는 어느 정도 인식하고 해당 영역을 지원하고자 하는 공감대는 국내에서 과거에 비해 향상되었다고 보여진다. 그러나 한국의 GEWE 활동은 기존 지원 영역에서 크게 벗어나지 못하고 특정 분야만 고수하고 있다. 실제 주요 협력국에서는 GEWE와 관련한 활동들이 거의 이뤄지고 않고 있어 GEWE 지원 확대에 대한 진정성 있는 접근은 아직까지는 다소 부족해 보인다. 이에 보다 새로운 지원 방안 창출을 위한 다각적 연구, 실제 활동으로의 연계, 적극적 추진 등이 상당히 보완되어야 할 것이다.

IV. 한-아프리카 개발협력 효과 제고를 위한 젠더평등 추진 및 개선방안

1. AU GEWE 지원전략에 근거한 분야의 다변화 및 중점협력국 내 포함방안

GEWE 지원과 관련한 한국과 DAC 회원국 및 주요국과 비교해보면 한국은 전반적으로 GEWE 지원활동이 매우 저조하다. '젠더마커 2'에 해당하는 'principal'보다는 사업 요소 전반에 젠더평등을 고려한 'sig-

[그림 12] GEWE 지원 한국과 DAC 회원국 및 주요국과의 비교(2016년 기준)

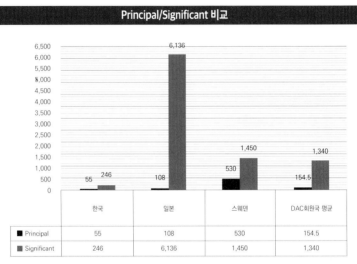

	한국	일본	스웨덴	DAC회원국 평균
■ Principal	55	108	530	154.5
■ Significant	246	6,136	1,450	1,340

출처: OECD (2019: 6). 저자 재구성.

nificant(젠더마커 1)'의 비중이 상대적으로 높은 점은 회원국들 평균 및 주요국들과 맥락을 같이하고 있다.

'젠더마커 2'에 해당하는 'principal'은 사업 주요 대상이 여성 및 소녀로 국한되어 있어 대다수 회원국들이 개발협력사업 추진 시 보다 다양한 계층에 대한 수혜 확대라는 측면에서 'principal'보다는 'significant'를 선호한 경향이 나타난 것으로 파악된다. 그러나 지원 비중에 있어서는 한국이 DAC 회원국 평균 대비 상당히 낮은 편이다. 이러한 부분들은 국제사회의 책임있는 일원으로서 보다 진취적으로 확대할 필요성이 농후하다.

GEWE 지원 부분은 단순히 국제사회의 일원으로서의 이론적 책무성보다 특히 아프리카와의 실질적 협력에서 대단히 중요하다고 평가할 수 있으며 강조되어야 할 당위성이 있다. 전 지구적 과제로 추진되고 있는 SDGs는 초기 준비 단계 시, AU의 Agenda 2063과의 전략적 협력을 통해 아프리카 지역의 주인의식을 강조하며 공동의 목표 달성을 강화하고자 노력하였다. 아프리카 55개국의 회원국을 지닌 AU의 Agenda 2063은 SDGs보다 약 28개월 앞서 수립되었다. 이후 SDGs 설정에 상당한 부분이 근간이 되었으며 이러한 활동을 기반으로 UN과 AU는 두 어젠다의 효과적 이행을 위해 공동 활동과 프로그램 이행에 합의하고 △포괄성 △상호책무성 △투명성과 보완성 △주인의식 △기존의 공헌 및 이니셔티브 활용 △기관의 명확한 역할과 책임에 근거한 파트너십의 원칙 하에 단일화된 모니터링과 평가 프레임워크, 공동 보고 구조를 채택했다. 이러한 이유로 UN SDGs와 AU의 Agenda 2063의 10년 이행계획은 사실상 90% 이상의 내용 일치를 보이고 있으며 아프리카와의 협력 증진을 위해 GEWE에 대한 양적 지원의 확대와 다변화는 필수적

이라고 볼 수 있다(AU-UN, 2018: 7; 권유경 외, 2019: 27-30).

AU는 남녀평등을 기본적 인권이자 지역 통합, 경제성장 및 사회개발의 필수로 여기며 아프리카개발 어젠다에 여성개발을 강조하고 역량을 강화하는 맥락에서 GEWE를 추진하고 있다. 주요 내용으로는 △여성의 경제역량 강화 및 지속가능한 개발 △사회정의, 보호 및 여성의 권리 강화 △여성의 리더십 및 거버넌스 강화 △여성지원을 위한 통합적 젠더관리 시스템 구축 △여성의 관점이 평화, 예방, 보호에 포함될 수 있도록 평화 및 안전 추진 △여성에게 아프리카미디어에서의 발언권 부여 및 지식 확대를 위한 기술 사용, 특히 미디어 및 ICT 분야에서의 개발 촉진을 추진하는 것이 포함되어 있다(권유경 외, 2019: 21).

앞서 논의했듯이, 한국의 GEWE 지원 분야는 인구 및 생식보건, 교육, 보건에만 치우쳐진 것으로 나타났다. AU와의 협력, 그리고 SDGs의 적극적 추진 등을 고려할 때 GEWE 지원은 양적 확대뿐 아니라 분야의 다각화는 피할 수 없다. 이때 기존 지원 분야를 고수하며 양적 확대만 기할 것이 아니라 AU의 GEWE 추진 방안에 근거하여 여성의 경제역량, 리더십 등 분야를 다각화를 추진한다면 AU와의 협력증진에 보다 전략적으로 기여할 수 있을 것으로 사료된다.

뿐만 아니라 분야의 다각화와 더불어 고려해야 할 사항은 아프리카 지역 내 한국의 중점협력국 지원에서 GEWE를 적극 포함하는 것이다. 실제 [그림 11]에서 한국의 GEWE 지원 활동을 살펴본 것처럼 한국에서 GEWE 지원국과 중점협력국의 상관성은 높지 않았다. 중점협력국에 대해 재원이 보다 집중되는 만큼 선정된 중점협력국에는 GEWE 지원을 상당량 포함하도록 하는 방안을 고려할 수 있다. 또한 명목적으로 언급되는 수준을 넘어 실질적 시행을 위해 중점협력국에 대해 작성되는 중기지원계획 및 성과관리 방안이 포함된 국가협력전략Country Partnership Strategy: CPS에서 GEWE 지원이 구체적인 세부 시행계획으로 반드시 포함될 수 있도록 추진하는 것을 검토 할만하다. 현재는 2015년 '제21차 국제개발협력위원회'에서 선정한 24개국의 중점협력국으로 아프리카 지역 국가는 총 7개로 가나·에티오피아·모잠비크·르완다·우간다·탄자니아·세네갈이 포함되었다. 5년 주기로 중점협력국으로서의 적정성 여부를 검토하여 재선정되는 만큼 새로 선정될 중점협력국에 한해 이러한 사항들을 적극적으로 검토하고 고려할 것을 제안한다.

2. 외부 전문성 활용을 통한 한-아프리카 GEWE 지원 질적 변화 및 국제협력 확대

젠더평등은 어떤 영역보다도 사회적 맥락에서 관습, 문화 등 지역 정서에 대한 상당한 이해를 바탕으로 포괄적 접근이 필요한 분야라 할 수 있다. 특히 독특한 젠더적 특성을 지닌 아프리카 사회와의 협력에서 GEWE는 축적된 경험과 노하우를 바탕으로 한 관점이 투여된 지원이 필수적이라 할 수 있다.

한국은 짧은 ODA 역사 속에서 물리적 거리감, 유럽의 집중 지역 등의 제반 상황으로 아프리카와의 협력에 대한 노하우를 국내에 충분히 축적하기 힘들었던 측면이 있다. 즉 한마디로 아프리카 지역 및 국가에 대한 전문가, 아프리카 지역문화에 대한 이해와 경험을 지닌 젠더 전문가 등은 불충분하다. 이는 많은 ODA 실무진들이 GEWE 추진 확대에 있어 의논할 만한 전문가의 부재를 꼽은 것과 맥락을 같이 한다고 볼 수 있다.

이에 다년간 아프리카 지역과 GEWE 분야에 대한 전문성을 겸비하며 실제 현지를 기반으로 프로젝트를 다량 수행한 국제기구를 활용하는 방안을 고려해 볼 수 있다. 한 예로 UNFPA의 경우 인구문제, 특히 성생식 보건과 관련한 중추적 역할을 담당한다고 볼 수 있는데 2018년 기준으로 전체 예산의 약 42%를 아프리카 지역에 집중하며 추진 전략을 AU의 Agenda 2063과 일치시키고 있다. 특히 △가족계획에 대한 필요충족 △모성 사망 종식 △젠더기반 폭력행위 근절 등이 핵심인 '3-Zero Agenda'를 아프리카의 지역 문화를 고려하여 중서부/동남부로 나누어 접근하는 것이 특징이다. 성생식 보건에 대한 지원이 예산의 절반(약 49.5%) 가까이 차지하는 가운데 상이한 종교 지역 문화를 바탕으로 집행해야 하는 성생식 보건 분야에 전문성이 높은 것으로 보여 한국 GEWE 지원의 주요 분야인 성생식 부분에 있어서는 협업을 통한 상호 전문성을 배양할 수 있는 좋은 기회가 될 수 있을 것으로 사료된다(권유경 외, 2019: 56-58).

UNFPA는 하나의 예라고 볼 수 있다. GEWE 지원과 관련한 다양한 분야에서 아프리카 지역에 경험을 다량으로 축적한 국제기구와의 협업은 부족한 지역 전문성 및 지역문화 이해를 바탕으로 한 GEWE 전문성 확보뿐 아니라 2021년 국제개발협력 추진 방향 및 계획의 글로벌파트너십 확대라는 측면에서도 크게 기여할 수 있을 것이라 보인다. 이 과정에서 한국 정부가 목적하는 청년인재의 적극적 활용 등을 통해 장기적 관점에서의 국내 전문가 또한 양성할 수 있을 것으로 기대된다.

3. 국내 ODA 실무자에 대한 지속적 GEWE 이해 증진 제고 추진

국제사회에서 GEWE 분야와 관련하여 다량의 지원을 행하며 선두 주자라고 평가받고 있는 나라는 스웨덴이다. ODA 사업 내 젠더평등이 단단히 내재될 수 있도록 모든 사업 초기 단계에서 젠더분석을 의무화할 뿐 아니라 젠더분석이 사업 기획 전 단계에서 잘 활용될 수 있도록 가이드라인과 툴박스를 작성하여 실무진과 수원국, 관련한 이해관계자 모두가 중요성과 충분한 이해를 지니고 업무에 임할 수 있도록 지속적으로 교육하고 있다. 이러한 부분은 단지 스웨덴뿐 아니라 OECD DAC 내 GEWE와 관련해 활발한 활동을 하는 국가들에게서 내용들의 편차는 존재하지만 공통적으로 발견되고 있는 요소라 할 수 있다.

김은경 외(2016)의 설문결과에서 우리 실무진들은 국제사회에서의 젠더평등의 중요성에 대해서는 일부 공감하나 세부 내용에 대해서는 확실하게 알지 못했다. 이러한 측면에서 볼 때 국내 ODA 실무자에 대해 GEWE에 관한 이해와 인식 증진을 위해 공식적으로 제공하는 교육이나 활동들이 충분하지 못했다는 결론에 이르게 한다.

앞서 언급한 분야의 다각화, 양적 확대 및 외부 전문성의 활용 등은 결국 실무진이 GEWE에 대한 충분한 이해를 가지고 임하지 않으면 지속적으로 추진되기 어려운 과제이다. 직관적으로 이해할 수 있는 그림 자료를 뒷받침한 가이드라인 작성 및 제공, 변화하는 국제사회의 흐름 및 아프리카 지역 트렌드에 맞는 적절한 사업 사례 소개 등 실무진들의 이해 제고를 위한 다양한 장치들을 필수적으로 보완해야 한다. 이를 통해 보다 활발한 한-아프리카 개발협력의 실질적 효과 제고를 위한 젠더평등 추진이 가능할 것이다.

V. 맺음말

국제사회와의 연대가 필수적으로 요구되는 환경에서 한국의 위상과 국제사회가 거는 한국에 대한 기대는 지속적으로 높아지고 있다. 특히 세계무대에서 글로벌 연대의 필수성에 대해서는 의심의 여지가 없으며 ODA 환경에서 한정된 자원으로 선택과 집중의 논리에 따라 ODA의 효과 제고에 대한 필요성은 모두가 공감하고 있는 부분이기도 하다.

개발의 효과성 이전에 원조 효과성 논의 때부터 젠더평등에 대한 고려와 반영이 필요하다는 논리는 개발의 균형과 지속적 측면에서 꾸준히 제기되어 왔다. 사회 속 어떠한 계층도 소외시키지 않는 것이 양질의 개발을 이룰 수 있는 핵심 근간으로 본 것이다.

개발도상국 중에서도 특히 아프리카 지역은 독특한 젠더불평등 문화를 뿌리깊이 가지고 있으며 개선에 있어서도 굉장히 느린 속도를 나타내고 있다. 이러한 이유로 55개 회원국을 기반하고 있는 AU에서도 젠더불평등 개선 부분을 핵심 의제 중 하나로 선정하고 있으며 성장을 위해 꼭 변화되어야 하는 부분으로서 각 회원국의 발전전략에 포함시키며 성장을 위해 고군분투하고 있다.

이에 한-아프리카 개발협력에 있어 개발협력의 효과 제고와 개발협력 파트너의 고질적 문제 중 하나인 젠더불평등적 특성을 고려할 때 젠더평등에 대한 진지한 고려와 현실적 반영은 더 이상 레토릭으로 그칠 것이 아닌 핵심 영역으로 신중히 접근해야 할 필요성이 높다.

이를 바탕으로 이 논문에서는 당장의 볼륨을 키우는데 급급한 비현실적 주장이 아닌 우리의 협력활동의 특성과 현실성을 고려하여 중장기적 방안에서 긍정적 변화를 꾀할 수 있도록 △AU GEWE 지원전략에 근거한 분야의 다변화 및 중점협력국 내 포함하는 방안 △외부 전문성 활용을 통한 한·아프리카 GEWE 지원의 질적 변화 및 국제협력 확대를 이끌어내는 방안 △지속적으로 국내 ODA 실무자에 대한 GEWE 이해를 증진하고 제고하는 방안 3가지를 제안하였다.

아프리카와의 협력에서 핵심 파트너라 할 수 있는 AU의 지원전략에 일치시켜 지원하는 방안을 통해 수원국의 주인의식에 대한 존중과 추진의 현실성을 동시에 고려했다. 국제기구 활용을 통한 외부 전문성 보완 방안은 글로벌 파트너십 확대를 통한 글로벌 가치 실현을 위한 연대와 강조를 추진하고자 하는 한국의 국제개발협력 종합시행계획과도 일치시키고자 했다. 또한 국내 이해관계자들에 대한 GEWE의 중요성과 개발활동에 포함하는 방안에 대한 지속적 교육을 통해 GEWE 고려에 대한 꾸준한 양적, 질적 확대를 꾀하고자 노력하였다.

이러한 조치들을 통한 젠더평등에 대한 적극적 고려와 개발협력 활동에의 반영은 중장기적으로 한-아프리카 개발협력의 효과 제고뿐 아니라 나아가 중견 공여국에서 선진 공여국으로의 도약을 추진하는 한국의 전략에 크게 일조할 수 있을 것이라 사료된다.

| 참고문헌 |

권유경. 2013. 『사하라 이남 아프리카지역에서의 젠더불평등과 빈곤』. 영남대학교 박사학위논문.

권유경. 2015. "르완다 젠더주류화(Gender Mainstreaming)와 빈곤개선", 『전략지역심층연구 15~17 논문집 IV』. 세종: 대외경제정책연구원.

권유경·조혜정. 2016. 『한-아포럼 운영 및 발전방안』. 서울: 외교부 아프리카미래전략센터.

권유경·최혜진·강지현·서정연·임유정·김지연. 2019. 『KOICA 대아프리카지역협력전략』. 성남: 한국국제협력단.

국제개발협력위원회. 2020. 『'21년 국제개발협력 종합시행계획(안)』.

김은경·장은하·김정수. 2016. "젠더마커기준에 따른 한국 성평등 ODA의 특징과 한계", 『여성연구』 제91권 2호.

박영호·박복영·권율·허윤선·강선주. 2008. 『아프리카 개발협력의 체계적 추진방안』. 세종: 대외경제정책연구원.

임은미·조혜림·박민정·조아진. 2019. 『ODA 사업 젠더마커 적용방안 연구』. 서울: 여성가족부.

AU-UN. 2018. *"Framework on Implementation of Agenda 2063 and Agenda 2030"*.

Dfid. 2005. *"Reducing poverty by tacking social exclusion."* Dfid Policy paper

Dfid. 2005. *"Reducing poverty by tacking social exclusion."* Dfid Policy paper. **재인용:** 권유경. 2015. 「르완다 젠더주류화(Gender Mainstreaming)와 빈곤개선」 『전략지역심층연구 15~17 논문집 IV』, pp. 145-187. 대외경제정책연구원

Dfid. 2009. *"Gender and Social Exclusion Analysis."* Dfid Practice paper.

Dfid. 2009. *"Gender and Social Exclusion Analysis."* Dfid Practice paper. **재인용:**

권유경. 2015. 「르완다 젠더주류화(Gender Mainstreaming)와 빈곤개선」. 『전략지역심층연구 15~17 논문집 Ⅳ』. pp. 145-187. 대외경제정책연구원

Expert Group on Gender. 2006. *"Gender inequalities in the risks on poverty and social exclusion for disadvantaged groups in thirty European countries. European Communities".* **재인용:** 권유경. 2015. 「르완다 젠더주류화(Gender Mainstreaming)와 빈곤개선」. 『전략지역심층연구 15~17 논문집 Ⅳ』. pp. 145-187. 대외경제정책연구원

Girls not Brides, 2015. *"Ending child marriage in Africa."*

Girls not Brides, 2018. *"Child marriage and HIV:Thematic Brief."*

OECD DAC. 2016. *"Handbook on the OECD-DAC Gender equality Policy marker."*

OECD. 2019. *"Aid in Support of Gender Equality and Women's Empowerment DONOR CHARTS"*

Pritha Mitra, Eric M. Pondi Endengle, Malika Pant, Luiz F. Almeida. 2020. *"Does Child Marriage Matter for Growth?"* IMF Working paper. IMF

UNICEF. 2017. *"Children in a digital world. The state of the world children 2017."*

UNICEF. 2018a. *"Accelerating efforts to eliminate child marriage in Africa."*

UNICEF. 2018b. *"Child marriage: Latest trends and future prospects."*

UNDP. 2019. *"Human Development Report"*

World Bank. 2012. *"World Development Report 2012: Gender Equality and Development."*

World Economic Forum. 2020. *"Global Gender Gap Report."*

ILO statistics and databases. https://ilostat.ilo.org/topics/employment/ (검색일: 2020. 10. 21)

OECD statistics. https://stats.oecd.org/ (검색일: 2020. 10. 08)

OECD Gender-related aid data at a glance.

https://www.oecd.org/dac/stats/gender-related-aid-data.htm (검색일: 2020.11.10)

UN. 2014. "The Road to Dignity by 2030: Ending Poverty, Transforming All Lives and Protecting the Planet."

https://www.un.org/disabilities/documents/reports/SG_Synthesis_Report_ Road_to_Dignity_by_2030.pdf (검색일:2020. 11. 03)

World Bank indicator.

https://data.worldbank.org/indicator/SL.AGR.EMPL.ZS?locations=ZG. (검색 일:2020. 10. 21)

제5장 한국의 아프리카 보건 분야 국제개발협력 현황 및 향후 추진방안[1]

이훈상(국제보건개발 파트너스(GHDP), 연세대학교 보건대학원)[2]

I. 아프리카의 보건 현황

1. 아프리카의 보건 현황 개괄

1) 아프리카의 국제개발 기반 현황

아프리카 대륙은 개발원조의 주요 지원 대상 지역인 측면이 강조되어 왔으나 최근 들어서는 경제성장을 이룩한 국가들 또한 있는 등 다양한 가능성의 지역인 측면도 제시되고 있다. 하지만 여전히 아프리카는 다양한 차원에서의 열악한 사회경제 현황에 직면해 있기에 잠재적인 성장 가능성을 보여주는 것과 동시에 교육과 보건 등의 사회기반 여건

---

1 이 논문의 자료 수집에 큰 도움을 준 서울대학교 국제대학원 강동훈 연구조교에게 감사한다.

2 국제보건개발 파트너스(Global Health & Development Partners: GHDP), https://www.ghdp.or.kr/

의 니즈도 공존하는 측면도 있다. 이는 특히 지속가능한 개발계획에 있어 대부분의 목표들에서 달성률이 낮은 것으로도 잘 알 수 있다. 다만 아프리카의 상황은 경제성장의 잠재성 측면에 있어서 시장으로서의 기대를 가질 수 있는 측면이 있기도 하면서 아프리카 대륙의 국가들이 갖고 있는 사회기반 니즈로 인한 글로벌 개발원조 지원이 대폭적으로 이루어지고 있기도 하다. 이러한 상황에서 잠재적으로 아프리카 대륙의 국가들, 특히 사하라 이남 아프리카 국가들에 대한 개발원조 지원을 위한 글로벌 공공조달 시장이 형성되어 있는 측면도 생각해볼 수 있다. 이는 특히 보건의료 분야에서 두드러지게 나타나고 있는 중이다.

아프리카의 질병부담DALY, Disease Adjusted Life Year 현황을 살펴보면 비감염성 질병non-communicable disease이 37%로 1위, 감염병communicable disease이 36%로 2위, 신생아 시기 상황neonatal condition으로 인한 질병부담이 12%로 3위, 상해injury가 10%로 4위에 이른다. 이를 보면 기존에 비해 아프리카에서도 역학적 전환epidemic transition이 이루어지고 있는 가운데 상해와 비

[그림 1] 아프리카의 질병 세부 분야별 질병부담 구성 현황

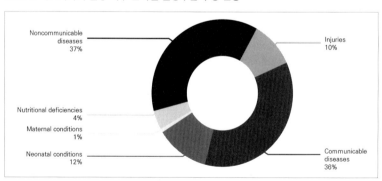

출처: WHO (2019)

WHO/AFRO, A heavy burden: the productivity cost of illness in Africa, Brazzaville: WHO Regional Office for Africa; 2019

감염성질환 혹은 만성질환의 중요성이 커져가고 있음을 볼 수 있다. 다만 감염병으로 인한 질병부담은 여전히 높게 유지되고 있음을 알 수 있다([그림 1] 참조).

2. 주제 이슈 분야별 아프리카 보건 현황

1) 아동 및 모성보건

현재 전 세계적으로 매해 5세 이하 아동 590만 명이 사망하는 것으로 추산되며 아프리카의 경우 매해 290여만 명이 사망하고 있는 것으로 추산되고 있다.[3] 아프리카 지역 국가들이 2000년 새천년개발계획의 추진 이후 지난 20여 년 동안 많은 발전을 이루어 왔으나 아직까지는 주요 보건 지표 현황을 볼 때 다른 대륙 지역에 비해 월등히 높은 질병의 유병 현황과 사망률 등으로 나타나고 있는 상황이다. 사하라 이남 아프리카의 아동은 5세가 되기 전에 사망할 가능성이 다른 지역에 비해 16.5배가 넘는 상황이다.

5세 이하 아동 사망에 있어서 과거에 비해 사망률 감소에 많은 진전이 이루어진 점은 있으나 다른 대륙 지역들의 지표에 비교할 때 아직까지도 특히 사하라 이남 아프리카Sub-Saharan Africa 지역의 사망률이 월등히 높은 상황이 지속되고 있다. 대부분의 이러한 5세 이하 사망의 절반 이상은 간단하고 큰 비용이 들지 않는 치료와 접근으로 예방이 가

---

3 WHO/AFRO, Child Health, https://www.afro.who.int/health-topics/child-health#:~:text=Leading%20 causes%20of%20death%20in,than%20children%20in%20developed%20regions.

[그림 2] 글로벌 아동사망률 변화 추이

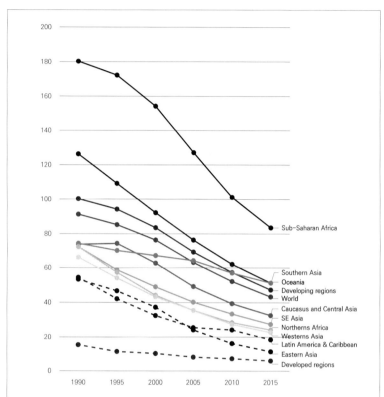

출처: Camilla B (2015)

Camilla B, Levels and trends in child mortality, 2015, Development Policy Blog, https://devpolicy.org/child-mortality-in-the-pacific-region-latest-unicef-findings-20150915/levels-and-trends-in-child-mortality-graph-1/

능하다. 특히 아프리카의 경우 설사와 폐렴으로 인한 사망과 함께 말라리아로 인한 사망 및 HIV 수직감염으로 인한 사망 등 다양한 원인으로 5세 이하 아동의 사망이 높다. 이러한 가운데 45%의 모든 종류의 원인으로 인한 5세 이하 아동 사망은 영양실조와 밀접하게 연관되어 있는 것으로 나타난다. 또한 아동의 사망 위험은 출생 후 28일 이

[그림 3] 신생아(neonatal) 및 5세 이하 아동(under-5) 사망률의 대륙별 비교 현황

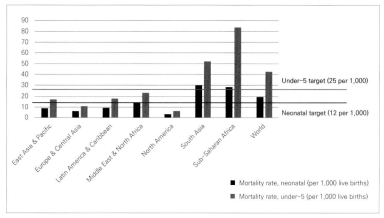

출처: World Bank (2017)

내의 신생아 시기에 가장 높다. 특히 이 시기에 사망을 예방하도록 하는 것에는 안전한 분만과 효과적인 신생아 치료 제공의 여건과 연관이 크다.

2013년 조사에 의하면 아프리카 지역에서 73,000명의 아동이 폐렴으로 사망했으며 300,000명은 설사로 인하여, 443,000명의 아동은 말라리아로 인해 사망한 것으로 나타났다. 2012년에는 230,000명의 새로운 5세 이하 아동인 신규 HIV 감염자가 발생했다. 이는 대부분 HIV 감염 엄마로부터 분만 시 수직감염으로 인해 감염된 것으로 보인다. 특히 폐렴은 전 세계적으로 5세 이하 아동 사망의 가장 큰 이유인 것으로 나타나고 있는데, 폐렴으로 인한 전 세계 5세 이하 아동 사망의 50%가 사하라 이남 아프리카에서 일어나고 있는 것으로 WHO는 추정하고 있다. 말라리아로 인해서도 1분에 한 명꼴로 아동이 사망하고 있는 것으로 추정되고 있으며 HIV에 감염된 아동의 90%가 모자수직감염mother-to-child

[그림 4] 2015년 아프리카 지역 모성사망비율 현황

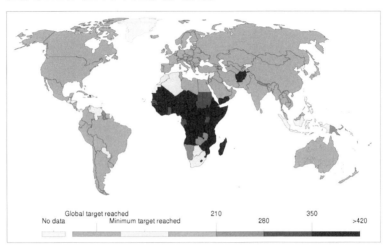

Global target reached 210 280 350
No data Minimum target reached >420

Maternal mortality ratio is the number of women who die from pregnancy-related causes while pregnant or within 42 days of pregnancy termination per 100,000 live births. SDG Target 3.1 is to reduce global maternal deaths to less than 70 per 100,000 live births and all countries less than 140 per 100,000 live births.

출처: World Bank

vertical transmission으로 감염된 것으로 WHO는 추정한다. [4]

모성 사망에 있어서도 아프리카 대륙의 많은 국가들이 상당히 높은 모성사망비율 현황을 보여준다. 아동 사망의 감소에 비해 비교적 사망 감소에 있어 성과가 더딘 현황을 나타내고 있다. 전 세계 모성 사망 중 99%가 중저 소득국가에서 일어나고 있으며 아프리카의 모성사망비율은 출산아 10만 명당 553명이다. 이는 한해 20여만 명에 이르는 모성 사망이 발생하는 상황으로 전 세계 모성 사망의 68%가 아프리카 대륙에

4　WHO/AFRO, Child Health, https://www.afro.who.int/health-topics/child-health#:~:text=Leading%20 causes%20of%20death%20in,than%20children%20in%20developed%20regions.

서 일어나고 있다.

특히 사하라 이남 지역에서 시작하여 중부아프리카를 중심으로 서아프리카까지 이어지는 지역의 국가들의 모성사망비율은 출산아 10만 명당 사망비가 540여 명 대에서 770여 명 대에 다다르는 정도로 모성사망비가 높다. 남부아프리카 지역도 모성사망비가 300여 명 이상에 다다르는 등 높은 모성 사망 현황을 보이고 있는 중이다([그림 4] 참조). 아프리카의 임신과 관련한 모성 사망은 임신기, 출산기, 분만기에 걸쳐 나타나게 되는데 주요한 모성 사망의 원인은 산후출혈과 임신기 고혈압, 임신 및 분만 관련 감염, 안전하지 않은 낙태, 난산obstructed labor 등이다.

2) 가족계획 및 성생식보건(재생산 건강)

가족계획과 성생식보건, 혹은 재생산건강에 있어서 보편적 성생식보건 보장의 달성은 인권 이슈로 제시되고 있다. 성생식보건 증진의 실패는 아동 사망과 모성 사망 및 HIV 예방과 치료 등에 부정적 영향을 가져오기도 한다. 특히 어린 나이의 임신과 출산은 엄마와 아기에 대한 사망 위험을 높이며, 교육에 대한 기회를 박탈하고 빈곤을 초래하게 될 수도 있다. 현재 아프리카는 전 세계적으로 가장 높은 청소년기 분만율을 보이고 있는데, 청소년 여성 1천 명당 120건의 분만이 이루어지고 있는 상황이다. [5] 안전하고 비용부담이 가능하고 효과적이면서 현대적인 피임방식의 제공은 개인에게 책임감 있는 성생식보건의 결정을 하는데 있어 훨씬 더 많은 선택과 기회를 제공할 수 있다.

---

5   WHO/AFRO, Maternal Health, https://www.afro.who.int/health-topics/maternal-health.

3) 주요 감염병: HIV/AIDS, 결핵, 말라리아, 소외열대질환 및 B형간염

모자보건에 이어 아프리카 지역에 높은 질병부담을 일으키고 있는 것으로서 HIV/AIDS, 결핵과 말라리아 등이 있다. 이 질환들은 2000년 초반에 매우 높은 유병률을 보이다가 새천년개발목표MDGs를 비롯한 많은 노력을 통해 유병률과 사망률이 2000년 중반 이후를 거쳐 많이 감소하는 등 성과가 나타나고 있다.

HIV의 경우 2016년 데이터 상 사하라 이남 아프리카에 전 세계 HIV 감염자 인구의 70%에 이르는 2,550만 명의 HIV 환자가 있으며 2015년 한해에만 130만 명의 신규 HIV 감염자가 사하라 이남 아프리카 지역에서 발생했다(UNAIDS, 2016). 이와 함께 280여만 명의 15~24세 사이의 여성이 아프리카 지역에서 HIV 보균자로 거주하고 있는 반면, 2005년에서 2015년 사이 HIV/AIDS로 인한 사망은 45% 감소했다.

[그림 5] 아프리카 지역의 HIV/AIDS 현황

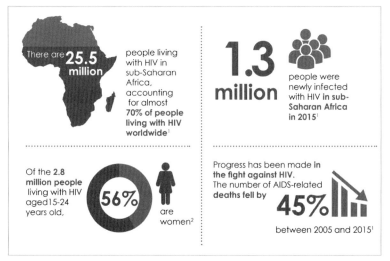

출처: UNAIDS (2016)

[그림 6] 아프리카 지역의 말라리아 현황

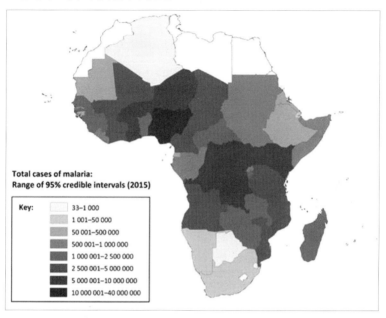

출처: Nkumama et al. (2017).

말라리아의 경우 WHO 아프리카 권역 지역에서 2010년에 533,000 명이 사망했으나 2018년에는 380,000명으로 감소하였다. 다만 이러한 감소 추세는 2016년부터 감소 속도가 줄어들고 있는 것에 기인한다. 말라리아는 모성과 아동보건에도 영향을 끼치는데, 2019년에는 아프리카 지역에 1,100만 건의 임신 건수가 말라리아에 노출된 것으로 보이며, 이로 인해 872,000건의 분만이 저체중아 출산으로 이어진 것으로 추정되고 있다(WHO, 2019). 특히 아프리카의 경우 5세 이하 아동 사망 원인의 상당수가 말라리아로 알려져 있을 정도로 아동 사망에 큰 영향을 끼친다.

결핵의 경우 2016년 아프리카에 2천 5백만 명의 결핵 환자가 있는 것으로 추정된다. 2016년 한해 417,000명이 결핵으로 인하여 사망된 것으로 추정된 가운데 전 세계 결핵 사망의 40%가 아프리카에서 발생하고 있는 것으로 추정하고 있다. 아프리카에서의 결핵의 특징은 HIV/AIDS를 동시에 가지고 있는 동시감염co-infection 발병률 또한 적지 않다는 점이다. 아시아와 중남미와는 다른 결핵 유행 양상을 보이며 결핵관리를 위해 HIV/AIDS 치료 프로그램이 함께 잘 관리되어야 하는 측면이 있다. 현재 HIV/AIDS 사망의 35%가 결핵 감염으로 사망하는 것으로 나타난다.

현재 아프리카 지역에는 모성과 아동사망 및 HIV, 말라리아, 결핵 등의 질병이 지속적으로 발생하고 있는 것과 함께 여전히 매우 높은 소외열대질환들의 유병 현황을 보이고 있다. 최근 들어서는 아시아태평양 지역에 이어 가장 높은 B형간염 유병 현황을 보이고 있기도 하다. 소외열대질환의 경우 전 세계에 10억 명으로 추정되는 대표적인 17개 유형의 박테리아, 기생충, 바이러스 성 소외열대질환 환자 중 40%가 아프리카 지역에 거주하고 있는 것으로 추정되고 있다(WHO/AFRO, 2020). B형간염의 경우 아프리카 지역에 6천만 명의 감염환자가 있는 것으로 추산되며 이로 인해 한해 68,870명의 사망자가 발생하고 있는 것으로 추정되고 있다(WHO, 2020).

4) 기타 감염병과 보건안보: 코로나19 관련 아프리카의 이슈 및 현황

아프리카에서는 HIV/AIDS, 결핵과 말라리아 외에도 지속적으로 다양한 감염병의 유행이 진행되고 있다. 2014년 서아프리카 에볼라 대유행 이후 뎅기열, 콜레라, 황열병 외에 코로나19 유행이 지속적으로 진행되고 있다. 2018년에 조사된 자료에 의하면 그해에만 29종류의 다른 질병들에 의하여 96번의 국지적 유행outbreak이 WHO 아프리카 지역WHO African Region에 속한 47개 국가 중 36개 국가에서 발생하였다. [그림 7]과

[그림 8]에서 확인할 수 있듯이, 이 중 11개 국가에서 최소 4개 이상의 국지적 감염병의 유행이 일어났다. 우간다가 9건으로 9.4%, 중앙아프리카 공화국이 6건으로 6.3%, DR콩고와 남수단이 5건으로 5.2%를 차지했다 (Mboussou et al., 2019).

이 가운데 2013년 12월 서아프리카 기니에서 시작되어 2014년에서 2016년까지 기니, 라이베리아, 시에라리온을 중심으로 집중적으로 발생한 에볼라 유행은 2016년 5월까지 위 3개국을 중심으로 총 8개국에서 환자가 발생하였다. 총 28,652 환자 사례가 발생했으며 11,325명이 사망하였다. 서아프리카 에볼라 유행은 25%에서 90%에 이르는 높은 치사율을 보였으며 기존에 국지적으로 발생하던 에볼라 유행이 2개 이상

[그림 7] 아프리카 회원국의 WHO에 보고한 감염병 발발 빈도 수

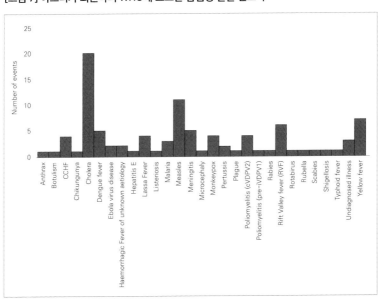

출처: WHO African Region (2018).

[그림 8] 감염병 발발의 지리적 분포도

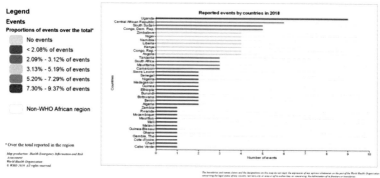

출처: WHO African Region (2018).

[그림 9] 2014년 서아프리카 3개국 에볼라 발생 분포

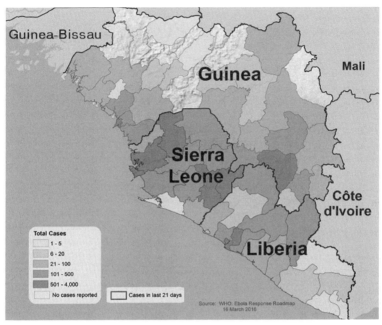

출처: CDC (2016)

의 국가에서 다량으로 발생하면서 전례 없이 많은 사망자를 발생케 하였다. WHO에 의하여 2014년 8월 8일 국제적 공중보건 비상사태Public Health Emergency of International Concern: PHEIC가 선포되기도 하였다.

2021년 전 세계적으로 유행이 진행 중인 코로나19와 관련해서는 아프리카 지역에 총 2,728,873건의 코로나19 확진자가 발생한 것으로 추정되고 있으며 총 64,770건의 사망이 발생한 것으로 보고되고 있다. [6] 아프리카 지역은 취약한 보건의료체계임에도 예상했던 바와 달리 확진자

6   Africa CDC (2020), Outbreak Brief 49: Coronavirus Disease 2019 (COVID-19) Pandemic.

[그림 10] 아프리카 지역 코로나19 확진자 발생 현황(2020년 12월 29일 현재)

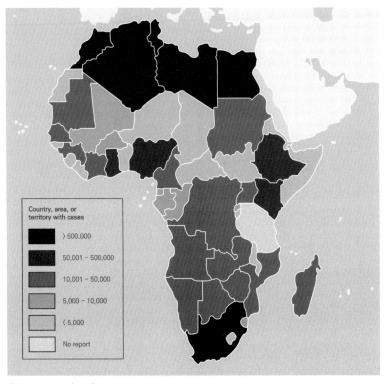

출처: Africa CDC (2020)

및 특히 사망자 수가 적게 나타나고 있다. 이에 대해서는 여러 가지 상황에 대한 설명이 제시되고 있다. 아프리카 지역의 인구가 다른 대륙 국가들에 비해 비교적 젊은 인구로 구성되어 있는 상황 및 아프리카 지역은 이미 수없이 많은 다양한 감염병에 노출되어 있던 것이 영향을 적게 끼치고 있는 것 아닌가 라는 다양한 이론과 의견들이 제시되고 있지만 아직 확연한 설명이 되지는 않고 있다.

다만 최근 들어 아프리카 국가들 중 일부 국가들에서 다시 확진자 발

[그림 11] 아프리카 지역 코로나19 확진자 발생 추이 및 2차 유행 현황

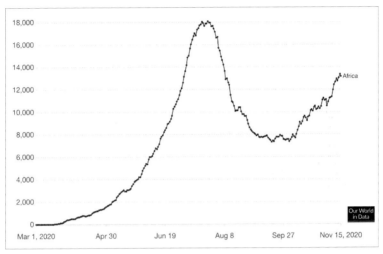

Shown is the rolling 7–day average. The number of confirmed cases is lower than the number of actual cases; the main reason for that is limited testing.

출처: European CDC – Situation Update Worldwide – Last updated 15 November, 10:06 (London time)

생이 늘고 있다. 아프리카 지역에서도 코로나19의 2차 대유행이 진행되고 있는 것으로 추정되고 있는 중이다. 이는 아프리카와 교류가 큰 중동 지역에 2차 대유행이 진행되는 가운데 아프리카 국가들도 영향을 받고 있는 것으로 보인다. 또한 아프리카 국가들의 취약한 검사 역량을 고려할 때, 검사가 이루어지지 않아 확진자로 보고되지 않고 있던 상황에서 지역 사회 전파가 이루어지고 있다가 이러한 산발적 지역 전파의 규모가 커지면서 수도의 진단검사 시설에 검사 의뢰가 증가될 정도로 지역사회 전파로 인한 확진자가 늘어난 것이 수치로 확인되고 있는 것일 수 있다.

6) 비감염성질환

이외에도 현재 아프리카 지역에는 고혈압과 당뇨, 암 등의 만성질환의

[그림 12] 아프리카 지역에서 비감염성질병으로 인해 초래되는 사망 비율

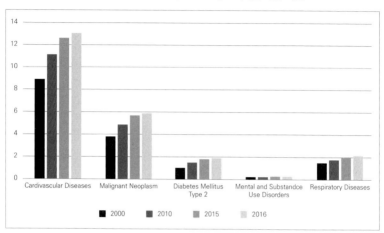

출처: Kraef C, et al. (2020)

Krael C, Juma PA, Mucumbitsi J, et al. Fighting non-communicable diseases in East Africa: assessing progress and identifying the next steps. BMJ Global Health 2020;5:e003325

규모가 점차 커지고 있다. 이는 기존의 아동과 모성사망률이 감소되면서 감염병에 의한 사망 또한 감소되어가는 가운데 기대수명이 늘어나는 상황에서 장기적으로 아프리카 지역 국가들에 매우 큰 질병부담으로 작용하게 될 것으로 보인다. 특히 각종 만성질환이 아프리카 지역의 사망에서 차지하고 있는 비율이 점차 커져가고 있는 것이 관찰되고 있다.

7) 영양보건

전 세계적으로 1억 5천 6백만 명의 5세 이하 아동이 급성영양실조 stunting 상황이며 5천만 명의 5세 이하 아동이 만성영양실조wasting 상태에 있는 것으로 추산된다. 아프리카 지역에서 영양실조는 5세 이하 아동의 생존을 위협하는 핵심적 위해 요소이다. 전체적인 5세 이하 아동 사망에서 영양실조가 45%의 경우에 영향을 끼치고 있는 것으로 나타나고

신생아와 아동에 있어서 출생 직후부터 6개월까지의 모유수유는 신생아 사망을 막기 위한 가장 효과적 방법 중 하나로 제시되고 있다. 특히 모유수유는 신생아와 유아에게 강한 면역체계를 가질 수 있도록 도와줌으로써 설사 등을 예방하고 폐렴 등의 다른 감염 상태에서의 사망 감소에도 기여할 수 있다. 이와 함께 출생 후 6개월에서부터 23개월까지의 이유식 제공도 매우 중요하다. [7]

3. 보건의료체계 영역별 아프리카 보건 현황

1) 기초보건의료체계 현황

아프리카 대륙의 국가들은 현재 다양한 니즈와 이슈에 직면해 있다. 보건의료 분야에 있어서는 다양한 상태의 보건의료체계 현황을 보이고 있는 중이다. 특히 사하라 이남 아프리카를 중심으로 DR콩고와 중앙아프리카공화국, 남수단 등의 중부아프리카 지역의 국가들 및 말리와 함께 2014년 에볼라 대유행이 일어났던 기니와 시에라리온 등의 서부아프리카 국가들의 기본적인 보건의료체계가 취약하다. 그러한 반면 서아프리카의 가나 및 동아프리카의 케냐와 우간다, 남아프리카의 나미비아와 보츠와나, 짐바브웨 및 남아공 등의 국가들은 견고한 보건의료체계를 구축하고 있으며 잠재적인 의료시장으로서의 가능성을 보이고 있는 국가들도 있다. 이처럼 아프리카는 다양한 수준의 보건의료체계

---

7   WHO/AFRO, Nutrition, https://www.afro.who.int/health-topics/child-health#:~:text=Leading%20causes%20of%20death%20in,than%20children%20in%20developed%20regions.

[그림 13] 아프리카 국가들의 보건의료체계 구축 현황

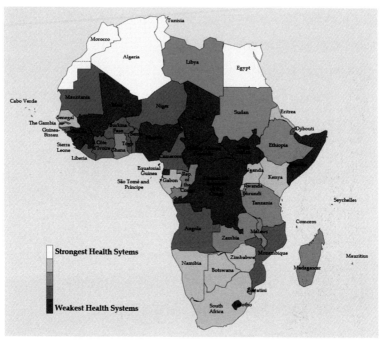

출처: World Development Indicators

의 구축 현황을 보여준다.

　다만 전반적으로 취약한 1차 보건의료체계를 가지고 있고 2차 의료 기관 및 그 상위의 의료서비스체계를 포함한 보건의료 전달체계가 취약한 상황이다. 그럼에도 많은 노력은 우선적으로 기초적인 보건의료 서비스의 보편적 제공을 위한 1차 보건의료체계의 구축 노력과 함께 지역사회 기반의 보건의료체계 구축을 위한 많은 노력이 추진 중에 있다. 이러한 지역사회 기반의 1차 보건의료체계를 국가적 차원에서 확대하여 구축한 국가들에는 대표적으로 가나와 에티오피아, 남아공 등이 다

양한 형태의 지역사회 보건요원 및 보건지소와 보건소 등으로 국가 전
역에 구축된 지역사회 기반 1차 보건의료체계를 잘 구축해나간 사례들
로 제시되고 있다(WHO, 2012).

2) 보건의료 인력 현황

아프리카 대륙에서의 다양한 보건의료체계가 강화되는 성과가 있
음에도 여전히 아프리카의 많은 국가들은 부족한 의료인력과 취약한
보건의료서비스 인프라 및 열악한 보건의료재정체계를 가지고 있는 상
황이다. 이를 통해 보편적 의료보장Universal Health Coverage: UHC의 제공 자
체가 취약하다. [그림 14]에서 확인할 수 있듯이, 특히 숙련된 의료인력
밀도skilled health professional density의 현황에 있어서는 인구 1만 명당 대비 숙
련된 의료인력의 수가 전 세계 평균인 52.8명에 미치지 못하는 국가들
이 대부분이다. WHO가 제시하는 최소권고 기준인 인구 1만 명당 23명

[그림 14] 숙련된 의료인력밀도(10,000명 당)

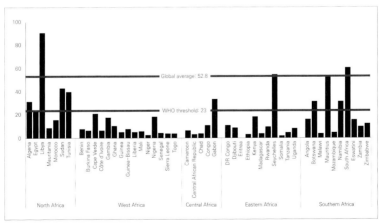

출처: Prepared using data from WHO (2017).

[그림 15] 아프리카의 임신과 분만 관련 의료인력 현황

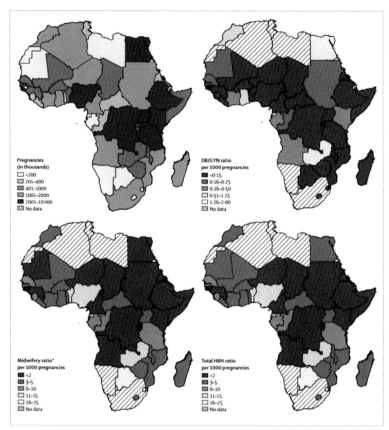

출처: Marge K, et al. (2016)

Marge K, Moyer C, Clara C, James C, Oona C, Andrea F, Wendy G, Laurel H, Steve H, Zoë M, Lori M, Allisyn C, Allyala N, Ana L, (2016), Quality maternity care for every woman, everywhere: a call to action. The Lancet, 388, 10,1016/S0140–6736(16)31333–2.

에도 미치지 못하는 국가들이 대부분인 상황이다(UN Economic Commission for Africa, 2019).

특히 아프리카는 모자보건 분야에서 전체적으로 의료인력의 확보가 열악하며 분만에 대비한 보건의료인력, 조산사 비율, 산부인과전문의 비율이 전체적으로 매우 열악한 상황인 것을 [그림 15]에서 볼 수 있다.

3) 보건재정 및 보편적 의료보장(UHC) 현황

이와 함께 아프리카 대륙 국가들이 여전히 매우 높은 의료서비스 비용에 자기부담비율Out of Pocket Payment: OOP을 보이고 있으며 국민들에게 조세기반 공공보건의료서비스나 건강보험체계 등으로 제공되는 의료서비스 혜택 영역Service Coverage이 50%가 안 되는 국가들이 대부분이다([그림 16] 참조). 이를 개선시킬 국가건강보험체계나 보건의료재정체계를 구축한 국가들은 아직 매우 적다(Hera, 2017).

다만 최근 들어 가나 및 르완다 등은 다양한 형태의 건강보험체계를

[그림 16] 아프리카 국가들의 보편적 의료보장(UHC) 체계 구축 현황

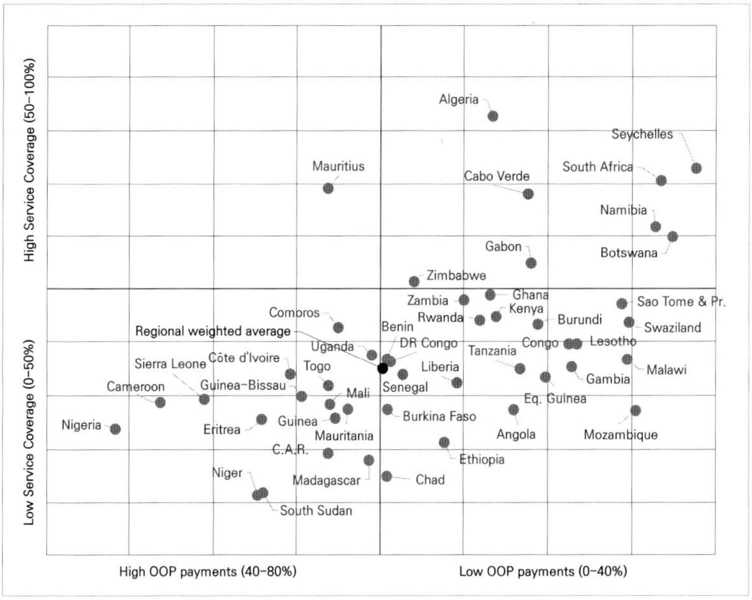

출처: WHO (2017)

국가적 차원에서 도입하여 성과를 보이고 있고 탄자니아와 우간다, 에티오피아 등도 자체적인 국가건강보험체계 및 보건의료재정 제공체계를 구축해나가고 있다. 이러한 접근에 있어서는 단일 보험자 체제single-payer system 기반의 국가적인 사회건강보험체계Social Health Insurance를 추진하는 흐름과 다보험자 체제multi-payer system 개념으로 지역사회기반 건강보험Community Based Health Insurance 체제의 구축을 추진하는 경우들이 있다.

대표적인 사회건강보험 체제 기반의 국가건강보험 체계를 구축한 나라로는 남아공과 가나 등이 있다. 남아공은 국가건강보험National Health Insurance: NHI에서 건강보험체계를 운영하며 전 국민의 35.3%가 가입되어 있으며(National Health Insurance Authority, 2018), 가나는 국가건강보험공단National Health Insurance Agency: NHIA에 의해 국가건강보험체계가 운영되고 있으며 전 국민 가입률은 35%이다(Nsiah-Boateng and Aikins, 2018). 르완다는 지역사회기반 의료보험Community Based Health Insurance: CBHI 방식으로 건강보험체계가 지역별 다보험자 체계로 운영되고 있으며 국민들의 건강보험 가입률은 63.8%로 나타나고 있다(Mukangendo et al., 2018). 탄자니아는 국가건강보험체계와 지역사회기반 건강보험체계가 동시에 운영되고 있으며 국가건강보험기금National Health Insurance Fund: NHIF 가입률은 7.2%인 반면 지역사회보건기금Community Health Fund: CHF 가입률은 19.8%로 나타난다(Huihui and Nicolas, 2018). 이외에도 에티오피아와 우간다 등 다양한 아프리카 국가들이 다양한 양상으로 건강보험 방식을 통한 보편적 의료보장 달성 및 보건재정 조달을 위한 노력을 추진하고 있다.

5) 보건의료서비스 전달체계 및 필수적 수술 및 응급의료 현황

이러한 가운데 한편으로는 아프리카에서도 제왕절개 수술을 포함한 필수적수술서비스Essential Surgical Care 및 필수적응급의료Essential Emergency Care 등의 제공 등 2차 보건의료기관인 병원 및 상위 시설에서의 의료서비스 제공 인프라 구축과 상위 의료서비스 차원에서의 의료서비스 제공 역량 강화의 니즈 또한 지속적으로 제시되고 있는 중이다. 이를 위해 기존의 보건소와 보건 지소에서의 외래 기반의 1차 의료서비스의 제공 여건 구축을 넘어, 이들 시설에서 해결이 안 되는 병원 차원에서의 수술 및 치료가 필요한 질병과 상황에 대한 대응이 가능할 수 있는 필수적인 1차적 전원수준1st referral level에서의 병원 기반 서비스의 중요성이 점차 강조되고 있다.

이와 함께 상위 보건의료시설과로의 연계 및 전원을 가능하도록 하기 위해 비용이 과도하게 소요되지 않는 지속가능한 응급 전원체계 구축에 대한 중요성이 점차 강조되고 있다. 다양한 국가들에서 지역사회 기반의 응급 전원체계 등의 적용이 시도되고 있는 중이다.

II. 아프리카 보건 분야 관련 거버넌스 및 국제사회의 지원 현황

1. 아프리카 보건 분야 정책의 주요 거버넌스 체계 현황

아프리카 보건의료 분야의 주요 거버넌스 구조로서는 개별 국가의 보건부와 함께 아프리카연합Africa Union: AU 차원에서 보건부장관회의 등이 진행된다. 이는 아프리카 대륙의 보건분야 주요 추진 과제를 제시하고 협력을 조율하는 역할을 한다. 다만 아프리카연합과 함께 주요한 보건분야 거버넌스 구조로는 WHO 아프리카지역사무소WHO Africa Regional Office: WHO/AFRO로서 북부아프리카를 제외한 사하라 이남 아프리카 국가들의 보건 분야에 대한 공동의 의제설정 및 협력과 조정기구로서 역할하도록 되어 있다. 최근에는 2014년 서아프리카 에볼라 대유행 이후, 감염병에 특화된 아프리카연합 산하기구로서 아프리카 CDCAfrica CDC가 설립되어 운영 중이다. 아프리카 CDC는 유럽 CDCEuropean CDC를 모델로 하여 아프리카 지역의 감염병 발생 및 대응에 초점을 두고 집중적으로 역할을 하도록 하는 기구이다. WHO 아프리카 지역사무소와 협력과 협조관계 속에서 대응 역할을 중심으로 한다.

개발원조의 비중이 비교적 큰 아프리카 지역의 특성상 세계은행World Bank과 아프리카개발은행Africa Development Bank: AfDB의 역할 또한 매우 중요하다. 각 국가들에서의 국가 보건분야 체계의 기반 구축과 관련한 보건 분야 개발 지원에 있어서는 세계은행이 비교적 더욱 적극적으로 역할을 하고 있는 중이다. 이와 함께 미국 USAID와 CDC 및 영국의 DFIDDepartment for International Development, 일본의 JICAJapan International Cooperation Agency 및 중국 정부 및 유럽연합 등이 아프리카 대륙 차원에서의 주요 보건 이슈에 대한 지원 제공과 영향력을 끼친다. 또한 아프리카 대륙 차원에서 많은 지원의 역할을 하고 있는 글로벌펀드Global Fund to Fight AIDS, Tuberculosis and Malaria: GFATM, GAVI, GFFGlobal Financing Facility 등의 중요성이 매우 크다. 다만 다양한 양자 간 개발원조 국가들이 영향을 끼치는 가운데 아프리카연합과 WHO 등의 어젠다 세팅 영향력은 취약한 것으로 보이며 개발원조 지원 파트너들의 영향력이 다양한 차원에서 크게 역할을 하고 있다.

2. 주요 아프리카 지원 현황

1) 국제사회의 아프리카 보건의료 분야 지원 현황

아프리카 지역에 대한 국제사회의 보건 분야 개발원조지원Develop-
ment Assistance in Health: DAH은 1990년대에는 크게 규모가 성장하지 못하고
있다가 2000년 초반에 들어서면서 급속도로 커지기 시작하였다. 다만
상당 부분의 지원은 HIV/AIDS 및 말라리아 관련 지원이 큰 부분을 차
지했으며 모성과 아동 관련 지원이 그 뒤를 잇고 있는 중이다.

[그림 19] 아프리카 지역에 대한 국제사회의 보건 분야 개발원조 지원(DAH)

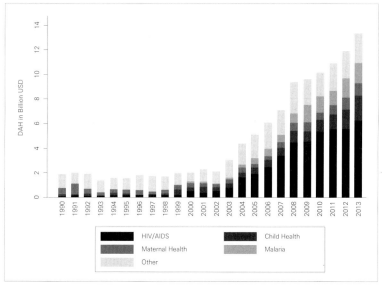

출처: World Bank (2016)

"Other" includes TB, other infectious diseases, SWAP and health system strengthening, NCDs, and
other. In 2013, they respectively accounted for 2%, 1%, 6%, 1% and 8% of total DAH.

2) 국제기구 및 양자간 원조 관련 지원 현황

보건 분야 국제개발원조에서 가장 큰 상위 3개 도너들은 미국과 글로벌펀드 및 영국이다. 이들이 2018년 보건 분야의 공적 개발원조 지원의 60%를 차지하였다. 상위 15개 도너들의 지원은 보건 분야 개발원조 지원의 90%를 차지하였다. 다만 보건 분야의 공적 개발원조 지원의 주체인 미국과 글로벌펀드의 경우 2017년에서 2018년 사이 모두 규모가 감소되었다([그림 20] 참조).

향후 보건 분야에 대한 공적 개발원조 지원은 코로나19에 대한 대응으로서 지속적으로 확보될 것으로 보이며, 이는 단지 코로나19에 대한 지원만이 아니라 코로나19 상황에서 더욱 열악해질 수 있는 다른 보건 세부 분야 프로그램들을 지원함으로써 그 충격을 줄여나갈 수 있기 위한 지원이 있을 것으로 보인다.

[그림 20] 2017~2018년 주요 공여 주체들의 보건 분야 개발원조 지원 규모

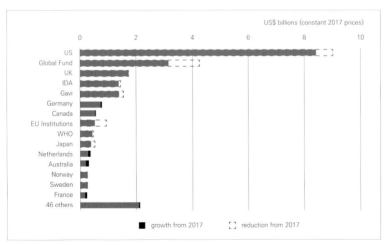

출처: Development Initiatives, based on Organisation for Economic Cooperation and Development (OECD) Creditor Reporting System (CRS). IDA = International Development Association.

[그림 21] 2017~2018년 보건 분야 개발원조 지원의 주요 수혜 지역

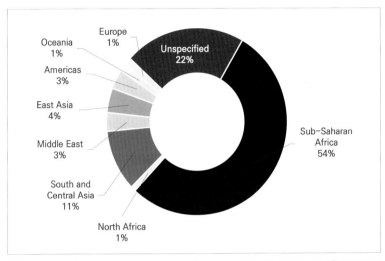

출처: Development Initiatives, based on Organisation for Economic Cooperation and Development (OECD) Creditor Reporting System (CRS).

국제적인 보건 분야 개발원조 지원의 절반 규모인 54%가 사하라 이남 아프리카 지역에 제공되었는데 이는 1.19억 달러에 이른다. 특히 사하라 이남 아프리카에 대한 보건 분야 개발원조 지원은 2012년 이후 매년 전체 보건 분야 전 세계 개발원조 지원 재정의 절반 혹은 그 이상의 규모를 차지해왔다([그림 21] 참조). 2018년에는 전 세계 25위 규모의 보건분야 개발원조 지원 수원국 중 상위 9개 국가가 모두 사하라 이남 아프리카 국가들이었다. 이 중 상당 부분의 지원이 가장 수원 규모가 큰 국가들에게 돌아갔다. 이들 중 6개 국가는 전년도에 비해 보건 분야 개발원조 지원이 증가되었고 19개 국가의 개발원조 지원은 줄어들었다. 보건 분야 개발원조 지원에 있어 가장 큰 규모의 수원국은 나이지리아로, 2018년에 9억 5천백만 달러 규모의 개발원조 지원을 받았다. 에티오

[그림 22] 2017~2018년 보건 분야 개발원조 지원의 상위 25개 수원 국가

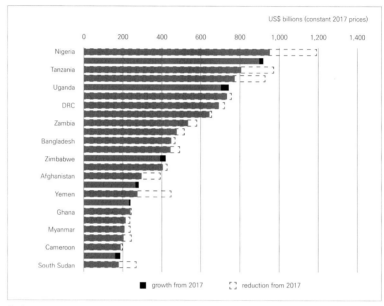

출처: Development Initiatives, based on Organisation for Economic Cooperation and Development (OECD) Creditor Reporting System (CRS). IDA = International Development Association.

피아와 탄자니아는 2018년 각각 2위와 3위 수원 규모를 나타냈고, 이들은 모두 아프리카에서 보건 분야 개발원조 지원 수원 규모 9위에 들어가는 국가들이었다.

3. 주요 기관별 대아프리카 보건 분야 개발원조 지원 현황

아프리카에 보건 분야 개발원조를 제공하는 기관들에는 양자 간 원조기관들과 UN 기관, 개발은행 및 국제펀드를 비롯해 여러 국제NGO 등으로 매우 다양한 차원에서 지원이 이루어지고 있다.

1) 국가별 양자 간 원조(Bilateral Aid)

가. 미국

양자 간 원조기관으로서는 미국이 아프리카 국가들마다 매우 큰 규모의 지원을 제공하고 있는 중이다. 특히 글로벌보건이니셔티브Global Health Initiative라는 포괄적 대아프리카 보건지원 국가전략계획 하에 USAID를 비롯한 다양한 채널을 통해 아프리카에 대한 보건 분야 개발지원을 제공하고 있다. 우선적으로는 모자보건과 감염병 및 보건의료체계 강화를 비롯한 다양한 지원을 제공하는 USAID의 지원을 필두로 HIV/AIDS 관련 지원에는 AIDS 구호를 위한 대통령 비상계획President's Emergency Plan for AIDS Relief: PEPFAR 기금이 아프리카 국가들에 대한 HIV/AIDS 지원에 역할을 하고 있다. 대통령말라리아이니셔티브Presidential Malaria Initiative: PMI는 말라리아와 관련한 대다수 아프리카 국가들에 대한 지원을 제공한다. 이와 함께 미국 CDC는 현재 19개 아프리카 국가들에서 현장역학조사인력교육Field Epidemiology Training Program: FETP에 대한 지원을 제공하며, 국가 감염병 감시체계 역량강화를 위한 IDSR 구축 및 진단검사 실험실 구축 등 GHSA 관련 지원을 추진 중에 있다.[10]

특히 USAID의 경우 모자보건과 가족계획/성생식보건, 비감염성질환, 보건의료체계 강화 및 감염병 분야의 역량 강화를 비롯하여 1차 보건의료 강화와 보건의료인력 역량 강화, 보건재정체계 강화, 보건 커뮤니케이션 역량 강화 및 디지털헬스 관련 지원 등을 포함한 포괄적

---

10 US CDC, CDC & Global Health Security: Partnership in Africa, https://www.cdc.gov/globalhealth/stories/partnership_in_africa.html

인 지원을 사하라 이남 아프리카를 중심으로 8개 권역 47개 국가들에 제공하고 있는 중이다. 이외에도 미국은 새천년도전공사Millennium Challenge Corporation: MCC에 의한 차관으로 모자보건과 HIV/AIDS, 말라리아, 결핵 등의 분야 및 보건의료체계 강화 분야를 중심으로 지원을 제공하고 있다.

　나. 영국

2019년 한해 영국은 전체 개발원조 지원의 50%가량인 29.9억 파운드를 아프리카 지역에 지원한 것으로 나타났다. 특히 DFID를 중심으로 아프리카의 보건 분야에 대한 많은 지원을 제공해왔다.[11] 기초보건과 모자보건, 가족계획 및 성생식보건과 감염병 등의 분야에 지원을 제공하고 있으며 보건의료체계 강화를 위한 지원에 많은 중점을 두고 있다. 영국은 주로 직접적인 양자 간 원조사업보다는 프로그램 기반 지원의 차원에서 예산지원budget support을 중심으로 아프리카 국가들에 보건 분야 개발원조 지원을 제공한다. 최근 영국은 지원이 비교적 취약한 소외열대질환 및 정신보건 분야에 대한 지원에 많은 투자를 하고 있다. 성생식보건 분야 관련 지원에 있어서도 국제적인 리더십을 발휘하는 등 많은 노력을 하고 있다. 현재 DFID는 2020년 9월 영국 외무부에 통합되었다.

11　UK Aid, Statistics on International Development: Final UK Aid Spend 2019.

다. 캐나다

캐나다는 모자보건 분야에 대한 지원을 중심으로 성생식보건 및 여성 청소년들의 건강과 관련하여 아프리카 지역에 많은 지원을 제공하고 있다. 캐나다 정부는 2010년 캐나다가 의장국으로서 개최한 G8 정상회담에서 모자보건을 위한 글로벌 무스코카이니셔티브Muskoka Initiative의 발의를 추진하여 이끌어냈으며 28.5억 달러를 약정하였다. 특히 2010년에서 2015년 사이 5년간 3억 달러를 UNICEF를 통해 아프리카 11개 국가에 아동사망 감소를 이루어낼 수 있는 중재 서비스 요소들을 급격히 확산하여 적용하도록 하는 백만생명살리기이니셔티브Catalytic Initiative to Save a Million Lives 프로그램을 지원했다.

이후에도 지속적으로 모자보건과 성생식 보건 관련 분야에 대해 아프리카 국가들에 대한 대규모 보건 분야 개발원조 지원을 제공하고 있다. 이를 통해 캐나다는 2010년에서 2020년 사이 진행된 63억 달러의 글로벌 모자보건 지원 중 사하라 이남 아프리카에 14억 달러 규모의 지원을 26개 국가들을 대상으로 모성, 신생아, 아동사망 감소를 위한 분야에 제공하였다.[12]

라. 일본

일본은 2018년 한해 전체 130억 달러의 양자 간 원조 중 3억 7천 9백

---

12 Government of Canada, Final Report: Evaluation of the Maternal, Newborn and Child Health Initiative 2010-11 to 2017-18, https://www.international.gc.ca/gac-amc/publications/evalua-tion/2019/mnch-smne.aspx?lang=eng

만 달러를 보건 분야에 투입하였다.[13] 보건 분야 개발원조Development Assistance for Health: DAH의 상당 부분을 아프리카 지역에 제공하고 있는 것으로 나타났으며, 2012년에서 2016년 사이 보건 분야 개발원조의 41.64~53.48% 사이의 지원을 아프리카 지역에 제공하였다(Nomura et al., 2020). 모자보건 및 감염병 분야에 대한 지원과 함께 1차 보건의료 강화와 보건의료체계 강화에 중점을 두고 지원하고 있으며 특히 보편적의료보장UHC 달성을 위한 지원에 많은 투자를 하고 있다.

　일본은 아프리카를 매우 큰 우선순위에 두고 있다. 2016년 케냐에서 개최된 제6회 아프리카 개발을 위한 도쿄 국제포럼TICAD VI에서 일본은 아프리카에서의 보편적 의료보장 증진을 위한 'UHC in Africa: Framework for Action'이니셔티브를 세계은행, WHO, 글로벌펀드 및 아프리카개발은행과 추진할 것을 천명하였다. 이후 2019년 요코하마에서 열린 TICAD VII에서는 '2019 요코하마 선언Yokohama Declaration 2019'을 천명하였는데, 이를 통해 SDG와 AU 어젠다 2063 및 UHC의 달성을 포함하여 인간안보를 위한 견고하고 지속가능한 사회를 아프리카에서 증진할 것을 제시하였다. 현재 일본은 국제적인 코로나19 지원을 주요 테마 영역들 하에 제시하고 있는데, 특히 다자간 보건이니셔티브와 보건의료체계 강화를 통해 아프리카와 아시아를 중심으로 보건과 인간안보를 증진할 것을 제시하고 있는 중이다.

13　DONOR TRACKER, Japanhttps://donortracker.org/country/japan?gclid=CjwKCAiAgJWABhArEiwAmNVTBynsLjuHt_i-uLmc8hRPXdVNIg-i3DTuNLYoWFRqYWD9vedJwRhQ5RoCg0IQAvD_BwE

마. 중국

중국은 아프리카에 상당한 규모의 개발원조 지원을 해 왔으며, 보건 분야에는 큰 우선순위를 가지고 지원하였다. 중국의 개발원조는 구체적으로 파악되기 쉽지 않으나 추정된 바에 따르면 2006년에서 2013년 동안 아프리카에서 345개 보건 분야 개발원조 프로젝트를 진행해 온 것으로 보이며 이는 7억 6천 4백만 달러에 이르는 규모로 추정되었다 (Guillon and Mathonnat, 2019). 이 중 143개 사업(41.4%)은 의료팀 파견이었으며 107개 사업(31%)은 의료기자재와 약품 제공, 76개 사업 (22%)은 보건의료시설의 건축과 개보수였다. 최근 중국은 인력파견과 보건의료 인프라 지원 외에도 HIV/AIDS, 말라리아, 결핵 등의 주요 질환 및 에볼라와 코로나19 대응 등 감염병 관리와 대응 역량 증진을 위해서도 원조를 제공하고 있다(Tambo et al., 2016).

중국은 중국-아프리카협력포럼Forum on China-Africa Cooperation: FOCAC을 지속적으로 개최해오면서 아프리카에 대한 보건분야 개발원조 지원을 늘려왔으며 특히 에볼라 이후 중국과 아프리카에 위협이 될 수 있는 질병에 대응하기 위한 대아프리카 지원을 확장해 왔다. 인수 공통 감염병에 대한 지원인 One Health의 개념으로서의 아프리카 지원을 추진했으며, 2015년 서아프리카 에볼라 대유행 시기에 대규모 지원과 더불어, 대유행 이후에도 에볼라 유행에 영향을 받은 13개 국가들에 1억 2천만 달러 규모의 감염병 분야 지원을 제공하였다. 여기에 더해 에볼라 유행에 영향을 받은 아프리카 지역들에 방호복과 이동진단실험설비와 차량 및 국가 에볼라 진단검사 실험실의 건립 등을 지원하였으며 13,000명에 이르는 의료인력들에 대한 역량 강화 교육을 진행하였다.

코로나19 대유행이 진행되면서 중국은 대규모의 아프리카 지원을 진행하고 있으며 방역 물자 및 진단검사용품의 제공과 함께 역량 강화를 지원하고 있다. 아프리카연합을 통해 아프리카 CDC에 많은 지원을 제공하고 있는 가운데 에티오피아 아디스아바바에 8천만 달러를 지원해 아프리카 CDC 본부 건물의 건축을 진행하고 있으며 케냐 나이로비에는 아프리카 CDC의 감염병 연구소 건립을 지원할 예정에 있다. 중국은 2016년 중국-아프리카협력포럼에서 600억 달러에 이르는 대 아프리카 지원 계획을 발의하였다. 상당 부분을 보건 분야 지원에 제공하겠다는 의사를 밝힌 바 있어 향후 중국의 보건 분야 아프리카 지원은 지속적으로 확대되어 갈 것으로 보인다.

2) 다자간 기구(UN Agencies)

아프리카에는 다양한 다자간 기구들이 보건 분야에 대한 지원을 하고 있다. 여기에는 WHO를 중심으로 아동 및 신생아보건, 영양과 식수 위생 및 예방접종 분야에 많은 지원을 제공하고 있는 UNICEF, 모성사망 감소와 함께 가족계획과 성생식보건, 여성의 건강과 관련하여 지원을 제공하고 있는 UNFPA를 포함하여 HIV/AIDS에 대한 지원을 제공하는 UNAIDS 등이 있다. 이외에도 UNDP와 UN Women 등이 각 기관의 개발협력 활동에 연관돼 보건 분야의 지원을 제공한다.

특히 WHO는 아프리카지역본부WHO/AFRO를 중심으로 아프리카 지역의 국가들에서 다양한 역할을 하고 있으며, 특정 보건 영역만이 아닌 주요 보건 분야 전반의 이슈에 걸쳐 역할을 하고 있는 중이다. WHO/AFRO의 2018~2019년 프로그램 예산은 11억 6천만 달러였으며 프로그램 영역은 감염병, 비감염병, 모자보건을 포함한 생애주기 건강증진, 보건의료체계 강화, WHO 보건위기대응 프로그램 등에서 역할을 수행하고 있다. 이와 함께 주요 프로그램으로서 폴리오 퇴치 및 인도주의 구호 프로그램을 운영하고 있는 중이다. WHO는 특히 에볼라 대유행에 있어 역할이 컸으며 코로나19 대응에 있어서도 주요한 역할을 하고 있다 (WHO/AFRO, 2019).

3) 세계은행

세계은행은 보건 분야에 대한 개발지원에 많은 역할을 하고 있으며 아프리카에서도 개별 국가 차원에서 그리고 대륙 차원에서 매우 큰 규모의 개발재원의 지원을 하고 있다. 세계은행은 보건의료체계 강화를 위한 지원에 많은 투자를 하고 있으며 기초보건의료서비스 지원과 함께 보편적 의료보장UHC 달성을 위한 많은 지원을 제공한다. 모자보건과 함께 감염병 분야 및 비감염병 등에 대한 지원을 진행하고 있다. 특히 에볼라 대유행 당시와 유행 직후 16억 달러 규모의 에볼라 대응 관련 재정을 제공하였다.

코로나19 대응과 관련해서는 120억 달러 규모의 지원예산을 마련하였으며, 2020년 10월부터 34개 국가들을 대상으로 초기 대응을 위해 7억 5천만 달러를 제공하였다. 감염병 외에도 세계은행은 20억 달러 규모의 모자보건기금Global Financing Facility: GFF을 운영 중인데, 대상 지원국가인 36개 국가 중 상당수가 아프리카 지역의 국가들이다.

Ⅲ. 한국의 아프리카 보건 분야 국제개발협력 지원 현황 및 추진 과제

한국은 기존에 아시아와 중동을 중심으로 무상원조가 이루어졌으

[그림 23] 대한민국 무상 ODA 지역별 추이

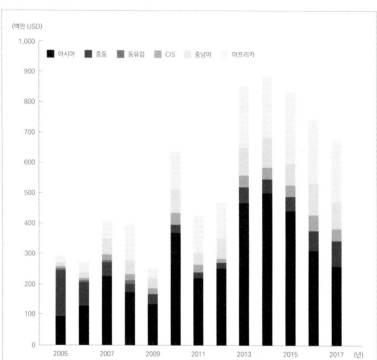

출처: http:/nationalatlas.ngii.go.kr/pages/page_1913.php.

나 2000년대 후반부터는 아프리카에 대한 무상원조의 규모가 커지기 시작하였다([그림 23] 참조).

전체적인 공적개발원조ODA에서 다양한 규모의 유무상 ODA 지원을 제공하고 있는 가운데 대표적으로는 외교부 산하의 개발원조기관인 KOICA, 보건복지부 산하의 한국국제보건의료재단KOFIH을 중심으로 한 무상원조와 수출입은행의 EDCF를 통한 양허성 차관원조를 통해 사하라 이남 아프리카에 다양한 보건의료 분야 관련 ODA 지원을 제공하는 중이다. 2010년에서 2019년까지 3개 주요 기관의 사하라 이남 아프리카에 대한 보건의료 분야 ODA 중 초청연수와 기술지원을 제외한 프로젝트 성격의 양자, 다자간 지원 및 무상과 유상 지원을 총괄하면 [표 1]과 같다. 한국은 보건의료 분야에서 동 기간 동안 총 2억 4천만 달러 규모의 기여를 사하라 이남 아프리카 국가들에 제공하였다. 이 중 KOICA와 외교부는 6천만 달러 규모의 보건 분야 지원을 제공하였고, KOFIH와 외교부는 850만 달러 규모의 지원을 제공하였으며, EDCF는 차관으로 1억 7천만 달러 규모의 보건의료 분야 지원을 사하라 이남 아프리카에 제공하였다.

[표 1] 2010~2019년 주요 ODA 기관들의 사하라 이남 아프리카 보건 분야 지원

사업 세부 분야	KOICA (외교부)	KOFIH (보건복지부)	EDCF (기획재정부)	합계
모자보건	19,696,538	3,145,909	0	22,842,447
가족계획 및 성생식보건	5,187,986	0	0	5,187,986
전염병 관리 및 예방	24,615,297	238,775	0	24,854,072
의료서비스	668,369	2,178,902	26,239,503	29,086,774
기초의료설비	114,118	413,150	117,979,448	118,506,716
보건행정 및 관리	0	2,550,525	0	2,550,525
의료교육 및 훈련	0	0	25,402,078	25,402,078
식수위생	8,872,799	0	0	8,872,799
영양	1,120,659	0	0	1,120,659
인도적 지원	400,000	0	0	400,000
총계	60,675,766	8,527,261	169,621,029	238,824,056

출처: ODA Korea.

무상원조와 유상원조의 차관 제공을 통해 사하라 이남 아프리카에 제공된 보건의료 분야 지원은 모자보건, 가족계획 및 성생식보건(청소

년보건 포함), 의료서비스 기반 구축 및 기초의료설비 제공, 의료교육 및 훈련 등의 분야에 집중되었다. 이외에도 식수위생, 영양 및 인도적 지원도 이루어졌다. 세부 분야별 지원과 관련해서 기관별로는 KOICA의 경우 전염병 관리 및 예방, 모자보건, 가족계획 및 성생식보건 관련 지원과 함께 식수위생 분야에 대한 지원이 대부분을 차지하였다. KOFIH는 모자보건과 함께 의료서비스 제공, 건강보험 등을 포함한 보건행정 및 관리 관련 지원을 중심으로 보건 분야에 대한 지원이 제공되었다. EDCF는 대학병원급 병원 건립과 의료기자재 지원을 통한 의료서비스 지원 및 기초의료설비 지원이 3천만 달러와 1억 달러 규모로 제공되는 등 매우 큰 부분을 차지하였으며, 의과대학 대학병원의 의료기자재 지원을 중심으로 한 의료교육 및 훈련 분야에 대한 지원 또한 큰 부분을 차지하였다.

보건의료 분야의 사하라 이남 아프리카에 대한 ODA 지원 경로는 양자간 ODA가 주를 이루기는 하나 KOICA의 경우 직접적인 양자간 ODA 지원 외에도 WHO와 UNICEF, UNFPA, WFP 등 다양한 UN기구 등을 통한 다자지원과 NGO를 통한 지원, 민관협력파트너십PPP을 통한 지원 등이 다양하게 추진되었다. 다만 탄자니아의 경우 예산지원budget support을 통하여 모자보건 분야에 대한 보건통합기금Pooled Health Basket Fund 으로 지원을 제공하였으며, 가나의 경우 가나보건청Ghana Health Service을 통한 예산지원을 제공하여 프로그램 기반지원Program Based Approach: PBA 차원에서의 지원이 제공되는 등 다양한 경로의 지원이 모색되었다. 또한 외교부는 KOICA를 통해 운영되는 질병퇴치기금(빈곤퇴치기금)을 통한 모자보건 및 전염병 분야 관련 지원이 제공되었다.

전반적으로 한국의 아프리카 보건 분야 개발원조 지원은 2000년대

중후반을 거쳐 모자보건 분야에 대한 지원이 주를 이루면서 기초보건
의료서비스 및 지역사회 기반의 1차 보건의료 분야에 대한 지원이 주
를 이루었다. 이는 2000년대 중반 MDG를 중심으로 한 모성과 아동
보건에 대한 우선순위와 함께 반기문 유엔 사무총장이 발의하였던
Every Woman Every Child Initiative의 추진과도 괘를 같이하는 측
면이 있다. 캐나다의 주도로 2010년 G8 회의에서 발의된 모자보건을 위
한 글로벌 무스코카이니셔티브Muskoka Initiative에 한국도 참여하여 한국
정부는 기존 지원수준 대비 2011~2015년간 1억 3천만 달러 지원을 공
약했으며, 국제개발협력위원회에서 모자보건을 한국의 중점 ODA 추
진 분야로 제시하여 더욱 강화되게 되었다.

이러한 가운데 특히 MDG 성과 달성이 저조한 사하라 이남 아프리
카 지역에 주안점을 두고 지원을 추진하고자 하면서 아프리카 지역에
대한 모자보건 지원 및 이를 달성하기 위한 지역사회 기반의 1차 보건
의료 강화 접근을 추구하는 사업들이 대폭 늘어났다.[14] 당시 아프리카
의 질병 퇴치라는 포괄적 방향성 이상의 구체적 목표가 제시되지 않았
던 빈곤퇴치기여금은, 기여금 조성의 2기에 들어서면서 아프리카 지역
에서의 모성과 아동사망 감소에 기여하기 위한 모자보건 기금으로 목
표가 제시되었다. 이 기금을 통한 다양한 모자보건 관련 다자기구 사업
과 NGO를 통한 민관협력 사업이 추진되었다.

---

14 기획재정부/외교통상부, 제8차 국제개발협력위원회 의결 안건(제8-1호), 분야별 국제개발협력 기
    본계획(안) (2011~2015년), 2010. 12. 21

[표 2] 2019년 국제질병퇴치기금 사업 현황

사업 형태	사업 분야	사업 규모	사업명
NGO 협력 사업	NTD	2,498	카메룬 소외열대질환관리사업
	NTD	3,450	우간다 마유게 지역 소외열대질환 퇴치사업
	수인성	3,450	우간다 북부지역의 WASH 환경 개선 및 보건위생 증진을 위한 수인성질환 감소사업
	수인성	3,204	모잠비크 지역기반 식수위생수준 향상을 통한 수인성질환 관리사업
	수인성	1,501	탄자니아 린디 지역 수인성 질환 치료 및 예방사업
소계(11%)		14,103	
국제 기구 협력 사업	수인성	3,300	IVI 모잠비크 콜레라 백신접종 사업
	보건안보	11,000	WHO 항생제 내성(AMR) 등 신규 감염병 대응을 위한 국가대응능력 향상사업
	보건안보	6,424	WHO 전염병 대응 역량강화를 위한 보건관리 서비스 개선사업
	보건안보	13,200	WHO 사하라 이남 국가 예방, 조기탐지, 신속대응 역량강화를 통한 감염병 위기관리체제 강화 사업
	NTD	6,600	WHO 사하라 이남 국가 소외열대질환 퇴치 사업
	수인성	6,490	UNICEF 수단 지역사회 기반의 수인성질환 예방 사업
	수인성	7,040	IVI 모잠비크, 네팔의 통합적 접근을 통한 콜레라 퇴치 사업
	수인성	6,490	UNICEF 탄자니아 콜레라 퇴치 사업
소계(49%)		60,544	
글로벌 사업	글로벌	16,500	UNITAID 백신개발 및 보급을 통한 질병 퇴치 활동
	글로벌	16,500	GAVI 백신개발 및 보급을 통한 질병 퇴치 활동
	글로벌	16,500	Global Fund 백신개발 및 보급을 통한 질병 퇴치 활동
소계(40%)		49,500	

출처: www.koica.go.kr.

2010년대 중반에 이르면서 2014년 서아프리카 지역의 에볼라 대유행이 발생한 가운데 한국 또한 2015년 메르스 대유행을 겪게 되면서 국제적으로는 GHSA가 발의되었다. 이러한 상황에서 한국은 미국이 주도한 GHSA 글로벌이니셔티브에 적극적으로 참여하면서 2015년에는 의장국가로 선정되어 그해 9월 서울에서 GHSA 고위급회담을 개최했다. 한국 정부는 1억 달러 규모의 지원을 중저소득 국가들을 대상으로 제공할 것을 공약했으며 우선순위 지원 대상국에 다수의 아프리카 국가들이 포함되어 있었다. 특히 한국은 2014년 에볼라 대유행 이후 서아프리카 지역에 대한 지원을 추진하면서 가나 등에서는 글로벌안보역량 강화 지원 사업이 추진되었다. 당시 모자보건에 집중하도록 되어 있었던 빈곤퇴치기금을 질병퇴치기금으로 전환하여 전염병 예방과 대응, 퇴치에 기여하도록 하면서 아프리카 지역을 중심으로 한 전염병 관리 및 예상 사업이 자연스럽게 대폭적으로 늘어났다([표 2] 참조).

2015년 MDG가 종료되고 새로운 지속가능한 개발계획인 SDG가 발의되는 상황에서 한국 정부는 2015년 9월 27일 유엔 개발정상회의에서 '소녀를 위한 보다 나은 삶Better Life for Girls' 구상을 통해 향후 5년간 2억 달러 규모의 개도국 지원 사업을 추진해 나갈 계획을 발표하였다(외교부, 2016). 이를 통해 기존에 MDG에서 잘 다루어지지 않았거나 강조되지 않았으나 SDG에서는 중요한 핵심 목표 중 하나로 제시된 청소년기 여아들의 성생식보건에 대한 지원이 중요한 과제로 부각되었다.

아시아 지역과 함께 아프리카 지역에서의 청소년 친화적인 성생식보건 서비스에 대한 접근성과 함께 학교에서의 성교육 및 학교 기반의 깨끗한 월경위생 건강을 포함한 학교 기반의 성생식보건 및 위생건강 증진 사업들이 아프리카를 중심으로 집중적으로 형성되었다(차승만 외, 2016).

이러한 흐름은 정권 교체 이후로도 이어져 2017년 새로운 정권이 들어선 이후 여성 전반에 걸친 성생식보건/재생산 건강의 이슈와 가족계획 및 젠더 기반 폭력Gender Based Violence: GBV, 그리고 그 연장선상에서의 여성 할례와 산과적 누공Obstetric fistula 이슈 등에 대한 지원이 부각되었다. 이러한 문제가 가장 만연해 있는 아프리카에서 관련 사업들의 형성이 집중적으로 추진되었다(김양희, 2013).

하지만 2020년 들어 전 세계적인 코로나19 팬데믹으로 다시 자연스럽게 감염병에 대한 중요성이 강조되고 있는 중이다. 특히 한국의 코로나19 대응의 초기 성과를 통해 국제사회의 주목을 받고 있는 상황을 기반으로 감염병 및 보건안보 분야에 대한 국제개발협력의 중요성이 강조되고 있다. 특히 전반적으로 보건의료가 취약하고, 한국이 가장 성공적으로 대응한 진단검사와 감염병 역학조사 대응 등의 기반 역량이 취약한 아프리카에서의 감염병 역량 강화를 위한 사업의 추진은 더욱 부각되고 있는 상황이다.

한국의 역량을 인정받고 있는 감염병 진단검사 기기와 키트 및 치료제 등과 관련해 한국 바이오의료 산업 역량을 기반으로 한 아프리카 지역에서의 기여 가능성에 대한 관심이 매우 커지고 있다. 여기에 디지털 헬스 등의 혁신적 기술을 활용한 기여에 있어서 아프리카에서의 감염병 분야에 대한 지원 확대에 대한 기대감은 매우 커진 상황이다. 이러한 가운데 KOICA는 코로나19를 비롯한 감염병 관리 분야에 대한 아프리카 지역의 지원을 중요하게 추진하고자 하고 있으며, KOICA 등에서는 '코로나19 대응 ABC 프로그램'을 제시하면서 아프리카 국가들에서 진단검사역량 강화 및 감염병 관리와 대응 강화를 위한 지원의 노력이 추진되고 있다.

IV. 한국의 아프리카 보건 분야 국제개발협력 추진에 있어서의
　 제언 및 유의점

현재 아프리카 대륙, 특히 사하라 이남 아프리카에서는 기존의 MDG를 통한 성과로 에이즈, 결핵, 말라리아에 의한 사망과 환자 발생의 감소가 이루어지고 있으며 모성과 아동 사망 또한 감소되는 추세에 있다. 다만 여전히 다른 대륙 지역에 비해 월등히 높은 3대질환 유병 현황 및 모성과 신생아 사망은, SDG 목표 하에서도 지속적인 노력이 필요하다. 기존과 같이 개별적 질병에 대한 접근을 넘어 기초적인 1차 보건의료 및 지역사회 기반의 기초보건체계를 구축하는 것이 더욱 강조되고 있으며 고질적으로 취약한 보건의료 인력 기반 여건의 향상은 여전히 중요한 과제로 제시되고 있다. 또한 보건의료재정 체계의 강화와 함께 보건의료서비스에 대한 접근성을 향상하도록 하는 것이 중요한 과제이다. 이를 통한 보편적 의료보장UHC의 달성은 아프리카에서 최우선의 보건의료 분야 목표로 제시되고 있는 중이다.

다만 기존의 보건의료 분야 우선순위와 함께 2014년 에볼라 대유행으로 부각된 아프리카 지역의 새로운 감염병 관련 보건안보 위협에 대한 대응 체계의 강화에 대한 중요성은 코로나19 글로벌 팬데믹 상황에서 더욱 강조되고 있다. 이와 함께 기존에는 아프리카에서 다루어지지 않았으나 그 질병부담이 지속적으로 커지고 있는 비감염성질환에 대한 지원의 중요성을 포함해 기초보건의료서비스 등의 제공을 넘어선 필수적 응급의료 및 수술서비스 제공을 포함한 포괄적 보건의료서비스체계의 강화 또한 중요하게 제시되고 있다. 다른 측면에서는 현재 상황에서 접근성과 취약한 의료인력 여건에 도움이 될 수 있는 디지털 헬스 및 기타 혁신적 기술 보건의료 분야 적용 및 이를 기반으로 한 혁신적인 보건의료 지원 접근의 중요성이 꾸준히 제시되고 있다. 여전히 기본적으로 노력이 필요한 식수 위생과 영양에 대한 지원의 중요성, 여성 청소년 이슈 및 여성폭력을 포함한 성평등 기반의 보건의료 접근 등은 아프리카 지역에서 매우 중요한 우선순위 과제로 제시되고 있다. 이러한 상황에서 한국의 보건 분야 국제개발협력의 접근은 포괄적이면서도 아프리카 지역에서 현상의 변화와 보건 증진의 성과를 일구어 낼 수 있도록 하는 효과적이면서도 집중된, 근거에 기반한 지속가능한 접근이 중요하다. 이를 위해서는 다음과 같은 방식으로의 아프리카 지역에서 보건 분야 국제개발 협력을 추진해 나갈 것을 제시한다.

1. 아프리카 국제개발협력 추진 전략의 제언 사항

1) 모자보건과 기초보건 수요에 대한 1차 보건의료 접근의 중요성

우선적으로 중요한 것은 1차 보건의료 접근의 노력을 추진하는 것이다. 이를 통해 아프리카 대부분의 지역에서 기초보건 의료서비스 수요의 큰 부분을 차지하는 모성과 아동보건의 니즈에 대한 비용이 크지 않으면서도 효과가 뛰어난 접근을 할 수 있는 장점이 있다. 하지만 이러한 점 외에도 지역사회 기반의 1차 보건의료 접근을 추구하는 장점은 여러 가지가 있다. 무엇보다도 개별 질병 상황에 대한 접근에만 집중하기보다는 기본적 보건의료 체계 기반 여건을 강화하도록 지속적으로 유지해 나가면서 이를 더욱 대폭적으로 확대된 규모로 지원할 수 있도록 하는 측면이 있다. 이를 위해 지역사회 기반의 1차 보건의료 체계를 강화해 나가면서 이를 국소적인 일부 지역에서 소규모로 단발성 프로젝트로서 지원하는 것이 아니라, 적어도 광범위한 지역에서 포괄적인 차원에서 기초적인 지역사회 기반의 1차 보건의료 체계 여건의 강화가 일어날 수 있도록 하는 것이 중요하다. 이러한 지역사회 기반의 1차 보건의료 기반 체계 여건의 강화가 일어나면서 지역보건 당국의 관리역량 및 상위 보건의료 체계가 함께 강화되도록 하여 모성과 아동보건 증진에도 기여하도록 한다. 이러한 과정에서 기본적인 모성과 아동보건서비스에 역할을 통해 잘 자리 잡은 기초보건 의료인력은 다른 감염병의 발생 예방과 대응에도 기여할 수 있다. 따라서 에볼라 대유행 이후 서아프리카 3개국에서는 감염병 대비에 대한 역량 강화와 함께 가장 중요하게 제시된 것이 1차 보건의료의 강화였다.

2) 감염병 대응 역량의 구축 및 보건안보 기반 역량 강화의 추진

아동과 모성 사망의 감소에 지속적으로 기여할 수 있도록 하는 지역사회 기반의 1차 보건의료 강화 노력과 함께 아프리카 지역에서 취해야 할 중요한 접근은 지속적으로 새롭게 찾아오게 될 감염병 등의 보건안보 위협에 대응할 수 있는 체계의 구축을 지원하는 것이다. 이를 통해 지속적으로 새로운 감염병이 발생하는 상황에 가능하면 초기에 효과적으로 대응할 수 있도록 한다. 감염병에 대한 감시와 보고체계 및 적시에 감염병이 검사되고 확인되어 이에 대한 효과적 대응을 수행해 나갈 수 있도록 하는 감염병 대응 역량 및 보건안보 기반체계 역량을 구축하는 것은 매우 중요하다.

이는 최근 다양한 감염병이 되돌아오고 새로 도래하는 아프리카 국가들에서 향후 지속적으로 그 중요성이 강조될 것으로 보인다. 특히 서아프리카 에볼라 대유행 초기에 에볼라 발생 상황이 조기에 확인되고 보고되지 않은 가운데 수도에서 먼 지역에서 발생이 확산되어, 에볼라 환자 발생에 대응하던 의료인력들이 적절한 보호조치 없이 질병에 대한 확인이 되지 않는 상황에서 치료에 적극적으로 대응하다 수없이 많은 의료인들이 초반 수개월간 사망하는 일이 발생했다. 해당 지역의 기초의료체계 자체가 붕괴되고 나중에는 기존에 성과를 잘 이루어가고 있던 에이즈와 말라리아, 결핵 관리 등이 잘 이루어지지않아 사망자가 급증했음을 상기해 볼수 있다. 이러한 상황을 고려할 때 취약한 보건의료 체계에서 더더욱 조기에 감염병 위기 발생에 대한 감시와 보고체계 및 최소한으로라도 필요한 기본적인 실험실 기반 진단검사 체계가 갖추어지도록 하는 것은 기본적인 보건의료서비스가 취약한 아프리카에서 더욱 중요하다.

3) 보건의료체계 강화 접근

이러한 접근과 함께 중요한 것은 보건의료체계 강화 차원의 접근 health system strengthening approach이다. 모자보건이든 감염병 역량 강화이든, 단편적인 분만서비스 시설 여건의 구축이나 진단검사 장비의 제공 및 검사실 구축 등의 지원을 넘어, 모성 사망이 줄어드는 역할을 할 수 있는 지역보건의료서비스 체계 및 의료전달 체계의 구축이 필요하다. 혹은 인구 기반의 감염병 관련 공중보건 대응이 가능하도록 하는 포괄적 감염병의 감시와 대응 체계 및 진단검사 실험실 네트워크 체계 등이 구축될 수 있도록 하는 시스템적 접근 혹은 보건의료 체계 강화적 접근을 추구하는 것이 중요하다. 특히 기본적인 의료체계 환경 여건이 매우 열악하고 관련 재원 조달체계가 취약하며 기본적 보건의료 관련 인력의 개별 역량 또한 미약한 상황에서 단편적인 의료시설 강화 및 의료기자재 제공과 진단검사 역량의 구축 등은 지원 이후에 장기적인 지속가능성이 보장되지 않을 수 있다. 그 효과 또한 한시적일 수 있다. 따라서 보건의료체계 강화적 접근을 추진하는 것은 기반 여건 체계가 여러모로 취약한 아프리카 국가들에서는 더욱 중요하다.

4) 지역사회 기반의 접근과 지역사회 참여형 보건사업의 추구

아프리카의 보건의료 분야 개발협력 지원의 접근에서 중요한 측면의 하나는 지역보건과 지역 커뮤니티의 개인과 가정의 건강 증진을 이루어내는 것에 있어서의 지역사회 참여의 강화이다. 특히 시스템과 여건 및 자원이 매우 제한된 여건resource limited setting에 있는 아프리카 국가들의 도서지역에서 이러한 지역사회 기반의 접근, 혹은 지역사회참여형 접근community participatory approach, 또는 지역사회개발 차원에서의 보건의료 증진의 접근은 매우 중요하다. 무엇보다도 정부의 재정 여건이 열악한 상황에서 지역사회 주민들의 적극적 참여와 역할을 통해 가장 기초적인 보건의료서비스의 수요 증진demand creation을 이루어내도록 해야 한다. 수동적인 서비스의 수혜자가 아니라 능동적인 지역건강의 증진자promoting agent로서 지역사회가 적극적으로 함께하고 참여적인 접근을 하는 것은 보건 프로그램들의 지속가능성 제고 측면에서도 매우 중요하며, 자원과 재원이 매우 열악한 상황에서도 충분히 예방할 수 있는 사망과 질병의 예방 및 건강 증진의 노력이 가능할 수 있게 하는 것도 매우 중요하다. 이는 아프리카 국가들의 상황에서 더욱더 중요할 수 있다. 이를 위해 이미 아프리카의 여러 국가들에서 도입하여 기반이 마련되어 있는 지역사회보건요원/마을보건 봉사자들의 활용과 활성화 및 마을보건위원회village health committee 등의 구성과 역할 활성화를 통한 접근을 적극적으로 추진해 나가는 것이 중요할 것이다.

5) 다분야적 접근(multi-sectoral approach)의 적극적인 차용

보건의료 분야 이슈에 대한 접근에 있어서 다분야적 차원에서의 접근이 중요하다. 예를 들어 학교 기반의 성생식보건 접근을 하되 학교의 교육역량 강화의 접근과 연계할 수 있는 접근을 고려할 수 있을 것이다. 특히 여성 청소년에 대한 성생식보건 지식 증진을 위한 접근에 있어서, 성교육 커리큘럼의 제공에만 국한될 것이 아니라 여성 청소년들이 중등교육 등으로 진학하는 과정에서 중퇴하지 않고 여성 청소년들에게 친화적인 교육 여건이 만들어질 수 있도록 하는 노력과 연계할 수 있을 것이다. 또한 청소년 성생식 보건 접근에 있어 월경위생환경 여건 개선을 위한 접근을 하며 학교 기반의 식수위생환경 개선을 함께 하는 것 또한 고려할 수 있다. 나아가 보건의료시설에 있어서 안전한 분만과 아동보건 서비스 여건을 구축하려고 할 때 의료용품과 의약품의 제공 및 의료인력 역량 강화에서 그치는 것이 아니라 의료서비스 이용을 주민들의 경제적 여건 향상을 위한 지역사회 소득증대 사업과 연계하거나 보건의료시설로의 물리적 접근성 향상을 위한 시골 도서지역의 도로 여건 개선의 지역 인프라개발 사업 등과 연계하는 등의 다분야적 접근 multi-sectoral approach을 고려할 수도 있다.

6) 권역 차원에서의 접근과 파트너십의 중요성

아프리카 권역 차원에서의 접근에 있어서는 단지 한두 개별 국가의 이슈에 집중하기보다는 이슈에 있어 다수의 국가들에 공통성을 가지고 권역regional 차원에서 접근하는 것도 고려할 수 있다. 이를 위해 개별 국가의 사업을 형성하지만 공통된 주제를 가지고 보건 분야 사업을 형성하면서 이를 아프리카 CDC 및 WHO 아프리카 지역사무소와 연계하여 실행할 수 있다. 개별 국가에서는 사업이 현장을 기반으로 잘 관리되어 수행되도록 하는 가운데, 3~4개 국가의 상황에 관여하고 기여할 수 있는 권역 주체의 역할을 아프리카 CDC와 WHO 등과 연계하여 추진한다. 개별 국가들에 집행되는 사업이지만 권역 차원의 중요성을 가지고, 잠재적으로 추가적인 국가들에 확산될 수 있는 가능성을 제시하는 것을 고려할 수 있다. 그리고 이러한 추진이 아프리카 권역 어젠다를 제시하는 주체들인 아프리카 CDC 및 WHO/AFRO 등이나 AU 차원에서 그 노력이 대륙 차원에서 제시되도록 하는 것을 고려할 수 있다.

2. 아프리카 국제개발협력 추진에 있어서의 유의점

몇 가지 유의할 점들은 다음과 같다. 우선적으로는 어떠한 보건 분야 관련 지원을 하든 현지의 오너십과 지속가능성을 고려한 접근이 중요하다. 여러 가지로 기반 여건이 매우 열악한 아프리카 국가들에서 외부인들의 주도로 국소적인 지역에서 외부 인력에 의해 높은 질적 여건의 의료서비스 프로그램을 제공하는 경우, 외부인들의 개입과 지원이 끝나는 순간 사업과 프로그램의 연속성이 보장되지 못하고 사장되어 버리는 결과가 초래될 수 있다. 따라서 가장 높은 수준과 여건의 사업을 제시하기보다는, 무엇보다도 주안점은 외부인들이 지속적으로 관여하지 않고서도 지속될 수 있는 프로그램의 구축이 중요하다. 이는 다른 어떠한 중저소득 국가에서도 중요하지만 거버넌스 기반 여건과 지역보건 행정 역량이 취약할 수 있는 아프리카의 많은 국가들에서는 더욱 중요하다.

나아가 한국의 경험에 너무 매어있지 않도록 하며 한국적 모델을 강조하는 것은 주의해서 접근할 필요가 있다. 가능한 현지 상황에서 가장 최적의 솔루션을 도출하는 것이 중요하다. 아시아 지역 국가들의 경우, 혹은 사회경제 개발단계가 좀 더 진일보한 상황에 있거나 한국의 개발 발전과정 단계의 특정 시점과 유사한 상황에 있는 국가들인 경우, 그리고 문화권과 사회체계 및 보건의료 체계 등이 유사한 상황에서는 한국의 경험과 성과가 적용되어 활용할 수 있는 가능성이 조금이라도 높을 수 있다. 혹은 이미 그러한 국가들이 주도적으로 한국의 보건의료 분야 경험을 파악하여 자국에 적용점을 잘 찾아내고 변용하여 차용하는 등의 경우도 있을 것이다.

다만 한국과 사회 기반 여건과 맥락이 매우 다른 아프리카의 경우, 한국에서의 성과와 경험에 집중하여 아프리카 개별 국가들에 그대로 적용하려 한다면 한국에서의 성과가 잘 구현되지 않을 수 있으며 오히려 현지 상황에서 효과적이지 않거나 지속가능하지 않을 수 있다. 예를 들어 감염병에 대한 진단검사 역량의 구축 지원 과정에서 한국의 경우 광범위하게 구축되어 있는 바이오의료 산업 기반 여건과 함께 바이오의학 분야 전공자들이 매우 많이 존재하는 반면, 대부분의 아프리카 국가들은 매우 열악한 보건의료인력 기반 여건 하에서 광범위한 진단검사 체계의 구축은 쉽지 않을 수 있다.

무엇보다 중요한 것은 아시아와 중남미 등 사회 기반 여건이 비교적 갖추어져 있는 상황에서의 접근에 비해 사회경제적 기반 여건이 열악한 가운데 자원이 매우 제한된 여건resource limited setting에 있는 아프리카의 도서지역 등에서 사업을 진행하게 될 수 있음을 염두에 두면서 지속가능성을 제고할 수 있는 접근을 하는 것이 매우 중요하다. 특히 국가의 보건의료재정이 열악하고 지역의 보건의료 행정 역량이 취약하며 기초적인 보건의료 인력의 교육과정과 역량 자체가 취약한 경우, 혹은 전기와 물 공급 및 통신 여건 자체가 열악한 상황에서 지속가능하게 이어지고 국가적으로도 훨씬 더 넓은 지역으로 지속적으로 확대·확산되어 인구 기반의 보건의료 증진의 성과를 이루어낼 수 있는 접근이 될 수 있는지, 열악한 재정 상황과 자원이 부족한 상황에서도 비용효과적으로 지속될 수 있는지 등이 고려된 보건의료 개발지원의 접근을 하도록 유의하는 것이 매우 중요하다.

한국적 접근으로 최상의 보건의료서비스 제공 여건을 구축한다 할지라도, 외부 인력의 끊임없는 역할 수행과 외부 자원의 지속적 투입이 이루어지는 가운데 구현되는 보건의료서비스는 설사 구현이 된다 할지라도 수천만 명 이상의 인구로 구성되고 대부분의 지역이 매우 열악한 상황에서 일종의 탁월함의 섬island of excellence을 만들어낼 수 있음을 유념해야 할 것이다. 따라서 아프리카 국가에서 보편적으로 적용 가능하고 현지 인력과 현지의 보건의료체계 여건 하에서 지속가능하면서 효과적인 성과가 이루어지는 경우 타 지역으로도 확대·확산 적용 가능성이 있는 접근이 무엇이 되어야 할지에 대한 고민이 지속적으로 이루어져야 한다. 이를 통해 보건의료 분야 개발협력 지원을 위한 노력이 추진되어야 할 것이다.

| 참고문헌 |

김양희. 2013. "'가정폭력'은 '개발협력' 이슈인가? 젠더기반폭력과 현황", 『국제개발협력』 제4호.

외교부. 2016. 『2016 외교백서』 서울: 외교부.

차승만·장은정·김명진. 2016. "소녀들의 보다 나은 삶(Better Life for Girls)", 『국제개발협력』 제1호.

Fall, Ibrahima Socé, Soatiana Rajatonirina, Ali Ahmed Yahaya, Yoti Zabulon, Peter Nsubuga, Miriam Nanyunja, Joseph Wamala, Charles Njuguna, Charles Okot Lukoya, Wondimagegnehu Alemu, Francies Chisaka Kasolo, and Ambrose Otau Talisuna, "Integrated Disease Surveillance and Response (IDSR) Strategy: Current Status, Challenges and Perspectives for the Future in Africa," *BMJ Glob Health* 4(4), 2019.

Guillon, Marlène and Jacky Mathonnat, "Is There a Strategy in China's Health Official Development Assistance to African Countries?" *Revue d'économie politique* 129(4), 2019.

Hera (2017), UHC in the WHO African Region.

Huihui W, Nicolas R, Universal Health Coverage in Low-Income Countries: Tanzania's Efforts to Overcome Barriers to Equitable Health Service Access The World Bank, Washington, DC, 2018

Mboussou, F., P. Ndumbi, R. Ngom, Z. Kamassali, O. Ogundiran, J. Van Beek, G. Williams, C. Okot, E. L. Hamblion, and B. Impouma, "Infectious Disease Outbreaks in the African Region: Overview of Events Reported to the World Health Organization in 2018," *Epidemiology & Infection*, 11 November 2019.

Mukangendo M, Nzayirambaho M, Hitimana R, Yamuragiye A. Factors Contributing to Low Adherence to Community-Based Health Insurance in Rural Nyanza District, Southern Rwanda. J Environ Public Health. 2018; 2018:2624591. Published 2018 Dec 18. doi:10.1155/2018/2624591

National Health Insurance Authority. Holistic Assessment of 2017 Health Sector Programme of Work. Accra; 2018. Available from: https://www.moh. gov.gh/wp-content/uploads/2018/09/2017-Holistic-Assessment-Report_Final_09.08.2018.pdf. Accessed November 31, 2020

Nkumama, Irene N., Wendy P. O'Meara, and Faith H. A. Osier, "Changes in Malaria Epidemiology in Africa and New Challenges for Elimination," *Trends in Parasitology* 33(2), 2017.

Nomura, Shuhei, Haruka Sakamoto, Maaya Kita Sugai, Haruyo Nakamura, Keiko Maruyama-Sakurai, Sangnim Lee, Aya Ishizuka and Kenji Shibuya, "Tracking Japan's Development Assistance for Health, 2012-2016," *Globalization and Health* 16(32), 2020.

Nsiah-Boateng E, Aikins M. Trends and characteristics of enrolment in the National Health Insurance Scheme in Ghana: a quantitative analysis of longitudinal data. Glob Heal Res Policy. 2018;3:1-10.

Tambo, Ernest, Chiediebere E. Ugwu, Yayi Guan, Ding Wei, Xiao-Ning, and Zhou Xiao-Nong, "China-Africa Health Development Initiatives: Benefits and Implications for Shaping Innovative and Evidence-informed National Health Policies and Programs in Sub-saharan African Countries," *International Journal of Maternal and Child Health and AIDS* 5(2), 2016.

UN Economic Commission for Africa (2019), Healthcare and economic growth in Africa.

UNAIDS. Global statistics - 2015. Fact sheet 2016.

WHO (2012), Health Systems in Africa: Community Perceptions and Perspectives

WHO (2019), *World Malaria Report 2019.*

WHO (2020), Hepatitis B, https://www.who.int/news-room/fact-sheets/detail/hepatitis-b.

WHO/AFRO (2020), The Burden of Neglected Tropical Diseases in the AFRO Region, https://www.afro.who.int/node/8924

WHO/AFRO, *The Work of the World Health Organization in the African Region: Report of the Regional Director, 1 July 2018 - 30 June 2019* (Brazzaville: WHO Regional Office for Africa, 2019).

제6장 한국-아프리카 교육개발협력의 미래[1]

김철희(한국직업능력개발원)

I. 서론

교육은 세상을 바꾸는 힘이다. 사람은 하나의 인격체이기도 하지만 사회와 공동체의 구성요소로, 또 생산과 소비의 주체이기도 하다. 한국이 전쟁의 폐허에서 산업화와 민주화를 이루고 짧은 기간 기적과 같은 경제발전을 이룰 수 있었던 것도 교육이고, 사람에 대한 투자가 있었기에 가능했다. 아직도 많은 국가들은 가난과 질병의 기나긴 터널에서 벗어나지 못하고 있다. 왜일까? 주어진 자연 환경으로 인한 요인도 크지만 정치·경제·사회적 원인으로 인해 사람과 시스템의 기초를 잡지 못한 이유도 자못 크다.

아프리카는 식민의 아픈 역사가 곳곳에 숨 쉬는 곳이다. 서구 열강들의 침탈이 지속되었고, 각 나라의 국경은 인종, 생활터전 등이 배제된

---

1 이 논문의 자료 수집에 큰 도움을 준 서울대학교 국제대학원 김진주·윤세라 연구조교에게 감사한다.

정치적 목적으로 나누어졌다. 이로 인한 피해는 실로 막대하고, 아직도 끝없는 내전으로 얼룩져 있다. 아프리카는 지구상에서 가장 넓은 면적과 가장 많은 국가로 구성되어 있는 지역이다. 우리가 아프리카에 관심을 가져야 하는 이유는 적지 않다. 2000년대 이후 아프리카는 경제성장이 급속하게 진행되고 글로벌 경제의 새로운 시장으로 부상하고 있다. 천연자원과 농업자원의 보고일 뿐 아니라 광범위한 생산과 거대한 소비시장을 형성하고 있기도 하다.

아프리카의 빈곤율 감소 속도는 지역 내 인구 증가 속도를 따라가지 못하고 있고, 보건, 교육과 같은 공공기반 서비스에 대한 접근과 수혜가 어려워 불평등이 심화되고 있다. 또한 타 국가의 공통적 발전 경험과 순서 등 기존 개발 패러다임과는 사뭇 다른 진행 양상을 보이고 있다. 인프라 및 산업 발전이 더딘 가운데 ICT 기술 및 이와 관련한 첨단산업이 청년층 고용 및 아프리카 지역 경제발전을 주도할 수 있는 주요 영역으로 대두되고 있다(KOICA, 2020).

아프리카는 광범위하고도 구조적인 빈곤과 기아, 취약한 국가시스템fragile state, 정치·사회적 갈등, 국가결속력의 결여, 비산업화, 국민적 개발 의지의 상실 등 여러 가지로 나타나고 있다. 저개발은 전 세계 모든 국가들이 고민하고 있는 문제이지만, 아프리카의 저개발은 광범위하고 구조적이며 빈곤과 기아 실태는 더욱 심각하다. 세계 대륙 면적의 22%, 세계인구의 13%를 차지하며 54개의 독립 국가로 구성되어 있는 아프리카는 국가별로 다양한 특성과 복잡성을 지니고 있다. 아프리카 국가들은 부존자원, 경제 규모, 산업구조, 역사적 유산, 종교, 자연 및 지리적 여건 등의 제반 발전 환경 측면에서도 서로 다른 조건들을 지니고 있다(박영호, 2008).

아프리카는 아직도 발전의 필요성과 가능성이 높은 지역이다. 근세에는 유럽에 의해 분단되고, 최근에는 중국 등 신흥국들에 의해 경제적 종속성이 확대되는 등 정치경제적으로 복잡한 변화 양상을 보이고 있다. 아프리카의 교육은 어떠한가? 유아 단계의 절대빈곤, 초중등 단계의 낮은 진학률, 매우 낮은 고등교육 수혜율 등 학교 단계에서의 절대적인 양적 공급이 부족하다. 질적 수준을 논의하기에는 부족한 실정이다.

아프리카의 발전이 더딘 이유는 낮은 교육 수준으로 인한 노동력의 숙련 수준이 낮고, 문맹률이 높으며, 지속적인 인적자본에 대한 투자가 이루어지지 못하고 있기 때문이다. 이로 인해 고숙련 전문인력의 비중이 낮으며, 미숙련, 저숙련 인력의 공급 과잉으로 실업문제 또한 큰 사회적 이슈로 부상하고 있다.

아프리카의 교육 분야 기초자료를 통해 보면, 열악한 교육 현실은 더욱 명확해진다. 유네스코 통계에 따르면, 2009년 현재 전 세계에 글을 읽지 못하는 비문해 인구는 7억 5천만 명에 이르고, 학교를 다녀야 할 나이대의 아동 및 청소년 약 2억 5천만 명이 정치, 경제, 사회, 문화적 이유로 학교에 가지 못하고 있다. 코로나19는 교육 분야에서도 새롭고 큰 위협으로 다가오고 있다(유네스코한국위원회, 2019).

아프리카는 자체적인 발전 동력도 크지만 발전과 성장 경험, 보다 선진화된 교육시스템을 도입, 운영하고 있는 국가들의 도움과 협력이 가장 필요하고 절실한 지역이다. 그리고 무엇보다 교육의 역할과 기여가 매우 중요한 지역이다. 만약 교육 분야에서 괄목할 만한 성과를 낸다면 그 어느 지역보다 절대빈곤과 낮은 교육 참여율은 해소될 가능성이 높다. 따라서 지원 필요성이 크고, 더 큰 개선을 이룰 수 있는 지역이다. 이를 위한 기초, 범분야로서의 교육 분야에 대한 이슈를 찾고 해결한다면 아프리카의 가장 큰 발전의 원동력이 될 것이다.

미래사회 변화에 대비한 가장 강력한 대응 수단은 사람에 대한 투자이다. 곧 교육이며, 자체적인 개선과 발전이 어려운 상황을 고려한다면 유사한 혹은 앞선 교육 분야의 성공 경험을 보유하고 있는 한국과 같은 국가들과의 교류가 매우 필요하다. 아프리카 교육 분야에 대한 투자와 협력, 즉 교육개발협력의 증진과 확대는 아프리카의 발전과 나아가 세계평화와 공동번영에 크게 기여할 것이다.

국제사회에서 교육 분야에서의 협력과 관련한 논의는 오래전부터 있어 왔다. 1990년 유네스코의 '모두를 위한 교육Education for All'에서 모든 이에게 기초적인 교육 기회를 보장하는 것이 국제사회와 각 국가의 책무라고 하였다. 여기에서 여성 및 소녀 교육, 기초교육의 질적 확보와 접근성이 강조되었다. 새천년개발목표MDGs에서도 8개 목표 중 교육과 관련하여 초등교육의 보편화, 교육의 양성평등 및 여성 능력의 신장 등이 주요 지표로 채택되었다.

아프리카에서도 1988년 아프리카 교육발전협의회Association for the Development of Education in Africa: ADEA가 설립되어 아프리카의 교육 발전을 위한 보편적이고 대중적인 사업들을 추진하기 시작하였다. ADEA는 아프리카연합AU, 신아프리카개발연대NEPAD 등 지역협력체와 네트워크를 구축하고, 세계은행, 아프리카개발은행AfDB 등 국제기구와도 협력관계를 강화하고 있다.

2015년 유엔개발정상회의에서 채택된 지속가능개발목표SDGs 추진을 위해 국제사회는 물론 지역Region, Sub-Region, 개별 국가에서 다양한 정책적 노력을 기울이고 있다. 또한 한국은 2000년 다카르 세계교육포럼 이후 15년 만에 세계교육포럼(2015 World Education Forum)을 개최하였으며, 이때 선포한 Post 2015 의제(Education 2030)는 향후 교육 분야 개발협력의 방향과 의제를 잘 보여주었다.

SDGs는 17개 목표와 169개 세부 목표로 구성되어 있으며, 경제·사회·환경 등 다양한 분야를 망라함으로써 인간이 중심이 되고 선진국과 개발도상국 모두가 이행해야 하는 포괄적 파트너십을 지향하고 있다. 한국의 교역 규모 등 국제적 위상을 고려할 때 한국에 거는 기대와 수요는 매우 크다(김철희 외, 2017).

교육의 질quality education은 교육 분야 개발협력의 중요한 목표 중 하나이다. MDGs 추진을 통한 보편적 초등교육의 달성이 진행되어 주로 교육의 양적 확대에 초점이 맞추어져 왔다. 반면 SDGs는 양적 기회뿐 아니라 교육의 질적 측면을 강조하고 있다는 점에서 의의가 있다. 교육의 질을 달성하기 위한 질 높은 교사의 양성 및 공급은 매우 효과적이고도 효율적인 방안일 수 있다(유성상 외, 2015).

이 글은 글로벌 환경 변화를 토대로 아프리카의 교육 개선을 지원할 수 있는 교육개발협력 분야의 현황 분석을 토대로 한국-아프리카의 교육개발협력 확대 방안을 제시하고자 한다. 아프리카 교육 실태와 시사점을 살펴보고, 아프리카와의 교육 분야 개발협력의 의의와 현황을 분석하였다. 이를 바탕으로 한국의 교육 분야별 아프리카 개발협력 추진 내용을 진단하여 한국-아프리카 교육 분야 개발협력의 미래를 위한 제언을 하였다.

II. 아프리카 교육의 현실과 시사점

1. 아프리카 교육 실태

아프리카는 지리적으로, 경제사회적으로 크게 대륙 전체, 지역Sub-region, 국가 등이 다양하게 구성되어 있다. 제대로 된 아프리카를 보려면 다양한 측면으로 구분해서 보아야 진정한 아프리카의 다양성을 볼 수 있다.

아프리카의 교육을 유아, 초중등, 직업능력개발Technical and Vocational Education and Training: TVET, 고등, 평생교육 등의 학교급별 단계로 구분하고, 이를 입학, 재학, 졸업, 취업 등으로 구분하여 살펴보았다. 이는 연령대와도 밀접한 관련이 있고, 특히 TVET, 고등, 평생교육은 산업, 노동시장 등과도 밀접한 관련을 맺고 있다.

아프리카의 평균 교육년수는 타 지역에 비해 가장 낮게 나타나고 있다. 아프리카개발은행에 따르면 유럽이 평균 교육년수가 가장 높고, 라틴아메리카와 카리브해, 아시아 순으로 나타났다. 아프리카는 세계평균에 비해서도 낮다(African Development Bank, 2020). 이는 아프리카 지역의 낮은 교육수혜율, 접근성과 관련이 있으며, 교육이 가장 기초적이고, 범분야 이슈임을 고려할 때 아프리카에 대한 교육 분야의 지원과 협력이 매우 필요함을 보여준다.

지속적인 초등, 중등교육 수준의 등록률 증가 및 학습성취 향상을 촉진하고 있음에도 아프리카는 세계 어느 지역보다 가장 낮은 중도탈락률을 보이고 있다. 이러한 초등, 중등교육 단계에서의 높은 탈락률은 산업현장에서의 숙련 격차로 이어지고, 낮은 숙련 형성과 축적을 저해하는 핵심 요인으로 작용할 수 있다. 학교급별 등록률을 보더라도 아프

[그림 1] 지역별 평균 교육년수(2018년)와 초등교육 이수 후 중도탈락 비율(2010~2017년)

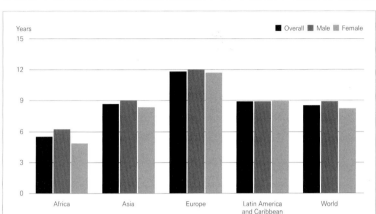

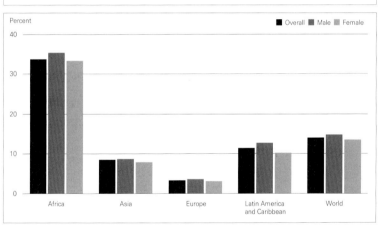

출처: African Development Bank (2020: 56, 59).

리카 지역이 타 지역에 비해 초등, 중등, 고등교육 전반에 걸쳐 등록률
이 현저하게 낮음을 볼 수 있다. 특히 중등교육과 고등교육 진학률은 눈
에 띄게 낮아 교육 기회의 확대와 접근성 강화가 무엇보다 필요함을 확
인할 수 있다.

[표 1] 지역별 학교등록률 변화 추이(2000~2016년)   (단위: %)

Region	Primary		Secondary		Tertiary	
	2000	2016	2000	2016	2000	2016
World	85	91	64	77	27	48
Africa	66	82	32	44	6	16
Central Africa	58	84	7	32	3	10
East Africa	54	79	35	41	2	9
North Africa	82	91		54	26	29
Southern Africa	78	90	39	47	4	18
West Africa	59	77	20	44	6	12
Asia	88	93	61	77	23	43
Europe	95	95	86	92	45	68
Latin America and Caribbean	92	92	63	78	28	53

출처: African Development Bank (2020: 58).

ILO의 모델을 활용하여 추정한 아프리카 재직자들의 숙련 수준별 일자리 분포를 보면, 고숙련 일자리는 세계평균 및 타 지역에 비해 가장 낮은 분포를 보이고 있으며, 저숙련 일자리가 차지하는 비중은 타 지역에 비해 가장 높게 나타났다. 이는 유럽 국가들과는 상반된 모습이며, 지속적 발전을 위해서는 고숙련 일자리 증가와 저숙련 일자리 감소를 위한 교육 및 인력 양성 분야에 대한 투자와 지원이 매우 필요함을 볼 수 있다. ILO 통계자료를 활용한 교육수준(기초, 중간, 상급교육으로 구분, 각 교육범주 내 15~64세 인구 수 평균 기준)별 실업률 분포를 보면, 타 지역에 비해 중간 및 상급교육 단계에서의 실업률이 가장 높다. 이는 중등, 고등교육 단계에서의 노동시장 성과가 낮다는 것을 의미하는 것으로 취업 등 이들 단계 교육의 양적·질적 성과를 높일 수 있는 방안 마련이 있어야 함을 보여준다.

[그림 2] 아프리카의 재직자 숙련별 일자리 비중 및 교육수준별 실업률 분포(2010~2018년)

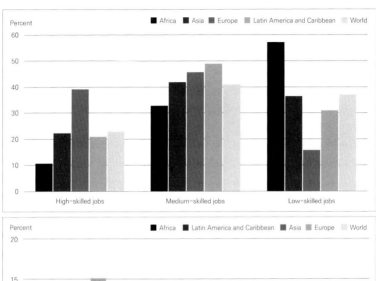

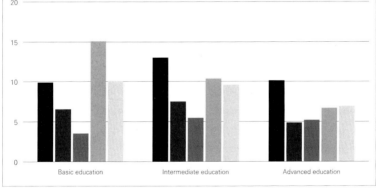

출처: African Development Bank (2020: 67).

아프리카의 교육, 숙련과 노동생산성의 관계를 보면, 아프리카에서 교육의 양적·질적 측면이 노동생산성에 기여하는지 여부를 확인할 수 있다. 평균교육년수가 증가할수록 근로자 1인당 부가가치는 추세적으로 증가함을 알 수 있다. 이는 교육에 대한 참여와 투자가 증가할수록 인당 부가가치가 증가함을 보여주는 것으로 교육의 중요성이 그만큼

[그림 3] 아프리카의 교육(평균 교육연수) 및 학업성취(시험점수)와 노동생산성(2017년)

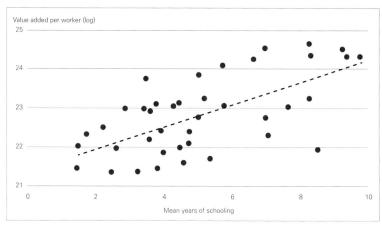

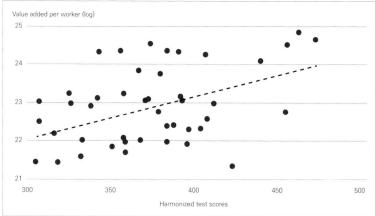

출처: African Development Bank (2020: 68-69).

중요하다는 것을 뜻한다.

　세계은행의 인적자본지수를 기초로 추정한 시험점수와 인당 부가가치와의 관계를 보면, 시험점수가 증가할수록 인당 부가가치가 추세적으로 증가함을 볼 수 있다. 교육성취도가 증가할수록 노동생산성을 포함한

[그림 4] 아프리카의 20세 이하 인구 비중 변화 추이   (단위: %)

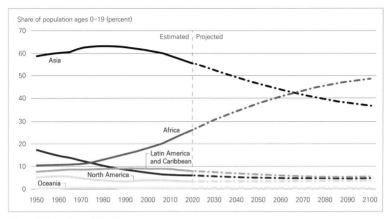

주: UN 인구 Database 활용 계산.
출처: African Development Bank (2020: 83).

노동시장 성과가 증가함을 의미하는 것으로 아프리카에서의 교육의 중
요성과 아프리카에 대한 교육 분야 지원이 필요함을 확인할 수 있다.

아프리카는 세계에서 청년층 인구 비중이 가장 높고, 가장 빠르게
증가하고 있는 지역이다. 최근 10년간 아프리카의 20세 이하 인구 증가
율은 25.6%에 달하는데 같은 기간 아시아는 0.8%, 라틴아메리카와 카
리브 지역은 4.1% 감소 추세를 보인 것과 대비된다(African Develop-
ment Bank, 2020).

4차 산업혁명에 따른 기술 변화, 디지털화 등은 아프리카 지역에서
는 기존의 산업, 교육, 인력양성 방식과는 다른 양상으로 나타날 가능성
이 매우 높다. 또한 전통적, 순차적으로 발전 단계를 이어온 생산 및 소
비양식, 기술 활용 방식 등의 경로를 뛰어넘거나 새로운 방식으로 기술
에 대해 반응할 것으로 전망하기도 한다.

2. 아프리카 교육의 시사점

향후 30년 동안 약 1.5~2천만 명의 교육받은 청년들이 노동시장에 진입할 것으로 예측된다. 이들 모두 지금, 아프리카의 급선무로 적정 일자리, 경제의 구조적 전환을 지적하고 있으며, 인공지능, 사물 인터넷, 빅데이터, 모바일 등 첨단 정보통신기술이 경제 사회 전반에 융합, 혁신적 변화를 가져오는 4차 산업이 대두되고 있다.

특히 아프리카 지역은 타 국가의 공통적 발전 경험과 순서 등 기존 개발 패러다임과는 다른 진행 양상을 보이며 인구증가율에 맞먹는 인프라 및 산업 발전이 어려운 가운데 ICT 기술 및 이와 관련한 산업이 청년층 고용 및 아프리카 지역 경제발전을 해결할 수 있는 주요 영역으로 대두되고 있다. 현재 아프리카 지역 청년층의 약 1/3은 실업 상태이며, 고용되어 있다 해도 취약한 상황이다(KOICA, 2020).

아프리카는 인간의 기본권과 직결된 보건, 교육과 같은 기본 사회서비스에 대한 접근이 세계에서 가장 열악한 지역이며, 보편적 교육뿐 아니라 모든 교육의 단계에 관계없이 세계에서 가장 낮은 수혜율을 보이고 있다(KOICA, 2020).

아프리카 교육 분야의 가장 큰 이슈, 즉 개발협력이 가장 필요한 부분은 무엇일까? 첫째, 낮은 학교 진학률이다. 유초중등 교육을 비롯하여 고등교육에서도 매우 낮은 등록률을 보이고 있다. 보편교육, 일반교육 접근성이 매우 낮아 세계은행의 인적자본지수에서도 아프리카 국가들이 매우 낮게 나타나고 있다.

둘째, 소녀, 여아의 낮은 문맹률을 향상시키고 이를 토대로 가장 기초적인 삶의 여건을 만들어 주는 것이다. 여기에는 연산 등 기초숙련을 비롯한 21세기 숙련 등 미래사회가 필요로 하는 첨단기술 등에 대해 학습할 수 있는 기회를 제공하는 것이 무엇보다 중요하다.

셋째, 급격한 기술 변화에 따른 교육환경에 대한 적응이다. 디지털화 등 급격한 기술 변화에 따라 아프리카는 예전의 발전 단계와는 달리 신기술 도입과 적용이 빠르게 일어날 수 있다. 따라서 학교 및 일의 세계에서 필요한 숙련을 새로이 학습할 수 있는 원격학습 등 교수학습 방법의 변화가 일어날 것이다.

III. 아프리카 교육개발협력 현황

1. 교육개발협력의 중요성

교육은 한국의 국제개발협력의 여러 분야 중 사회 인프라 성격의 하드웨어와 인력 양성을 포함한 인적자원개발 등 소프트웨어 영역을 모두 포함하는 분야이다. 그 범위가 넓으며, 보건 분야와 함께 사업 규모에서도 큰 부분을 차지하고 있다(박환보 외, 2017; 안해정 외, 2016; 채재은 외, 2017).

교육 분야의 개발협력도 여타 개발협력 분야와 마찬가지로 사업 수행에 따른 성과를 다양한 지표로 측정하고 평가하고 있다. 학교, 교실, 교사, 학생 수 등 주로 양적 지표로 관리되고 있다. 교육은 지원과 투입이 즉시 효과로 나타나기보다는 장기간에 걸쳐 역량, 숙련을 포함한 인적자본의 내재적 형태로 발현되기 때문에 이를 단기간의 성과지표로 측정하기는 매우 어렵다.

즉 시설투자 등 객관적·시각적 형태로 나타나는 성과와 함께 인성, 정서, 가치관 등 비인지적 형태로 나타나는 경우가 많아 교육 분야는 성

[표 2] 교육개발협력 사업 유형화(안)

사업 내용 / 사업 대상	유형		무형			
	물리적 투자 및 인프라 구축	중간재 지원	무형의 개별화된 서비스	무형의 프로그램 지원	무형의 아이디어 서비스	
			직접 영향	간접 영향	직접 영향	간접 영향
	시설 (학교, 센터)	물자/ 재정지원	인력양성	시스템/ 프로그램 개발	컨설팅/ 콘텐츠 개발	연구/용역
단일 국가	- 학교 건립 - 직업훈련원 (센터) 설립 - 교사양성기관 - 어학실습실	- 기자재 지원 - 교구재 지원 - 학교 급식	- 교사양성 - 학생교류 - 장학생사업 - 교사연수	- 아세안사이버 대학설립 - 국제협력선도 대학육성지원 - 교육프로그램 개발 - 프로그램 지원	- 교육분야개발협력 정책 컨설팅 - 교육분야 콘텐츠 개발	- 수요조사 및 원조모델 발굴 - 교육분야 원조 수요 발굴 - 성과관리 - 예비타당성 조사 - 정책연구
복수 국가		- 정부초청장학생 교류지원 - 외국인우수교환 학생지원 - 외국인우수자비 유학생지원 - 주요국가 대학생 초청연수 - 현직 리더 초청 연수		- 국내외 협력체제 확대네트워크 구축 -협의체 구축 지원		

출처: 김진희 외(2013: 6).

취를 어떻게 보느냐에 따라 성과는 다르게 측정될 수 있다.

교육개발협력을 유형, 무형 등 사업 내용과 단일국가, 복수국가 등 사업 대상으로 구분하여 유형화하여 분석하고 있다(김진희 외, 2013). 이 글에서도 물리적 투자 및 인프라 구축, 중간재 지원 등 사업 내용이 유형인 경우와 서비스, 프로그램 지원, 아이디어 제공 등 무형의 사업으로 구분하였다. 중요한 것은 시설, 재정과 함께 인력양성, 프로그램 및 콘텐츠 개발, 컨설팅, 연구 등 무형의 사업도 다양하게 추진되고 있다는 것이다.

한국의 아프리카 지역에 대한 교육 분야 개발협력도 유·무상은 물론 유형·무형의 다양한 형태로 수행되고 있다. 하드웨어인 학교, 직업훈련원 등 교육시설 건립, 시설장비 등 교육훈련 기자재 지원 등을 비롯하여 소프트웨어에 해당하는 연수사업 등 인력양성, 제도·정책 개선 지원 등 컨설팅사업 등을 망라하여 추진하고 있다. 이는 대부분 수원국의 수요와 요청에 따라 우선순위와 사업 내용이 결정되는 구조에 기인한다.

국제기구, 선진 공여국의 재원 규모와 기간, 사업수행 방식 등을 고려하여 아프리카 지역에 부합하고, 한국의 여건을 고려한 사업방식, 예산규모에 대한 결정이 이루어져야 한다. 한국의 교육분야 개발협력 방향은 교육 분야의 특수성을 반영한 소프트웨어, 컨설팅(자문) 중심의 중장기 사업 방식으로 재구조화 하는 것을 고려해야 한다.

따라서 교육 분야에서 유·무상 사업을 추진하고 있는 제도·정책 컨설팅사업, 각 부처에서 진행하는 정책자문사업, 지식공유사업Knowledge Sharing Programme 등을 체계적으로 엮어 수원국의 교육과 인력양성 전반을 효율화, 고도화, 재구조화 할 수 있는 방향으로 수행해야 한다.

2. 교육개발협력 현황

한국의 2019년 ODA 규모(증여등가액 기준)는 전년 대비 6.9% 증가한 25.2억 달러로 DAC 회원국 중 15위를 차지하고 있다. 지역별로는 아시아 49.3%, 아프리카 26.6%, 중남미 9.6% 순이며, 특히 아프리카 비중이 3.2%p 증가하였다. 분야별로는 보건(5.2억 달러), 교육(2.6억 달러) 등 사회 인프라와 에너지(3.1억 달러), 교통·물류(5.1억 달러) 등 경제 인프

[표 3] 한국의 교육 분야 개발협력 현황(2014~2018년)　　　　　(단위: 백만 달러)

중분류	소분류	2014	2015	2016	2017	2018
교육일반	교육정책, 행정관리	8.4	5.3	10.7	5.3	16.3
	교육시설, 특별연수	15.2	24.6	41.2	12.3	46.1
	교사훈련	5.0	31.9	11.4	12.2	5.0
	교육연구	0.2	0.9	2.0	7.1	11.0
	(소계)	28.8	62.7	65.3	36.9	78.3
기초교육	초등교육	15.4	27.1	33.4	26.2	26.6
	기초생활교육	5.4	13.4	2.9	10.9	7.7
	취학전교육	5.4	5.3	5.3	4.6	8.7
	(소계)	26.2	45.8	41.7	41.7	42.9
중 고등교육	중고등교육	7.7	40.8	88.7	54.4	53.9
	직업교육	24.8	42.9	16.3	25.2	28.6
	(소계)	32.5	83.7	104.9	79.5	82.5
대학 전문교육	전문대 대학(원)	62.7	65.9	148.4	63.1	155.1
	고급기술, 관리자	78.6	2.3	6.5	0.9	5.3
	(소계)	141.3	68.2	154.9	64.0	160.4
합계		228.8	260.3	366.7	222.1	364.2

출처: 한국수출입은행 대외경제협력기금(2020: 44); 남궁지영(2020: 2).

라 두 분야에 대한 지원이 67.5%를 차지하고 있다(한국수출입은행, 2020).

　한국의 개발협력 사업 중 교육 분야 현황을 보면, 전체 사업은 사회 인프라 및 서비스, 경제 인프라 및 서비스, 생산(산업) 부문, 다부문, 인도적 지원, 원조국의 행정비용 등 1992~2018년 동안 누계 총 28,175.73 백만 달러의 지원이 이루어졌으며, 그중에서도 사회 인프라 및 서비스 분야가 43%로 가장 높은 비율을 차지하고 있다. 사회 인프라 및 서비스 분야에는 교육, 보건, 인구정책 및 생식보건, 수자원 및 위생, 공공행정 및 시민사회, 기타 사회 인프라 부문에 대한 원조가 포함된다. 사회 인프라 및 서비스 분야에서는 1992~2018년 동안 누계 총 12,200.47백만 달러의 지원이 이루어졌으며, 그중에서도 교육 분야에 대한 지원이 28%로 가장 높다(남궁지연, 2020).

교육 분야에서는 최근 5년간 최소 222.08백만 달러에서 최대 366.69 백만 달러의 ODA 지원이 이루어졌다. 교육 분야의 ODA는 교육일반, 기초교육, 중등교육, 대학·전문대학교육 분야에 걸쳐 원조가 이루어지고 있다. 2014년, 2016년, 2018년에는 대학 전문교육 분야에, 2015년과 2017년에는 중·고등교육 분야에 가장 많은 지원이 이루어진 반면 상대적으로 기초교육에 대한 지원이 적은 경향을 보였다.

교육일반 분야 중에서는 2015년에 교사훈련 부문에 대한 지원이 가장 많았고, 2014년과 2016~2018년에는 교육시설 및 특별연수 부문에 대한 지원이 가장 많았던 것으로 나타났다. 기초교육 분야에서는 최근 5년간 초등교육 부문에 대한 지원에 집중된 반면 기초생활교육, 취학전 교육에 대한 지원은 상대적으로 적었으며, 중·고등교육 분야에서는 2014~2015년에 직업훈련 부문에 대한 지원이 많았으나 2016년 이후에는 중·고등교육 부문에 대한 지원이 더 많은 것으로 나타났다. 대학·전문대학 분야에서는 2014년에 고급기술 및 관리자 교육 부문에 대한 지원이 조금 더 많았으나 2015년 이후부터는 전문대, 대학(원) 교육 부문에 대한 지원이 집중적으로 높게 나타났다(남궁지연, 2020).

한국의 개발협력 지원 분야는 사회 인프라 및 서비스 분야에서 가장 활발하게 이루어지고 있으며, 그중에서도 교육 분야에 대한 지원이 가장 큰 비중을 차지하고 있다. 최근 교육 분야의 지원이 중·고등교육과 전문대·대학(원)교육의 지원에 집중되고 있는 반면 기초생활교육, 취학

[그림 5] KOICA 사업 예산 중 아프리카 지역 총예산 및 교육분야 예산 비중(2010~2018년)

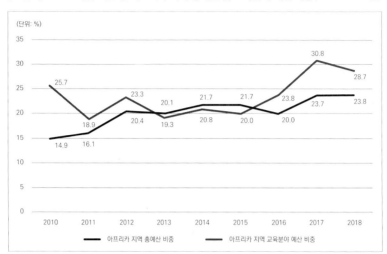

출처: 한국국제협력단 원자료를 기초로 저자 작성.
http://stat.koica.go.kr/ipm/os/acms/realmAreaRealmSmrizeList.do?lang=ko

전교육 등 기초교육에 대한 지원 비중은 상대적으로 적은 편이다. 지난 MDGs 기간 동안 초등교육 분야에 집중되었던 국제사회의 관심은 지속가능개발목표SDGs 수립 이후 영·유아교육에서 고등·평생교육으로까지 범위가 확대되었다(안해정 외, 2017). 국제사회의 공동 목표를 달성하기 위해 한국도 생애에 걸친 교육 분야의 개발협력 예산과 사업 수 등을 적극 늘려야 하고, 특히 교육분과 개발협력의 필요성과 수요가 크게 증가하고 있는 아프리카 지역에 대한 비중을 증가시킬 필요가 있다.

KOICA의 전체 사업 예산 중에서 아프리카 지역의 총예산 비중은 2010년 14.9%에서 2018년 23.8%로 지속적으로 증가하고 있다. 아프리카 지역의 교육 분야 예산 비중도 2010년 25.7%에서 2018년 28.7%로 증가한 것으로 나타났다. 아프리카 지역 전체 예산 비중보다 교육 분야 예산 비중이 높고, 교육 분야는 농림수산, 공공행정, 보건의료, 기술환경 에너지 등 타 분야보다 예산 비중이 가장 높다. 이는 아프리카 지역에서 교육 분야의 수요가 많다는 방증으로 그만큼 중요성과 필요성이 높음 을 보여준다.

IV. 한국의 교육 분야별 아프리카 개발협력 추진

1. 문해력 증진 및 기초교육

아프리카는 아시아 다음으로 면적이 넓고 인구가 많은 대륙이다. 그 중 사하라 이남 아프리카는 전 세계에서 성인문해율이 가장 낮은 지역 이다. 이 지역에 사는 사람들은 사회, 문화, 경제 등을 이유로 읽기, 쓰 기, 셈하기와 같은 가장 기초적인 교육조차 받지 못하고 있다.

유네스코한국위원회는 브릿지 아프리카 프로그램을 통해 사하라 이남 아프리카 지역에 양질의 교육 기회를 확대하여 학교 없는 소외된 외국 지역의 지역 주민들에게 배움의 기쁨을 전하고 이들의 삶의 질을 향상시키는데 힘쓰고 있다(2019, 유네스코한국위원회).

2. 고등교육

4차 산업혁명 진전과 기술 변화에 따라 현대 사회에서 고등교육은 전통적인 기능과 함께 복잡하고 어려운 상황에 주도적으로 대응할 수 있는 역량 개발을 요구받고 있다. 여전히 접근성의 확대가 고등교육의 가장 큰 과제인 개발도상국의 경우, 고등교육의 양적 성장과 함께 새로 운 변화에 대응해야 하는 도전에 직면해 있다.

한국의 고등교육 분야 ODA 사업을 협력 유형(유학생 및 연수생 지원, 기술협력, 프로젝트 원조)을 기준으로 보면, 2015~2017년 동안 사업 빈도 측면에서는 기술협력과 프로젝트 원조, 순 지출액 기준에서는 유학생 및 연수생 지원과 프로젝트 원조 중심으로 고등교육 분야 ODA 사업을 수행해 왔다. 고등교육 분야 ODA 사업의 지출액을 수원국 지역별로 보면, 순 지출액의 측면에서 볼 때 아시아 지역을 중심으로 ODA 사업을 수행하여 아프리카 지역은 상대적으로 관련 사업이 적은 것으로 나타났다.

현재 KOICA에서 지원하고 있는 글로벌 교육리더 분야 석사학위 연수는 개도국의 경제사회 발전에 기여할 수 있는 고위공직자, 교수요원 등 핵심 인재를 양성하여 경제사회 발전에 기여하는 사업으로 성과가 큰 것으로 나타나고 있다. 또한 한국연구재단에서 지원하고 있는 국제협력선도대학지원사업은 국내 우수 고등교육시스템의 해외진출 지원을 위해 국내 대학이 개도국 대학 내 학과 개설 및 교육과정 개선을 추진할 수 있도록 지원하는 사업이다. 사업 기간은 5~7년으로 연간 1~4억 원을 지원한다. 아프리카 지역에도 2020년에 탄자니아 아루샤 공과대(한양대, 신규), 가나 유하스대(연세대, 계속), 이집트 아슈트대(한국기술교육대, 후속) 등의 사업이 진행되고 있다.

고등교육 분야는 연구개발뿐 아니라 노동시장 및 산업과 직접 연계되어 있어 취업, 고용유지 등 지원사업의 성과를 직접적으로 확인할 수 있다. 많은 아프리카 국가들의 고등교육 등록률이 낮아 실질적인 고등교육을 받을 수 있는 기회가 적으므로 우선 고등교육의 접근성을 확대해 주는 것이 무엇보다 중요하다.

3. 직업교육훈련

직업교육훈련 분야는 교육 분야 개발협력 사업 중 가장 수요가 많고, 사업비, 사업 수 등 비중이 높은 영역이다. OECD DAC 통계지침에 따르면 직업교육훈련은 중등교육과 고등교육 사이에 위치하며, 두 교육단계 모두에 걸쳐 있다.

직업교육훈련은 제도·정책, 관리·서비스 전달, 시스템 지원 등으로 구분 가능하며, 각 요소별로 구분하여 프로젝트 사업을 추진하기도 하고, 전체를 묶어 종합 체제 구축 및 컨설팅 사업 등으로 추진하기도 한다. 현재 추진 중인 아프리카 지역의 직업교육훈련 분야 개발협력 사업

[표 4] 현재 추진 중인 아프리카 직업교육훈련 분야(무상) 사업 현황 (단위: 만 달러)

구분	국가	사업명	기간	예산	비고
프로젝트 사업	세네갈	고등기술전문대학(ISEP) 설립사업	2015~2020	940	
	카메룬	국립직업훈련교육원 건립사업	2013~2021	680	
	감비아	UNESCO 직업훈련을 통한 청년개발 사업	2019~2022	300	
	모잠비크	직업훈련교육 역량강화사업	2019~2023	700	
	르완다	직업기술교육훈련 품질관리 역량 강화 사업	2020~2024	800	
	에티오피아	직업기술교육훈련 관리자 및 교사 역량 강화 사업	2020~2024	800	
	우간다	산업수요기반 직업기술교육훈련 역량 강화사업	2020~2027	700	
	모로코	직업훈련교사 기술 향상 훈련 허브센터 설립 사업	2020~2024	600	
개발컨설팅	이집트	한-이 기술대학 설립사업	2016~2022	583	
민관협력 사업	케냐	취약계층 청소년 기술교육훈련사업	2018~2020		유니월드
	에티오피아	아디스아바바 직업기술대학 운영 사업			

출처: 한국국제협력단(www.koica.go.kr) 탑재자료를 기초로 저자 작성.

을 보면 프로젝트형 사업이 가장 많고, 개발 컨설팅, 민관협력 등의 사업으로 추진되고 있다.

현재 직업교육훈련 관련 사업들의 일반적인 추진 방식은 사업 발굴 → 사업 타당성 분석 → 사업 설계 → 지속발전 검토 → 사전조사 → 실시협의(사업협의) → 사업 수행 등의 단계를 거쳐 진행되고 있다. 각 지역이나 국가별로 상이한 수원체계를 갖고 있으나 이러한 절차에 따라 진행하고 있다. 아프리카 지역도 동일한 방식으로 추진되고 있다.

아프리카의 권역별 교육협력 마스터플랜(2012~2021)에서도 기초교육, 직업교육훈련, 고등교육 수요가 가장 많은 것으로 나타나고 있다(이석희 외, 2011). 아프리카 직업교육훈련 분야에 대한 협력은 크게 기반 구축과 혁신을 통한 발전 단계로 구분 접근할 수 있을 것이다. 기반 구축을 위해서는 전략 마련과 인적·물적 인프라 구축이 그 중심이 될 것이며, 중장기적으로는 원활한 교육시장 여건과 산업수요가 체계적으로 이어지는 교육-노동시장 연계와 양질의 시스템 구축이 이루어져야 한다. 혁신을 통한 발전 단계에서는 일-교육훈련-자격이 자연스럽게 연계되는 시장 환경 형성과 유연한 인력양성 체계 구축이 필요하고, 장기적으로는 효율적인 숙련 전문기술인력 양성과 생애 직업교육훈련 경력경로 확보를 통한 유연한 직업능력개발 시스템이 구축되고, 효과적으로 운영될 수 있는 기반 제공이 필요하다.

아프리카 국가와의 중장기 협력의 궁극적 목표는 직업교육훈련 분야 지원을 통해 아프리카 각 국가가 국가 발전과 빈곤 감축을 함께 이루는 것이며, 이를 위해 우선순위를 정해 체계적, 순차적으로 지원하는 것이다. 또한 아프리카 국가들이 스스로 직업교육훈련 체계를 갖추고, 제도, 정책은 물론 기관 및 프로그램을 안정적으로 자립 기반 하에 운영할 수 있는 역량을 강화시켜 줄 필요가 있다. 이를 위해 노동시장 및 산업 수요 전망, 전문 기술기능 인력 양성 및 재교육 시스템 구축, 기관 및 프로그램 간 연계, 진로지도 및 직업안정, 교육과정 개발, 직업교육훈련 교원 양성 및 연수, 여성, 장애인 등 취약계층에 대한 직업교육훈련 활성화, 국제기구 및 선진 공여국 등 현재 이루어지고 있는 개발협력은 물론 한국과의 협력관계 지속 및 강화 등을 중심으로 지원할 필요가 있다(김철희 외, 2011).

많은 아프리카 국가에서 직업교육훈련을 기초교육, 고등교육과 더불어 가장 필요한 우선순위 분야로 제시하고 있고, 다양한 자체 발전 노력은 물론 국제기구, 선진 공여국 등과 협력 시 우선적으로 고려하는 분야이다. 직업교육훈련 분야 중 중점적으로 협력이 추진되어야 할 분야는 하드웨어 측면에서는 우수한 직업교육훈련 기관 건립, 기자재 및 학습 교보재, 재료 등의 지원이며, 소프트웨어 측면에서는 직업훈련 교사 양성, 교육과정 개발, 직업교육훈련 기관 운영 등으로 제시할 수 있다.

한국 정부(교육부)의 유네스코 신탁기금으로 추진된 아프리카 직업 기술교육지원 사업Better Education for Africa's Rise: BEAR은 매우 의미 있고 중요한 사업으로 평가할 수 있다. 1차 사업은 2011~2017년 동안 추진되었으며, 교육과정 및 교수학습자료 개발, 기업 현장실무 중심의 교사훈련 과정 지원, 수요 중심의 직업교육 운영모델 개발 등을 주요 내용으로 한국의 관련 연구기관과 전문가들이 참여하여 수행하였다(김철희 외, 2018). 이 사업의 가장 중요한 요소는 수원국의 유관기관 및 관계자들의 역량개발을 지원하여 직접 직업학교 운영, 교육과정 개발 등을 수행할 수 있는 기반 제공이다.

4. ICT 분야

ICT는 글로벌 시장에서 괄목할 만한 성장을 보이고 있다. 아프리카 에서도 휴대폰 및 인터넷 가입자 수, 컴퓨터 보유 가구 수가 급증하고 있 다. 일반적으로 교육에 ICT를 활용하게 되면 학업성취 향상, 학습동기 유발, 취약계층의 교육 소외 해소 등 다양한 효과들이 나타난다.

유네스코의 2015년 인천선언에서 ICT는 교육 시스템 구축, 지식의 확산, 정보 접근, 학습의 질 제고, 효율적 교육서비스 제공 전략 등 다양 한 측면에서 강조된 바 있다. 유네스코는 2015 세계교육포럼에 이어 2015년 5월 중국 칭다오에서 ICT 고위급 포럼을 개최하고 ICT를 통한 SDG 실현을 위한 구체적 실행방안을 담은 칭다오 선언Qingdao Declaration 을 발표하였다. 지금까지 ICT는 교육과정, 교수자 훈련, 교육평가, 모니 터링 등의 영역에 활용되고 있고, 아시아와 아프리카의 개발도상국의 질 좋은 교육에의 접근 가능성을 높이고 지속적인 발전을 가능하게 할 수 있는 주요 수단으로 인식되었다. 유네스코는 효과적인 ICT 활용과 성과를 위해서는 디지털 격차 해소, 교사 훈련, 지속적 펀딩 등을 강조 하고 있다(UNESCO, 2013; 안해정 외, 2019).

최근 국제개발협력 종합시행계획 분석을 통한 세부 ICT 분야별 ODA 현황을 살펴보면, 공공행정 요소가 포함된 ICT 분야가 약 3,234억 원으로 전체 ICT 융합 ODA 규모의 30%로 가장 큰 비중을 차지하였다. 그 뒤를 순수 ICT(26.9%), 경제 산업인프라 ICT(17.2%), 교육 ICT(11.0%), 기타 ICT(7.1%), 환경·에너지 ICT(5.6%)가 잇고 있다. 분야별 트렌드를 살펴보면, 순수 ICT 분야는 꾸준히 감소하고 있는 반면 환경·에너지, 교 육 등 타 ICT 분야는 지속적으로 증가하는 추세이다. ICT 분야 지역별 예산 현황 추이를 보면, 아시아 지역 예산 비중이 가장 높고, 그 다음으

[표 5] 한국의 ICT ODA 지역별 예산 현황(2015~2019년) (단위: 억 원, %)

구분	2015	2016	2017	2018	2019	합계
융합ICT	1,735	1,183	2,297	2,695	2,766	10,672
아시아	919 (53.0)	474 (40.0)	714 (31.1)	871 (32.3)	970 (35.1)	3,948 (37.0)
아프리카	335 (19.3)	309 (26.1)	871 (37.9)	620 (23.0)	869 (31.4)	3,004 (28.1)
중동 CIS	106 (6.1)	126 (10.7)	430 (18.7)	612 (22.7)	258 (9.3)	1,532 (14.3)
중남미	126 (7.3)	119 (10.1)	114 (5.0)	364 (13.5)	336 (12.1)	1,059 (9.9)
오세아니아	0 (0.0)	5 (0.4)	5 (0.2)	5 (0.3)	4 (0.1)	14 (0.1)
국제기구 NGO	48 (2.8)	31 (2.7)	73 (3.2)	0 (0.0)	53 (1.9)	205 (1.9)
기타	201 (11.6)	119 (10.1)	91 (7.3)	223 (8.5)	276 (10.0)	910 (8.6)

출처: 유지수 외(2019: 67).

로 아프리카 지역이 높은 비중을 차지하고 있다. 특히 2017년에는 871 억 원(37.9%)으로 아시아 지역보다 예산 비중이 높았으며, 이후에도 아 시아 지역에 이어 높은 예산 비중을 보이고 있다(유지수 외, 2019).

ICT를 활용한 교육은 한국의 장점을 가장 잘 살릴 수 있는 협력 분 야이기도 하다. 지리적으로 이동과 소통이 원활하지 못한 아프리카 상 황, 교과서·교재 등 오프라인 교보재 제공이 어려운 현지 여건, 기술발 전에 따른 ICT 기기 등의 발달, ICT 시설장비를 활용한 원격, 이러닝 교 육의 확대 등은 향후 한국의 교육 분야 개발협력이 어느 영역, 어떤 방 법으로 추진되어야 할지를 잘 보여준다.

특히 COVID-19는 국내뿐 아니라 글로벌 차원에서도 원격교육 관 련 기기와 이를 활용한 콘텐츠 개발을 획기적으로 발전시킬 것으로 예 상된다. 아프리카가 그 시험장Test bed이자 시장으로 변화될 가능성이 있 다. 한국의 앞선 기자재와 이를 활용하는 기술을 개발협력 사업들과 연 계시킨다면 그 효과는 매우 클 것이다.

V. 한국-아프리카 교육개발협력의 미래를 위한 제언

　　한국의 아프리카와의 교육개발협력은 지속적으로 확대되어 왔고, 앞으로도 지속적으로 강화될 것이다. 한국의 아프리카 지역에 대한 개발협력 비중 증가와 아프리카 교육 분야에 대한 사업이 확대될 것으로 예상된다.

　　효과적인 한국-아프리카 교육개발협력을 위한 방안으로 첫째, UN SDGs 및 K-SDGs와 연계한 한국-아프리카 교육개발협력을 추진해야 한다. 이제 개발협력은 인류의 공동 번영을 위한 국제사회에서의 공동 규범인 SDGs와 불가분의 관계가 되었다. 모든 교육개발협력은 UN SDGs와 한국의 지속가능발전 기본계획에 따라 개발된 K-SDGs를 고려하여 추진해야 한다. UN SDG의 교육 분야는 세부 목표 4로 모두를 위한 포괄적이고, 평등한 양질의 교육보장 및 평생학습 진흥을 제시하고 있으며, K-SDG에서도 교육 분야 세부 목표는 모두를 위한 양질의 교육으로 정하고 있다.

　　아프리카와의 교육개발협력도 UN SDG, K-SDG 교육 분야의 세부 목표와 지표를 토대로 분야와 내용, 방식 등을 고려하여 영유아, 초중등, 기술직업교육훈련, 고등교육, 평생교육, 교육 ICT, 세계시민교육 등 교육 단계별로 보다 체계적이고, 과학적으로 추진되어야 한다. 이는 학교 단계별 구분을 포함하여 직업교육훈련, 평생학습 등 학교와 노동시장으로 자연스럽게 연계될 수 있도록 큰 틀에서 사업설계 및 운영으로 전환할 수 있는 계기도 제공할 수 있다.

　　특히 지속가능발전위원회를 중심으로 논의와 이행과정을 진단하고 있는 K-SDGs의 교육 분야 세부 목표와 지표는 한국의 아프리카 지역

[표 6] K-SDGs 교육분야의 세부 목표 및 지표(안)

번호	세부 목표	지표
4-1	모든 아동이 성별과 장애 유무에 관계없이 적절하고 효과적인 학습성과를 거둘 수 있도록 양질의 무상 초·중등교육의 평등한 이수를 보장한다.	취학률(%), 학업중단율(%), 국제 학업 성취도평가(PISA 2~6수준 학생 비율), 국가 수준 학습성과지표 산출
4-2	모든 아동에게 양질의 영유아 보육 및 교육 서비스의 이용 기회를 보장하여 초등교육에 대비한다.	신체적 건강, 학습, 심리사회적 안녕(well-being) 측면에서 발달 정도가 정상적인 5세 이하 여아와 남아 비율, 초등학교 취학 전 체계적인 유아교육과 보육 서비스 이용률, 국공립 유치원과 어린이집 이용률, 긍정적인 가정 학습 및 양육환경을 경험하는 영유아 비율
4-3	모든 학습자들에게 성별과 장애 유무에 관계없이 적정 비용으로 가능한 양질의 기술교육, 직업교육 및 대학교육을 포함한 고등교육에 대해 평등한 접근을 보장한다.	고등교육 이수율, (신규) 학생 1인당 국가장학금 수혜 금액, 고등교육기관에서 성인 학습자의 비학위 교육과정 참여율(%)
4-4	디지털화 등 기술 변화에 따라 취업, 양질의 일자리, 창업 활동에 필요한 전문기술 및 직업기술 등 적절한 기술을 가진 청소년 및 성인의 수를 실질적으로 증대한다.	평생학습 참여율, 직업교육훈련 경험 비율, (신규) 청소년 및 성인의 ICT 역량 수준
4-5	교육에서의 성불평등을 해소하고, 장애인, 이주민, 취약 상황에 처한 아동 등 취약계층이 모든 수준의 교육과 직업훈련에 평등하게 접근할 수 있도록 한다.	모든 지표에 성별, 장애, 취약계층별 분리통계 도입
4-6	모든 청소년과 다수의 성인이 문해 및 산술 능력을 갖추도록 한다.	활용 가능한 언어역량과 수리역량의 측면에서 일정 수준의 숙련도를 달성한 특정 연령 인구 비율(PIAAC)(%), 청소년·성인 문해율(%)
4-7	지속가능발전, 지속가능한 생활방식, 인권, 성평등, 평화와 비폭력문화 확산, 세계시민의식, 문화 다양성 존중과 지속가능발전을 위한 문화의 기여 등에 대한 교육을 통해 모든 학습자들이 지속가능발전을 증진하기 위한 지식과 기술을 습득할 수 있도록 한다.	(신규)세계시민교육과 지속가능발전 교육의 주류화 정도(교육정책, 교육과정, 교사교육, 학생평가), 세계시민교육 및 지속가능발전 교육 관련 교육정책 사업 비율(%), 교육과정 내 세계시민교육 및 지속가능발전 교육 관련 요소 반영 비율(%), 교원 중 세계시민교육 및 지속가능발전 교육 경험자 비율(%)
4-8	아동, 장애인, 성별을 고려한 교육시설을 건립·개선하고, 안전하고 비폭력적이며, 포용적이고 효과적인 학습환경을 제공한다.	일반학교 특수학급 설치율(%), 학교 내진 보강률(%), Wee 클래스 설치 비율(%)

4-9	포용적이고 양질의 교육을 위해 모든 교육 단계에서의 충분한 교육재정을 확보한다.	교육단계별 GDP 대비 공교육비 정부부담 비율(%)
4-10	모든 교육단계에서 양질의 교육을 제공하기 위한 교사를 충분히 확보한다.	(신규)교사 1인당 학생 수, 보육교사 중 전문학사 이상 학위소지자 비율(%), 특수교사 1인당 특수학생 수, 초·중등 전문상담교사 배치 비율(%)

출처: 김석호 외(2020), 제4차 지속가능발전 기본계획 수립 연구, 한국사회학회.

교육 분야 개발협력을 어느 방향으로, 어떠한 목표를 중심으로 추진해야 할지를 잘 보여주고 있다. 비록 아프리카 각 지역과 국가들이 당면하고 있는 환경은 다르지만 교육 분야에서 궁극적으로 추구해야 할 바를 기초로 개발협력을 진행한다면 매우 유용한 성과를 거둘 수 있을 것이다.

둘째, 교육-복지(소득, 빈곤 퇴치)-고용노동-산업과 연계한 개발협력이 되어야 한다. 아직도 아프리카는 절대빈곤 인구가 적지 않으므로 기초교육은 물론 고숙련, 기술 변화와 연계한 신기술, 첨단산업과 연계한 고숙련 교육을 통해 소득증대와 빈곤 감소가 가능하도록 설계, 지원되어야 할 것이다. 따라서 교육 관련 제도, 정책뿐 아니라 고용노동, 산업, 복지 등 분야도 함께 고려하여 종합적이고, 통합적인 지원 프로그램이 설계되어야 한다. 독일 GIZ의 경우, 다수의 사업들이 지역별Sub-regional로 3~5년 등 장기에 걸쳐 타 분야와 연계하여 수행하고 있다. 개발협력에서도 교육 분야는 범분야Cross-cutting 이슈이며, 타 분야와도 직간접적으로 밀접한 관련을 맺고 있으므로 이를 고려한 사업기획과 추진이 이루어져야 한다.

셋째, 분절화 해소를 통한 통합적 교육개발협력 추진체계를 구축해야 한다. 여전히 한국의 개발협력에서 가장 많이 논의되는 개선 사항은 분절화이다. 유무상 원조의 조정과 부처 간 협의를 위해 국제개발협력위원회를 구성하여 기획재정부, 외교부를 비롯한 부처 간, 수행기관 간 업무조정 등을 하고 있으나 여전히 중앙정부, 지자체, 산하기관 등 공공 부문을 중심으로 많은 기관들이 개발협력 분야의 사업을 수행하고 있다. 교육 분야도 마찬가지이다. 타 수행 부처, 기관, 주체들과의 정보공유와 유기적 협력을 통해 교육개발협력의 시너지를 증대시켜야 한다. 특히 전문성과 관련 분야 경험을 다수 보유한 관련 부처, 공공 및 민간 기관, 학계, 연구계 전문가들의 참여가 용이한 사업운영 구조를 만들어야 한다. 각 주체들의 다양성을 활용하고, 이를 공공부문에서 효과적으로 연계해 줄 수 있는 거버넌스와 전달체계를 만들어야 한다. 아프리카는 지리적으로 멀고, 역사적 배경은 물론 정치경제사회 체제가 상이하여 사업수행에 어려움이 많으므로 관련 정보를 참여 주체들이 공유하고, 필요 시 공동 대응할 수 있는 운영체계를 갖추어야 한다.

넷째, 수요에 부응하는 사업 추진이다. 사업 구상 초기 단계에서 가장 먼저 고려해야 할 요소이며, 아프리카에서 필요로 하는 우선순위의 사업을 발굴하는 것이 중요하다. 이를 위해 국제사회의 교육 분야 개발협력 수요와 니즈에 적극 대응할 필요가 있다. 개발협력 초기 단계의 국가, 중앙정부, 공공 중심의 사업수행 방식에서 벗어나 시민사회 등 민간 부문의 다양한 주체들이 참여하여 자율적으로 특성화하여 사업을 운영한다면 기대 이상의 성과를 거둘 수 있을 것이다. 주요 선진 공여국들이 대학 등 고등교육기관과 NGO 등 시민사회의 참여를 적극 확대하고 있음을 고려하여 한국도 아프리카 교육 분야 사업에 관련 전문성을 확보하고 있는 많은 기관들이 참여해야 한다. 또한 사업 수행과정에서 입수, 작성한 정보와 자료들이 축적되고, 공유되어 참여 기관, 참여자는 물론 수원국에도 도움이 될 수 있도록 기록관리를 지속적으로 해야 한다.

다섯째, 교육개발협력은 범분야 이슈이고, 단기간에 성과를 내기 어려운 속성이 있으므로 범분야, 중장기 사업으로 기초, 기반 인프라의 성격을 부여하여 규모의 대형화 및 중장기 관리 시스템으로 전환할 필요가 있다. 아프리카는 역사적, 경제사회적으로 매우 복잡한 구조를 갖고 있으므로 교육개발협력을 통해 지식과 경험의 축적, 인식 개선, 상호협력 등이 가능하도록 지원할 필요가 있다. 나아가 교육에 대한 적극적 투자와 전국민의 참여로 한국의 발전과 선진국 진입이 가능했으므로 교육 분야에 대한 중요성과 투자 필요성을 인식시키고, 나아가 수원국의 교육체제 전반을 개선 혹은 혁신하는데 기여할 수 있는 기회로 활용할 수 있다.

어섯째, 청년층 등 대상별 특화 프로그램과 직업교육훈련 등 수요가 많은 분야에 대한 선택과 집중을 통한 지원을 강화해야 한다. 직업교육훈련의 경우, KOICA의 대아프리카지역협력전략(2020~2024)의 권역별 맞춤전략에서도 북아프리카, 중서아프리카, 동남아프리카 모두 교육 분야를 핵심 협력 분야로 선정하고 있고, 중점 프로그램 주요 내용에서도 직업교육훈련 시스템 강화를 제시하고 있다. 아프리카는 일반적으로 5개 지역으로 구분되며, 아프리카연합AU을 비롯하여 아랍-마그레브동맹UMA, 동남아프리카공동시장COMESA, 서아프리카경제공동체ECOWAS, 남부아프리카개발공동체SADC 등 다수의 지역기구들이 운영되고 있으므로 이들 기구 참여국들과의 지역공동 협력사업을 추진하는 것도 유용할 것이다. 중점 국가와의 협력을 토대로 인접 혹은 권역별 주요 국가들이 해당 국가에서 추진하는 프로그램에 참여할 수 있는 삼각협력도 고려할 수 있을 것이다.

교육 분야 개발협력 사업으로 고려할 수 있는 내용들은 산업별 노동

수요 조사를 통한 적정 기술 수준 및 지원 분야 도출, 산업 연계 강화, 아프리카 지역 기술교육 선도 모델 구축 및 아프리카 지역 내 네트워크 확대를 통한 확산, 산업수요를 반영한 기업과의 협력을 통한 취업연계형 프로그램 개발 및 운영, 개발된 인프라 및 인적 역량을 활용한 교류 방안 모색 등이다. 또한 기 지원된 직업훈련기관의 졸업생 추적조사 수행 지원을 통한 성과관리 지원, 기술교육, 직업훈련 교사 양성 및 재교육 지원을 통한 교육역량 및 전문성 강화, 국별 교육과정, 직업정보 등에 대한 지식공유 체계 지원 등도 포함하고 있다.

| 참고문헌 |

김석호 외. 2020.『제4차 지속가능발전기본계획 수립 연구』. 서울: 한국사회학회.

김진희·장혜승·박환보·박주형·김새봄·하연섭·김철희. 2013.『한국의 교육개발협력사업 성과평가 모형 개발 연구』. 서울: 한국교육개발원.

김철희·류기락·곽재성. 2017.『지속가능개발목표(SDGs)의 직업능력개발(TVET) 분야 추진전략 연구』. 세종: 한국직업능력개발원.

김철희·박태준·전재식·설귀환. 2017.『아프리카 직업기술교육 지원 2단계 참여방안 연구』. 서울: 한국연구재단.

김철희·박태준·김소연. 2011.『아프리카 개발도상국가와의 중장기 직업교육훈련 협력방안』. 서울: 한국교육개발원.

남궁지영. 2020. "한국의 교육분야 ODA 현황",『교육정책포럼』제324호.

박영호·박복영·권율·허윤선. 2008.『아프리카 개발협력의 체계적 추진방안』. 서울: 대외경제정책연구원.

박환보·조혜승·유혜영·문찬주·구양흔·우승희. 2017. "한국 개발NGO의 교육개발 협력 사업성과: 굿네이버스의 희망학교지원사업을 중심으로",『국제개발협력연구』제9권 3호.

안해정·서예원·윤종혁·곽재성·김선주·박환보·채재은·최동주. 2019.『지속가능개발목표 달성을 위한 교육개발협력 연구(Ⅲ): 고등교육 실천전략』. 서울: 한국교육개발원.

유지수·유성훈. 2019.『한국 ICT ODA 현황 진단: 최근 5년간 국제개발협력 종합시행계획(확정액 기준) 분석』. 진천: 정보통신정책연구원.

이석희·윤종혁·허주·김진희·박재윤·민철구·박영일·박태준·박환보·변종임·이진상·한건수·황원규. 2011.『아프리카 개발도상국가와의 교육·과학기술협력에 관한 연구(Ⅲ): 개발협력 프로그램의 모듈화』. 서울: 한국교육개발원.

유네스코한국위원회. 2020.『GEM 보고서 2020 세계교육현황보고서 요약본: 포용과 교육』. 서울: 유네스코한국위원회.

유네스코한국위원회. 2020. 『2019년도 지구촌교육나눔 연차보고서』. 서울: 유네스코한국위원회.

한국국제협력단. 2020. KOICA 대아프리카 지역협력전략

한국수출입은행. 2020. 2019년 공적개발원조(ODA) 실적

African Development Bank, *African Economic Outlook 2020: Developing Africa's Workforce for the Future* (Abidjan: Afican Development Bank, 2020).

UN, https://sdgs.un.org/goals.

제7장 정보통신기술과 문화 분야 개발협력 : 청년 인구 증가와 디지털 디바이드[1]

김수원(한국외국어대학교 국제지역대학원)

I. 서론

아프리카는 세계에서 가장 젊은 대륙이다. 아프리카 대륙의 중위연령은 18.5세로 유럽 40.2세, 한국 43.7세와 비교하면 확연한 차이를 보인다. 이 장은 증가하는 젊은 인구에 더욱 민감한 두 분야인 정보통신기술과 문화 콘텐츠 분야의 개발협력을 다룬다. 한국의 정보통신기술과 문화 개발 협력을 두 개의 독립된 분야로 살펴본 선행 연구는 존재한다. 이에 반해, 이 연구는 청년 팽창youth bulge과 디지털 디바이드digital divide의 관점에서 한국 정부가 정보통신기술과 문화 콘텐츠 개발협력을 어떻게 연계하는지에 초점을 맞춘다. 두 분야의 접점을 살펴보는 것은 한국의 개발협력 전략의 측면에서 그리고 아프리카 개발의 측면에서 유의미한

---

1   이 논문의 자료 수집에 큰 도움을 준 서울대학교 국제대학원 구희원·이윤하 연구조교에게 감사한다.

작업이다.

우선, 정보통신기술과 콘텐츠는 공통적으로 한국 정부가 부처 간의 자원을 동원하여 재원을 확보한 전략 분야이다. 한국의 기술 분야 공적 개발원조Official Development Assistance: ODA 통계를 살펴보면, 비록 유상원조가 차지하는 비율이 높기는 하나, 한국은 DAC 국가 중 기술 분야에서 가장 많은 규모의 ODA를 제공하는 나라이다. 이는 한국의 비교적 작은 ODA 규모를 감안하면 더욱 유의미하다. 2019년 ICT 분야 ODA 예산의 31.4%가 아프리카 지역에 배분되었는데, 이는 아시아 지역(35.1%)에 이어 두 번째로 큰 규모이다. 문화 콘텐츠 분야 역시 마찬가지이다.

증가하는 한국의 디지털 문화 콘텐츠 경쟁력을 바탕으로, 문화 산업 자체에 대한 예산이 빠르게 증가하고 있을 뿐 아니라 정부 및 시민사회의 콘텐츠 산업을 개발협력에 접목시키기 위한 전략 찾기 논의가 진행되고 있다. 일례로, 2020 부산개발협력포럼은 '개발협력사업과 문화: ODA의 미래 부산영상 영화에서 보다'라는 주제로 진행된 바 있다.

문화 분야와 정보통신기술의 또 다른 공통점은, 개발협력에 있어서 각 분야에 대한 중요성이 타 분야에 비해 상대적으로 근래에 들어 주목받기 시작하였다는 점이다. 경제성장에 있어 정보통신기술의 긍정적이고 핵심적 역할에 대한 인식은 1990년대에 부각된 이후 현재까지 개발사회에서 공유되고 있다. 경제협력개발기구Organization for Economic Cooperation and Development: OECD 개발원조위원회Development Assistance Committee: DAC는 "과학기술의 발전은 경제성장의 중요한 원동력이며, 경제와 사회를 변화시킬 잠재력을 지니고 있다"고 언급하면서 그 중요성을 강조하였다 (OECD, 2019: 8). 같은 맥락에서 2015년 유엔 지속가능발전 정상회의에서 채택된 2030 어젠다(2030 Agenda)는 지속가능발전목표Sustainable Development Goals: SDGs를 달성하는데 있어 과학, 기술 그리고 혁신Science-Tech-nology-Innovation: STI의 중요성과 그 범분야적 특징을 반영했다. 정보통신기술은 STI의 핵심 부분이며 개발에서의 중요성과 영향력은 계속해서 증대되고 있다.

마찬가지로 문화 및 창조 산업creative industries 분야는 '경제성장을 위한 가장 안전하고 확실한 수단 중 하나one of the best bets for economic development'로 여겨진다(Schultz & Gelder, 2008). 개발협력 기조에 있어 문화 분야는 2000년대 후반에 등장하였다(UNCTAD, 2008). 창조경제의 발전 가능성의 본격적 논의를 위해 가나에서 진행된 유엔 회의는 문화 및 창조 산업을 '개발을 위한 타당한 선택feasible development options'으로 재조명한 바 있다(UNCTAD, 2010). 창조 산업이 일자리 창출 및 빈곤 완화 등과 같이 개발에 미치는 효과는 지속적으로 검토되고 있다(Booyens, 2012). 뿐만 아니라 문화 및 창조 산업은 지역사회 전체가 공동으로 누릴 수 있는 기본적인 기반시설 및 서비스를 제공하도록 정부에게 압박을 가함으로써 개발에 간접적 영향을 줄 수 있다(Cunningham, 2009).

박지민은 영화 제작 및 음악 산업이 자원이 부족한 경제 환경에서도 경제발전을 이루어 낼 수 있는 전략적 산업임을 밝힌 바 있다(Parc, 2014). 더불어 임의적으로 구분된 국경선 아래 여러 민족적, 인종적, 문화적 공동체가 공존하는 아프리카 지역에서 창조 산업이 사회 통합에 기여하는 역할은 중대한 의미를 갖는다. 글로벌 디지털화global digitalization는 정보통신기술과 문화 콘텐츠 간의 연계 범위를 확장시키고 있다. 현재 디지털 기술을 활용한 디지털 플랫폼 내에서 증가하는 숫자의 문화 콘텐츠가 생산되어 수익을 창출하고 있으며, 그와 동시에 많은 저소득 국가들은 디지털 콘텐츠에 관한 산업이 수익과 개발의 원천임을 인지하고 있다.

이 글에서 사용되는 '문화'는 혹은 '콘텐츠'는 '창조 산업의 생산물'을 뜻한다. 문화 정책을 다루는 연구의 대부분이 TV, 라디오, 인터넷 등을 이용하여 소비되는 전파 및 데이터 산업을 창조 산업, 그 산업의 생산물을 창조 제품creative products이라 명명하지만, 한국에서는 이를 콘텐츠 산업 혹은 콘텐츠라고 부른다.

이 글은 다음과 같이 구성되어 있다. 글의 이어지는 부분은 아프리카에서 청년 인구의 급격한 증가를 화두로 디지털 디바이드에 대한 이해의 변화를 간략히 살펴본다. 이를 바탕으로 한국의 정보통신기술과 문화 분야 개발협력의 특징을 살펴본 후 요약하여 결론한다.

II. 아프리카 청년 인구의 증가와 디지털 디바이드

오늘날 13억 명인 아프리카 인구는 2050년 25억 명에 이를 것으로 예상된다. 이때 세계인구의 1/4은 아프리카에 거주할 것으로 예상되는데, 특히 주목할 것은 청년 인구가 급격히 증가하고 있으며 도시화가 빠른 속도로 진행되고 있다는 점이다. 2010년에는 아프리카 인구의 약 36%가 도시에 거주했지만, 2050년에는 10명 중 6명의 아프리카인이 도시에 거주할 것으로 예상된다(UNICEF, 2014).

오늘날 대부분의 아프리카 국가는 거대 도시를 중심으로 한 디지털 기반시설 확충 전략을 추진 중이며, 아프리카의 증가하는 청년 인구가 새롭게 도시에 주거할 것이다. 아프리카의 청년 인구는 빠르게 증가하여 2050년에는 8억3천만 명에 이를 것으로 예상된다(UNDP, 2017). 향

[그림 1] ITU의 정보통신기술 지표(The ICT Development Indes: IDI),
2015년(위)&2017년(아래)

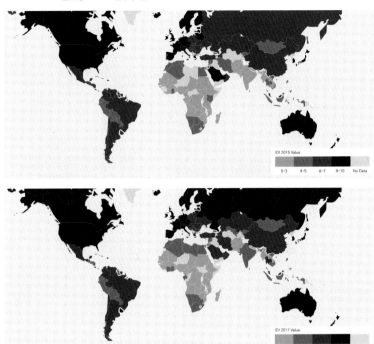

출처: https://www.itu.int/net4/ITU-D/idi/2017/index.html

후 10년간 인터넷 환경에서 자란 1천만 명 이상의 아프리카 청년 인구가 노동시장에 진입할 것이다. 이러한 이유로 디지털 기술은 더 큰 영향력을 내재하고 있다.

그럼에도 아프리카는 오늘날 디지털 기술의 혜택을 제일 누리지 못하는 대륙이다. ITU의 정보통신기술 지표를 살펴보면, 아프리카 대륙은 최하위권에 속해 있다(ITU, 2020). 2017년의 지표를 2015년과 비교했을 때도, 아시아 및 라틴아메리카 대륙이 빠른 성장을 보여주는 것에

[그림 2] 아프리카 인구 구성별 인터넷 접속률

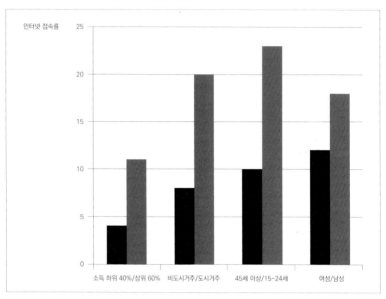

출처: 세계은행, 2016

비해 아프리카 대륙의 정보통신기술 발전은 더딘 것을 알 수 있다([그림 1] 참조).

아프리카 대륙 전반에서 정보통신기술 발전이 이루어지더라도 이 것이 아프리카의 나날이 증가하는 청년 인구 모두 디지털 기술의 혜택을 평등하게 누리게 된다는 것을 의미하지는 않는다. 세계의 다른 지역에서도 살펴볼 수 있듯이, 아날로그 시대의 사회경제적 약자는 디지털 시대의 사회경제적 약자로 연결된다. 아프리카 역시 마찬가지로, 여성이 남성보다 인터넷 접속률이 낮고, 소득 하위 40% 이하에 속하는 인구가 인터넷에 접속할 확률은 소득 상위 60% 이상에 속하는 인구의 1/3에도 미치지 못한다. 또한 도시 거주민 인터넷 접속률 역시 비도시 거주민

접속률의 두 배가 넘는다. 더불어 15세~24세 청년 인구의 20%가 인터넷에 접속하는 것에 비해 45세 이상 인구의 8% 만이 인터넷에 접속한다([그림 2] 참조).

디지털 불평등, 디지털 빈부격차 그리고 정보격차라고도 쓰이는 디지털 디바이드digital divide라는 표현은 1990년대 초반 정보통신기술에 대한 접근이 가능한 사람과 그렇지 못한 사람들의 간극을 나타내기 위한 표현으로 사용되기 시작하였다. 처음에는 퍼스널컴퓨터PC의 등장과 인터넷 상용화에 의해 컴퓨터 장비 및 인터넷 접근성의 격차를 설명하기 위해 주로 사용되었지만, 지금은 정보통신기술 환경의 변화로 데이터 및 빅데이터의 활용 격차를 이르는 의미까지 확장하여 사용한다. 이는 정보통신기술이 평등하고 참여적인 사회를 만들어가는 근간이기 때문에 이러한 기술에 소외되는 계층이 있어서는 안 된다는 시각에 근거한다(Norris, 2001).

지속적으로 월드와이드웹World Wide Web에 접근 가능한 인구는 늘어나는 추세이므로 가장 단순한 의미에서의 디지털 디바이드는 줄어들고 있다고 말할 수 있다. 하지만 디지털 리터러시digital literacy, 즉 인터넷을 효율적이고 생산적으로 활용할 수 있는 능력이 있느냐는 별개의 문제이다. Cinnamon(2020)은 디지털 디바이드에 관한 담론을 크게 세 가지로 분류한다. 우선 수준level의 관점에서 디지털 디바이드를 바라볼 수 있다. 가장 기본적 수준에서 디지털 디바이드는 접근access의 문제로, 기본적으로 정보통신기술의 사용자와 비사용자 간의 간극을 뜻한다. 이 문제가 해결되면 그 상위 수준에서 정보통신기술 사용자 간에 활용도usage, 그리고 더 나아가 활용 이익benefits 간극의 문제가 있다. 예를 들어 높은 수준의 사용자는 정보통신을 이용하여 교육 프로그램이나 건강

관리 애플리케이션을 활용하여 경제적, 기술적, 신체적 활용 이익을 추구하지만, 낮은 수준의 사용자는 소셜 미디어나 채팅 애플리케이션 등을 주로 활용하며, 그 활용 이익이 단순히 흥미 위주이거나 개인적 커뮤니케이션을 위한 수준에 그친다.

둘째, 디지털 디바이드를 사회를 비추는 거울mirror로 여기는 담론이다. 이러한 담론은 정보통신기술 장비나 데이터에 대한 접근성을 단순히 살펴보았을 때 이미 우리 사회에 존재하는 사회적 불평등의 모습을 반영한다는 점을 강조한다. 그 예로써 교육 수준이 낮을수록, 소득이 적을수록, 나이가 많을수록, 그리고 여성이 남성보다 정보통신기술에의 접근성이 떨어진다는 연구결과들이 거울 담론에 포함된다.

마지막 세 번째로 빈곤poverty 담론이 있다. 빈곤 담론은 빈곤이 개인의 차원에서 해결할 수 없는 다양한 문화적, 지역적, 국가적 차원의 문제인 것과 마찬가지로 디지털 디바이드 역시 복합적 차원에서 발생되는 문제로 접근한다.

세 가지의 다른 관점은 디지털 디바이드와 관련하여 각기 다른 해결책을 제시한다. 수준 관점의 담론에서는 디지털 디바이드를 접근-활용-활용이익의 순차적 해결책을 제안하는 한편, 거울 담론에서는 디지털 디바이드가 반영하고 있는 사회경제적 불평등을 우선적으로 해결하는 것을 그 방안으로 한다. 빈곤 담론의 경우 빈곤의 해결과 마찬가지로 개인, 커뮤니티, 문화, 정책적인 다양한 접근법을 동시에 활용하는 것을 방안으로 제시하고 있다.

4차 산업혁명과 데이터-정보-지식-지혜Data-Information-Knowledge-Wisdom: DIKW 구조의 근본적 변화는 1990년대 이후 진행된 디지털 디바이드의 구조와 파급력에도 중요한 변화를 일으키고 있다(Sardar, 2020). Kennedy와 Moss(2015: 6)는 '데이터를 중심으로 벌어지는 새로운 디지털 디바이드a new digital divide around data'에 대해 언급했으며, 같은 맥락에서 뉴 미디어 이론가 Manovich(2012)는 이제껏 존재하지 않았던 새로운 계급인 '데이터 계급data-classes'이 만들어지고 있다고 설명한다. 이 계급은 빅데이터를 수집하고 분석하는 계급과 단순히 수동적으로 빅데이터를 생산하는 계급으로 나누어진다. 대부분의 사람들은 수동적 데이터 생산자, 즉 '디지털 프롤레타리아digital proletariat' 그룹으로, 이 그룹에 속하는 사람들의 디지털 흔적들이 상위 소수 빅데이터 분석가들의 부의 원천이 된다. 두 그룹의 구분은 그간 산업사회에서 만들어진 지배계층과 피지배계층의 구조 및 격차와는 근본적으로 다른 형태로, 기존 디지털 디바이드의 주도적 담론인 수준, 거울 그리고 빈곤의 기준으로 접근하기 힘들다.

요약하면, 처음에 디지털 디바이드의 개념은 단순히 인터넷에 접속할 수 있는가 없는가의 문제로 여겨졌지만, 빅데이터 시대로 접어들면서 복잡한 양상으로 발전하고 있으며 파급력도 더욱 증가하였다. 디지털 및 데이터 디바이드는 다양한 양상으로 전 세계인의 삶의 질에 영향을 미치고 있다. 그러나 이는 통상적이고 본질적으로 비연결성의 수단unconnected means에 대해 배울 수 있는 기회, 경제적 수익을 창출할 수 있는 기회, 서비스를 이용할 수 있는 기회, 더 나아가 민주주의 담론에 참여할 기회에서 소외된다는 것을 의미한다.

그럼에도 디지털화가 아프리카의 모든 인구에게 동등한 혜택을 주는 것은 아니다. 인터넷에 연결된 사람들 사이에서도 불평등의 역사는 디지털화를 통해 해소되지 않고 오히려 심화되었다. 이와 같이 연결성 및 온라인화를 거의 누리지 못하는 사람들과 달리 특권층은 문화 소비를 포함하여 연결성에 관한 모든 부분에서 혜택을 누리고 있다. 즉 디지털 기술은 전반적인 삶의 질을 향상시키고, 빈곤을 줄이는 데 긍정적 영향을 미칠 수 있지만, 보완적인 사회적 투자가 부재할 경우 오히려 사회경제적 불평등을 악화시킬 수 있다.

다음 장에서는 정보통신기술-창조 산업의 개발협력 분야로 주제 범위를 좁히기에 앞서 한국의 정보통신기술 개발협력을 전반적으로 검토한다.

III. 정보통신기술 개발협력

한국의 디지털 협력은 현재 증가하고 있는 남남협력South-South Cooperation 및 세계의 디지털 디바이드의 관점에서 큰 의의를 지닌다. 이는 정보통신기술의 발달을 가장 적극적으로 활용하는 인구 계층이 청년이라는 점을 감안할 때 더욱 유의미하다. 초기의 정보통신기술 ODA는 통신 정책, 행정, 정보통신기술에 관한 ODA 등을 의미했다. 최근 정보통신기술 ODA의 확산으로 정보통신기술 ODA를 두 가지로 구분하는 추세이다. 이는 통신망, 방송, 정보시스템 등 정보통신기술 자체에 대한 순수 ODA와 타 분야에 정보통신기술을 활용하거나 복합적으로 이용하는 융합 ODA를 포함한다.

한국의 정보통신정책연구원은(2016: 7) 정보통신기술 ODA를 "다양한 분야에서 제공되는 공적개발원조ODA 중 정보통신의 발전을 직접적인 목적으로 하거나 정보통신기술을 활용 또는 포함하고 있는 원조"로 정의한다. 방법론과 과학기술원조에 대한 정의는 아직도 다양하고 지

[그림 3] 과학 및 혁신 분야(왼쪽), 기술 분야(오른쪽)의 최대 개발재원 제공자 (2016년)

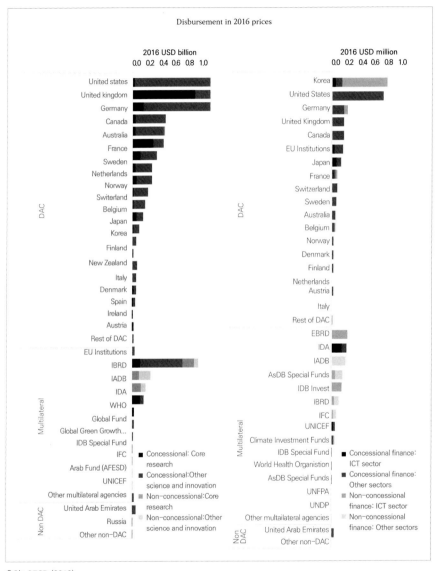

출처: OECD (2019).

속적으로 변하고 있으나 과학, 기술, 혁신Science-Technology-Innovation: STI의 총 개발 재원은 지난 몇 년간 평균 400억 달러로 집계된다(OECD, 2019).

STI 분야의 개발협력이 전반적으로 늘어나는 추세이지만 중점 분야는 나라마다 다소 다르다. 예를 들어, 미국은 전염병 및 그 외의 질병에 대응하는 글로벌 노력에 전념하고 있으며, 대부분의 프로그램은 STI와 관련된 요소들을 포함한다. 프랑스는 농업 및 환경 연구를 중점으로 두는 반면, 일본과 한국은 정보통신기술과 그 외의 기술 분야에 대한 지원을 중점적으로 수행한다. 그에 반해 영국과 호주의 경우 ODA 재원 중 STI의 큰 비중이 다양한 목적 하의 ODA 적격ODA-eligible 연구를 수행하는 대학 또는 과학기관 지원에 투입되고 있다.

한국의 기술분야 ODA 통계는 흥미롭다([그림 3] 참조). 비록 유상원조가 차지하는 비율이 높기는 하지만 한국은 기술 분야에서 가장 많은 규모의 ODA를 제공하는 국가인데, 이는 한국의 비교적 작은 ODA 규모를 감안하면 더욱 유의미하다. 한국의 개발협력 사업 중 4.6%가 정보통신기술 분야에 사용되었는데, 이는 DAC 회원국 평균인 0.1%에 비하면 매우 높은 수치이다(주한나 외, 2020). 한국과 일본이 공통적으로 정보통신기술 분야에 많은 지원을 하지만, 일본은 ODA-STI 관련 사업이 대부분 아시아 내의 기술 관련 대규모 기반시설 프로젝트에 중점을 둔다는 데에서 차이가 있다. 주로 차관과 민관협력public-private partnership: PPP을 통해 자금을 지원하며, 그중 민간 부문 개발 분야에 비교우위를 지닌다. 또한 일본은 개발협력 내에서 갖고 있는 국제 리더십 역할을 확대시키는데 관심을 두며, 양질의 기반시설, 보편적 의료보장 그리고 재난 위험 관리와 같은 활동을 더욱 확대scale-up시키고자 한다(OECD, 2019: 55).

한국 정부가 정보통신기술 ODA를 지원하기 시작한 시점은 1990년

[그림 4] 한국의 정보통신기술 ODA 규모 변화 (증가량) (단위: 억 원)

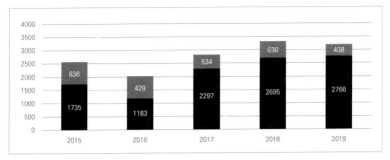

출처: 유지수 · 유성훈(2019)의 표를 바탕으로 재구성.

대 이후부터이다. 그러나 정보통신기술 산업의 특성상 비용이 많이 들고 효과가 명확히 나타나지 않는 등의 이유로 큰 비중을 차지하지는 못하였다. 이후 2003년 제네바에서 개최된 정보사회정상회의World Summit on the Information Society를 준비하는 과정에서 "외교전략이라는 측면에서 볼 때 한국은 정보화의 문제를 외교전략의 이슈로서 인식하는 데 부족"함을 인지하고 "정보화 분야의 글로벌 외교전략" 수립의 중요성을 강조하기 시작하였다(서보현 외, 2003: 23). 기존 안보와 통상에 주로 국한되었던 외교 방향의 한계를 넘어 '제3의 외교 영역'으로 디지털 외교를 포함한 정보통신기술 외교의 중요성을 강조하기 시작하였고, 기술표준과 관련된 국제협상 및 국제기구 활동뿐 아니라 정보통신기술 전문가를 활용한 공공정책 네트워크의 구성 등 보다 넓은 영역과 많은 주제들을 포괄적으로 포함하는 디지털 외교를 구상하였다. 이 과정에서 다양한 정보통신기술 외교 방법 중 하나로 정보통신기술 ODA에 대해 새롭게 접근하기 시작하였다(서보현 외, 2003: 25). 2005년 정부의 '대외원조개선 종합대책' 발표를 시작으로 비교우위 산업 중심의 한국형 원조 모델

[그림 5] 한국의 정보통신기술 ODA 규모 변화 (전체 ODA 대비)　　　　(단위: 억 원)

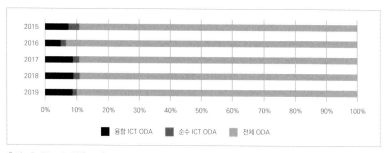

출처: 유지수 · 유성훈(2019)의 표를 바탕으로 재구성.

을 추진하였는데, 이때 정보통신기술 분야가 선정되면서 정보통신기술 ODA가 본격적으로 진행되기 시작하였다(이상은, 2014).

현재 KOICA는 정보통신기술을 독립적 분야가 아니라 여러 분야에 걸치는 범분야로 취급하여 다양한 분야에서 정보통신기술 ODA 사업을 수행한다. 수출입은행에서도 분야별로 관련 정보통신기술 프로젝트를 지원하는 등 비슷한 양상을 보인다. 이와 더불어 여러 곳의 정부 부처 및 기관에서 정보통신기술을 활용한 공적개발협력을 진행한다. [그림 4]와 [그림 5]에서 확인할 수 있듯이, 최근 5년간(2015~2019) 한국의 ODA 규모는 약 13조 7천억 원이었으며, 이 중 순수 정보통신기술 ODA는 약 2,867억 원(전체의 약 2.1%), 융합 정보통신기술 ODA는 약 1조 676억 원(전체의 약 7.8%)을 차지했다(이상은, 2014).

정보통신기술 ODA의 측면에서 디지털 공적개발원조는 크게 정보통신 기간산업, 규범 및 제도 그리고 산업의 세 측면으로 나누어진다. 정보통신기술 ODA는 다른 분야의 개발협력과 다르게, 공여국이 과거에 겪었던 개발의 문제가 아니라 공여국도 현재 겪고 있는 디지털화의 문제를 다루는 경우가 많다. 우선 규범적인 측면에서 디지털 공적개발

[그림 6] 스마트아프리카연합 비전

54 Governments   5 Blocks   One Digital Africa

출처: smartafrica.org.

원조는 디지털 역량 강화, 데이터 보호 구조 구축, 사이버 범죄 방지, 국경간 전자상거래 및 데이터 이동에 관한 제도를 포함한다. 이 분야는 EU의 활동이 두드러지는 영역이며 데이터를 '보호해야 하는 권리'로 여기는 EU의 디지털 철학에서 일부 기인한다.

한국의 디지털 공적개발원조는 아시아와 아프리카 지역에서 주로 이루어지며 정보통신 기간산업에의 투자 및 협력이 특히 활발하다(Okano-Heijmans & Vosse, 2020). 인프라도시개발지원공사는 한국기업이 파트너 국가의 기반산업개발 프로젝트에 참여하는 것을 지원하는데, 특히 아세안 국가의 5G네트워크 사업을 중점적으로 추진하고 있다.

정보통신기술ODA는 성격상 민간기업의 참여가 중요하다. 아프리카 국가들 역시 자국의 정보통신기술 환경 개발을 위해 원조 공여국뿐 아니라 다국적기업과 연계하기 위해 적극적 노력을 기울이고 있다. 예를 들어 정보통신기술 인프라 확충 및 긍정적인 디지털 임팩트digital impact를 추구하기 위해 구성된 전 아프리카적 움직임으로 스마트아프리카연합Smart Africa Alliance이 있다. 하나의 디지털 아프리카One Digital Africa를 궁극적 비전으로 제시한 스마트아프리카연합은 적절한 가격의 브로드밴드의 접근성 확보와 정보통신기술 활용을 통해 아프리카를 지식 경제로 전환시키는 것을 주된 목표로 한다([그림 6] 참조). 이는 디지털로 연결된 하나의 아프리카를 목표로 하지만 스마트아프리카연합 국가별 중점 프로젝트를 보면 구체적 전략은 국가별로 다르다. 예를 들어 르완다는 스마트시티, 부르키나파소는 역량 강화, 우간다는 빅데이터, 세네갈은 접근성, 가봉은 산업, 케냐는 디지털 경제, 남수단은 디지털 리티러시, 코트디부아르는 사이버보안, 말리는 일자리 창출을 정보통신기술을 이용한 전략적 목표로 삼는다.

2013년 르완다, 케냐, 우간다, 남수단, 말리, 가봉, 부르키나파소 등 아프리카 8개국 정상이 르완다 키갈리에서 첫 정상회의를 한 이후, 2014년에는 아프리카연합Africa Union의 모든 국가 원수 및 정부가 스마트아프리카선언SMART Africa Manifesto을 승인하였다. 특히 주목해야 할 것은 원조를 제공하는 주체가 국가 차원이 아닌 해외 민간기업의 참여가 크게 강조된 이니셔티브라는 점이다. 해당 연합의 참여 멤버는 크게 국가, 정보통신기술 관련 민간기업, 학계로 구성되어 있다. 앙골라, 베냉, 콩고민주공화국, 가나, 케냐, 말리, 시에라리온, 남아프리카공화국 및 짐바브웨를 포함하여 30개 국가, 그리고 민간기업으로는 화웨이Huawei, 타타커뮤니케이션TATA Communication, MTN, 오렌지Orange, 페이스북Facebook, 인텔Intel, 마이크로소프트Microsoft 등이 참여하고 있으며, 이 외에 디지털 관련 국제기구, 기업가 및 스타트업, 그리고 카네기멜론대학Carnegie Mellon University을 포함한 학계 일원 등이 이 프로젝트에 함께 한다([그림 7] 참조).

초기 한국 기업의 참여도 적극적이었다. 2013년 첫 회의에 KT 회장이 참석하여 기조연설을 하였으며, 르완다 정부와 함께 전시회를 총괄 운영하였다. 또한 '스마트시티로의 빠른 진전'을 주제로 개최된 제3차

[그림 7] Smart Africa Alliance의 플래티넘 및 골드 회원국

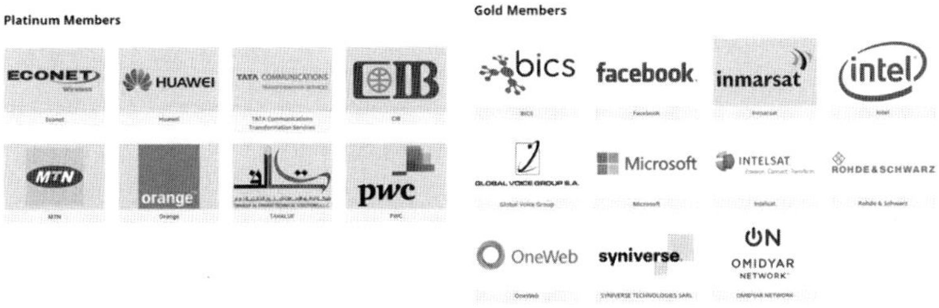

출처: https://smartafrica.org/private-sector/

회의에서는 한국 민간기업의 참여가 더욱 증가하였다. KT는 현지 자회사 AOSAfrica Olleh Service Ltd.와 함께 운영한 부스에서 'KT 디지털 헬스케어 솔루션'을 선보였으며, 한국클라우드산업협회KACI와 한글과컴퓨터는 아프리카 시장 진출 활성화를 위한 MOU를 체결하였다. 이 다자간 디지털 플랫폼으로서 이 프로그램에 대한 연구는 한국에서도 진행된 바 있다. 김나운과 유성훈(2018)은 스마트아프리카연합의 진행 방향에 대한 분석을 바탕으로 한국 정부가 '혁신과 융합의 요소가 포함된 협력 분야 도출과 전략적 이행을 위한 추진 전략'을 마련해야 한다고 제언했다.

민간기업뿐 아니라 한국 정부 역시 다수의 양자간, 다자간 사이버 이슈에 참여하고 있다. 예를 들어, 한국인터넷진흥원은 탄자니아에 IT 기반시설의 안보 시스템을 제공하였고, 한국 정부는 다자간 개발협력의 일환으로 2016년 글로벌 사이버보안 협력 네트워크Cybersecurity Alliance for Mutual Progress를 발족하였다. 이 이니셔티브는 '회원들 간 전체적인 사이버보안의 수준을 높이는 것serve as a network platform to lift up the overall level of cybersecurity of the members'을 목표로 2020년 세 번째 회의가 개최되었으며, 해

당 이니셔티브에 참여하는 46개 국가에는 나이지리아, 르완다, 시에라리온, 세네갈, 우간다, 탄자니아, 케냐, 가나, 에티오피아, 코트디부아르 등의 아프리카 국가들이 포함되어 있다(CAMP, 2020).

한국의 순수 정보통신기술 ODA는 통신 인프라 구축과 정보통신기술을 활용한 공공서비스 개선사업을 중심으로 추진되었다. 과기정통부 및 산하 기관들은 최근 5년간(2015~2019) 20개국 대상 33개의 정책자문 프로젝트를 수행하였고, 매년 평균 5건 이상의 프로젝트가 협력국 정책에 실질적으로 반영되고 있다. 자문단은 국내 전문가 중심으로 구성되며 매년 평균 4개 민간기업이 참여하고 있다. 단적인 예로 파라과이의 국가통신위원회의 자문 내용은 정보보안법 초안 수립에 반영되었다. 초청연수사업도 과기정통부의 주요 사업으로, 연평균 13개 과정에 약 230명의 협력국 관계자가 초청되어 연수를 받는다. 또한 정보접근센터를 설립하고 협력국에 인터넷 라운지나 정보화 교육장 등 정보접근 인프라를 지원한다. 비슷한 사업으로 K-lab 사업은 디지털 제작 인프라를 구축, 운영하고 활용 교육을 지원하는 프로그램이다.

3D프린터, 레이저커터 등 디지털 제작 장비를 활용하여 현지 수요에 맞는 시제품 제작이 가능하도록 작업공간을 운영하고 관리하며, 멘토링을 지원하고 네트워크 프로그램을 운영한다. 대표 사례로 2019년 미얀마 K-lab시설에서 페이스 쉴드를 자체 제작하여 코로나19 의료 활동에 활용했다. 또한 세계은행, 미주개발은행 등 국제 개발은행들과의 협력을 지원하고 사이버 보안 교육을 진행한 바 있다. 이처럼 다양한 활동에도 유지수 외(2019)는 정부의 ODA 정책이 아직 정보통신기술의 중요성을 충분히 인식하지 못하고 있다고 지적한다.

지역별 정보통신기술 ODA 예산 분배 현황을 살펴보면 2015년을 기

[그림 8] 한국의 지역별 ICT ODA 예산 현황 규모와 비율 (2015~2019년)　　(단위: 억 원)

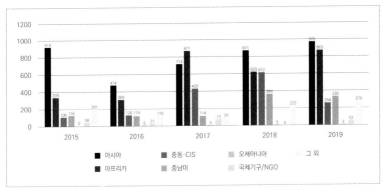

출처: 유지수 · 유성훈(2019)의 통계를 바탕으로 구성.

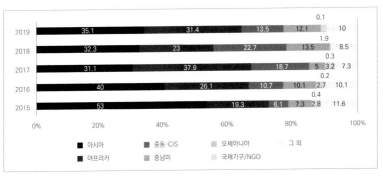

출처: 유지수 · 유성훈(2019)의 통계를 바탕으로 구성.

준으로 아시아 지역은 53%, 아프리카는 19.3%로 아시아 지역 편중이 심했으나, 차차 아프리카 지역 사업의 예산 비중이 늘어나 2019년에는 정보통신기술 ODA 예산의 총 31.4%가 아프리카에 투입되었다. [그림 8]에서 확인할 수 있듯이 아시아 지역에 투입된 예산(35.1%)에 이어 두 번째로 큰 규모이다(유지수 & 유성훈, 2019).

　정보통신기술 ODA 지역별 예산 규모의 경우 아시아와 아프리카에 큰 차이가 없으나 지역별로 진행한 사업 수는 각각 아시아 80개, 아프리

[그림 9] 지역별 ICT ODA 사업 수 (2015~2019년)　　　(단위: 개)

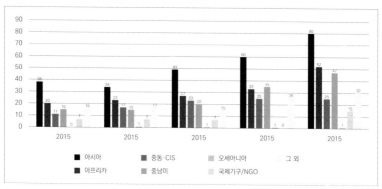

출처: 유지수 · 유성훈(2019)의 통계를 바탕으로 구성.

카 52개로 나타난다. 두 지역에 배분된 예산에 큰 차이가 없다는 점을 감안하면 아시아 지역에 비해 아프리카 지역에서 수행된 사업의 수는 적지만, 개별 사업에 대한 예산이 더 많이 투입되었다고 추정할 수 있다 ([그림 9] 참조). 지원 유형별로는 프로젝트가 전체 사업의 82.3%로 압도적으로 많고, 민관협력 케이스가 증가하고 있다. 가장 많은 수의 사업이 이루어지는 분야는 공공행정, 교육, 경제산업 인프라 등의 시스템 및 센터 구축 사업이다.

IV. 문화/콘텐츠 산업 개발협력

정보통신기술은 본질적으로 융합적 성격이 강하기 때문에 순수 정보통신기술 분야의 개발협력만을 살펴보면 영향력을 충분히 파악하기 어렵다. 따라서 이 글은 아프리카의 증가하는 청년인구와, 변화하는 산업구조에 큰 영향을 미치는 창조 산업에서의 정보통신기술 융합 개발 협력 사례를 살펴본다. 창조 산업은 빠르게 증가하는 글로벌 디지털 연결성global digital connectivity으로 인해 개발에서의 영향력이 증가하고 있다.

물론 모든 한국의 문화 분야 개발협력이 정보통신기술과 직접적 연계가 있는 것은 아니다. 오히려 한국 정부는 이제까지 보다 전통적이고 상징적인 문화 ODA를 진행해왔다. 특히 아프리카의 경우, 콩고 국립박물관 건립 사업이 대표적인 예이다. 이는 단순히 문화 분야에서의 ODA일 뿐 아니라 다극화 하는 국제질서 안에서 남남협력의 역학구조를 반영한다는 점에서 그 의의를 보여주는 프로젝트였다. 한국 정부는 이전에 라오스, 캄보디아, 방글라데시 등의 동남아시아 지역에서 문화유산의 보호와 관리를 위한 사업을 지원한 경험이 있으나 아프리카 지역에서 관련 사업을 수행한 것은 콩고의 사례가 처음이다.

KOICA는 2013년 콩고 국립박물관 건설 사업을 승인하였는데 이 프로젝트는 2천만 유로 규모로, 콩고민주공화국의 전 대통령 조제프 카빌라Joseph Kabila의 요청에 의해 착수되었다. 국립박물관은 단순한 건물의 개념이 아니라 건축 양식, 콘텐츠 구성과 건물의 위치까지도 상징적 의미를 가진다. 국립박물관은 국가 정체성을 다시 한번 확립할 뿐 아니라 국가의 존재를 정당화하는 수단으로 활용되기도 한다. 한국의 콩고 국립박물관 사업은 식민 경험을 공유한 아프리카와 한국의 공동 프로젝트, 즉 남남협력의 국립박물관 건립 사업이라는 점에서 의의가 있었다.

한국은 역사적 책무를 지지 않는 아시아의 신흥 공여국으로서 아프리카 지역 내 국립박물관 건립, 문화 유산의 디지털화, 박물관 관계자 교육, 도둑 맞은 유물의 본국 송환을 위한 노력을 지원했다. 이 프로젝트는 벨기에의 아프리카 박물관 재건축사업과 같은 시기에 이루어지면서 더욱 그 의미가 부각되었다. 벨기에 출신 아프리카 근현대 역사학자 사라 반 뷰어든Sarah van Beurden은 이러한 한국의 행보가 주는 메시지와 관련하여 "한국은 식민 지배의 역사를 극복하고 선진국으로 발돋움한 경험을 발판 삼아 콩고인들 또한 오랜 식민지 지배자들과 협력하는 대신 한국과 협력할 수 있다는 인상을 심어주고 있다"고 평했다(Brown, 2018).

콩고 국립박물관 건립 사업에도 물론 디지털 기술이 전혀 활용되지 않은 것은 아니다. 6만 점의 전시품을 정리하는 과정에서 디지털 기술을 활용한 협력이 이루어졌으며, 디지털 영상에 대한 지원도 포함되었다. 이와 다르게 디지털 협력이 핵심적 요소로 작용하는 분야 중 하나는 방송 분야 개발협력이다. 같은 맥락에서 ITU에서 정보격차 해소를 위한 활동을 담당하고 있는 ITU-D 부문의 4년 주기 총회인 세계전기통신개발회의WTDC-17에서도 아프리카 지역의 우선 과제로 디지털경제 구축 및 혁신 촉진, 신흥 브로드밴드 기술 촉진, 신뢰 및 보안 구축, 인적·제도적 역량 구축, 무선 주파수 스펙트럼 관리 및 점검과 디지털 방송 전환 등 5가지 이니셔티브를 채택했다(ITU, 2017).

또한 방송 정보통신기술 ODA는 한국 정부의 문화 분야 개발협력에서 전략적으로 추진하고 있는 분야이다. "개도국 방송환경 개선 지원 사업은 개발도상국의 ICT 발전 기반을 조성하고 친한親韓 및 지한知韓 정책 환경을 구축하기 위해 방송설비 구축 및 구축 설비 운용 관련 교육을 지원하는 사업"이다(정보통신정책연구원 외, 2020: 10). 한국전파진흥협회가 주관하는 이 사업은 협력국에 방송 설비를 지원하고, 역량 강화 교육과 사후관리를 제공하여 협력국의 방송 환경을 개선하고 '국내 방송산업의 국제적 확대 기반 마련'을 목적으로 한다(정보통신정책연구원 외,

2020: 10). 이 사업은 충분한 기술력을 갖추었음에도 해외 방송장비 시장에서 인정받지 못하고 있는 한국산 방송장비 시스템을 지원함으로써 국산 방송장비 시장 확대라는 부수적 효과를 노리는 사업이기도 하다. 2007년 라오스에서 해당 사업을 최초로 수행한 이후 정부는 매년 2~3개 국가의 방송환경 인프라 개선을 지원하고 있다.

특히 한국이 2012년 디지털 방송으로 전환한 경험을 바탕으로 디지털 방송 기술 노하우를 전달하거나, 한국에서 더 이상 사용하지 않는 아날로그 장비를 필요한 국가에 지원해 주는 사업을 함께 수행하고 있다. 프로젝트가 시작한 이래 2019년 기준 과학기술정보통신부의 예산으로 총 21개국을 지원하였으며, 2015년부터는 초청이나 방문을 통한 재교육, 장치 유지 보수, 보강 장비 지원 등의 사업을 병행하고 있다. 나아가 협력국의 방송 환경을 고려하여 방송설비 패키지를 지원하고, 실무 운용자를 초청하거나 전문가단이 방문하여 심화교육을 진행하기도 한다. 이 사업을 통해 최근 5년간 페루, 탄자니아 국영 방송사 등에 10건의 방송 인프라 개선 사업을 진행하였다.

이 중 탄자니아는 2019년 이 사업의 지원을 받은 세 개의 국가(탄자니아, 도미니카공화국, 네팔) 중 하나로, 탄자니아 국영 방송사인 TBC Tanzania Broadcasting Corporation에 TV 제작 스튜디오 방송 시스템을 지원하였다. 탄자니아는 2012년부터 디지털 방송 송출을 시작하였으나 방송 제작은 대부분 아날로그 방식을 기반으로 이루어지고 있었다. 탄자니아 사업은 특히 다년간에 걸쳐 이루어지는 첫 번째 패키지형 방송설비 지원 사업이라는 점에서 의미가 있다. SBS와 한국전파진흥협회가 협력하여 진행한 사업으로, SBS는 2017년 TBC의 요청으로 콘텐츠 50편을 기증하였다. SBS와 KOICA는 민관협력으로 참여하는 NGO 및 기업과 함께 TBC 내 스튜디오 건물을 새로 건축하고, 관련 교육 프로그램을 운영한다. 한국전파진흥협회는 해당 건물 안에 프로그램 제작 설비를 구축하며, 기존에 구축되어 있던 디지털 방송 송출 시스템과 호환 가능한 방송 시스템을 설계하고 방송 장비를 지원하는 역할을 수행한다. 이 프로그램에 참여한 SBS 시사교양본부 사회공헌담당의 성영준은 현지 개발에 주는 측면과 함께 이러한 프로그램이 한국에서 아프리카에 대한 인식 전환에 미친 영향을 설명했다.

기존의 모금 방송에 중점을 두는 프로그램은 빈곤이나 질병의 희생자로 아프리카인들의 영상을 강조함으로써 아프리카에 대한 균형 있는 시각을 제공하지 못하였지만 한국의 방송 제작자들이 참여하는 민관협력 프로그램은 개발 및 협력의 가능성에 관한 영상을 제공함으로써 아프리카에 대한 인식을 변화시키는 데 도움이 되는 또 다른 긍정적 효과가 있다(성영준, 인터뷰, 2020년 11월 16일).

이러한 프로젝트는 정보통신기술을 이용하여 문화산업을 성장시키고 이를 수익의 창출, 개발, 경제성장으로 연결시킬 수 있다는 점에서 더욱 의의가 크다. 현재 문화시장의 대륙별 규모는 아시아, 북미, 유럽, 남미, 아프리카 그리고 중동의 순이다. 문화산업은 청년 고용기회 창출에 큰 영향을 미친다. 유럽의 15세에서 29세 사이 청년 인구의 고용률을 보면, 문화산업의 청년 인구 취업 비율은 다른 어떤 산업보다 높다. 나아가 문화산업은 대부분의 전통산업보다 여성 취업률이 높은 산업으로, 영국의 경우 여성 경제활동인구 비율은 47%에 그치지만 음악산업 종사자의 50% 이상은 여성이다(UNESCO, 2015). 또한 문화산업은 타 산업에 비해 개인 사업자나 소규모 사업자의 창의성, 혁신성이 성공에 긍정적으로 작용하는 경우가 많다. 예를 들어 캐나다에서는 절반 이상의 게임 개발자가 독립적으로 작업하면서 개별적으로 활동한다.

아프리카에서도 성공적인 문화산업 개발은 고용 창출로 연결되는 선례를 찾아볼 수 있다. 나이지리아의 성공적인 영화제작 산업인 놀리우드Nollywood는 약 30만 명 정도의 일자리를 창출하며 농업 다음 두 번째로 큰 고용시장이 되었다. 나이지리아 총국민생산량의 2%가 놀리우드에서 나온다. 나이지리아에서 생산된 영화는 동부, 중앙아프리카 전역에서 시청할 수 있으며, 프랑스어권 서부 아프리카 지역에서는 가장 많은 시청자를 보유하고 있다. 놀리우드 영화들은 남아공의 위성TV 채널인 DSTV를 통해 남아공을 비롯한 여러 아프리카 국가에서 시청할 수 있다. 일주일에 약 40편의 영화가 만들어지며 이는 인도 다음으로 세계에서 두 번째로 큰 숫자이다. 처음에는 마그네틱 비디오 장비를 이용해서 만들어지고 지역적으로 소비되었던 놀리우드 영화산업 역시 디지털 플랫폼을 활용해 크게 성장하였다. 또한 놀리우드의 가장 큰 온라인 유통사는 아프리카의 넷플릭스라 불리우는 iROKOtv.com으로 5000개 이상의 아프리카 영화를 전 세계 관객에게 제공한다.

물론 문화와 개발협력의 연계는 민감하고 조심스러운 이슈이다. 한국도 경험을 통해 이를 배운 바 있다. 한국 정부가 시행한 정책 중에 한국 문화 전파와 개발협력 두 가지를 동시에 목표로 하였으나 실패한 선례는 코리아 에이드Korea Aid이다. 코리아 에이드는 2016년 박근혜 대통령이 에티오피아, 케냐, 우간다를 공식 방문하면서 추진한 ODA 사업이다. 한국 정부는 사업이 한국의 문화 외교와 개발 원조를 접목한 새로운 한국형 모델이라 극찬하였으나(외교부, 2016), 실질적으로는 에티오피아, 케냐 및 우간다의 문화 및 발전 상황을 전혀 고려하지 않고 만든 부적합한 사업이었다. 이 사업은 각국에서 10대의 트럭을 통해 수행한 개발협력 프로젝트로, 트럭 내 음식을 요리할 수 있는 조리대 및 의료진을 위한 설비와 함께 대형 스크린을 설치하여 여러 곳을 이동할 수 있도록 했다. 정부는 이러한 이동 트럭을 이용하여 아프리카의 외진 곳까지 찾아갈 수 있다는 점과 더불어 개발협력 사업을 통해 한류를 홍보할 수 있다고 강조했다. 정부의 공식 채널인 KTV는 "아프리카 3개국 순방 – '코리아 에이드'로 한류의 씨앗을 뿌리다"라는 제목으로 이 프로젝트를 소개했다. 개발협력사업의 일환으로 K-pop 밴드가 참여해 현지 공연을 진행했고, 대형 스크린을 통해 평창 동계올림픽 홍보 영상, 한국 K-pop의 영상 등을 보여주었다(KTV, 2016). 코리아 에이드는 박근혜 대통령의 탄핵에 핵심적 영향을 미쳤던 국정 농단의 결과물 중 하나였을 뿐 아니라 "공적개발원조(ODA)의 취지나 원조 효과성을 높이기 위해 국제사회가 확립한 원칙을 무시한 이벤트성 사업"이었기 때문에(참여연대, 2016) '최악의 원조the worst aid'라는 비난을 피할 수 없었다.

이 프로젝트는 한국 개발협력 기록에 오점을 남긴 특이한 케이스로 여겨질 수도 있지만 국가의 이미지 혹은 소프트파워를 증진시키기 위해 개발협력이나 한국의 경제발전 경험을 도구로 사용한다는 점developmental soft power에서 전반적인 한국의 개발협력 행태와 같은 선상에 있다(Kim, 2019). 정부와 미디어에서 형성한 한국 문화상품의 확산이 곧 국익으로 여겨지는 기조를 바탕으로 한국 문화의 글로벌 확대 노력은 개발협력의 영역을 포함한다. 이러한 분위기에서 '아프리카 소녀들의 삶의 질 향상'이라는 ODA 목표를 내걸고 한국 가수의 춤과 노래의 영상을 틀어주는 대형 스크린을 장착한 트럭을 이용한 코리아 에이드와 같은 왜곡된 개발협력 프로젝트가 출현할 수 있었던 것이다.

그러나 콘텐츠 산업 개발 노하우를 활용한 모든 ODA가 문제가 되는 것은 아니다. 오히려 ODA를 활용하여 기술 장비를 지원하거나 컨텐츠 생산 기술의 노하우를 공유하는 등 한국의 경쟁력 있는 콘텐츠 생산 능력 및 경험을 아프리카와 나누는 것은 우리나라 ODA의 전략적 활용 측면에서 고려해 볼 만한 일이다.

V. 결론

2020년 7월 정부는 한국판 뉴딜 종합계획을 발표하였다(관계부처합동, 2020). 한국판 뉴딜에서 디지털 뉴딜은 그린 뉴딜과 함께 2대 전략 분야로, 궁극적으로 안전망이 강화된 사회를 위한 핵심 전략이다. 한국뿐 아니라 미국, EU, 중국 역시 위기 극복 및 국가경쟁력 제고를 위해 디지털 투자를 확대하고 있다. 미국은 5G 무선 인트라 및 농촌 브로드밴드 공급을 위해 1조 달러의 인프라 투자를 검토 중이며(2020 6월), EU는 AI 산업에 향후 10년간 매년 200억 유로 이상 투자하기로 결정하였다(2020 3월). 또한 중국은 5G 등 신 인프라에 2025년까지 1.2조 위안을 투자하기로 결정하였다(2020 3월). 경제적으로 규모가 큰 미국, 중국, EU와 달리 개발도상국은 디지털 인프라 확충에 쓸 재원이 부족하다. 코로나19의 여파로 많은 개발 재원이 보건의료로 돌려진 상황에서 더욱 그러하다.

다행히 디지털 개발협력 역시 증가하는 추세이다. 중국의 디지털 협력은 중국의 디지털 실크로드Chinese Digital Silkroad로 대표되는 범정부적, 민간 부문 접근법에 기반한다(Ghiasy & Krishnamurthy, 2020). 미국은 민간기업의 참여가 두드러지는데, 개발협력의 철학이나 기준 없이 진행되는 거대 플랫폼 기업의 개발협력은 우려되는 부분이기도 하다 (Nothias, 2020). 한국은 그동안의 개발 경험에서 중요하게 작용했던 강점을 위주로 정보통신기술 ODA를 진행하고 있다. 이는 E-governance, 교육, 디지털 콘텐츠 및 미디어 분야의 개발협력 등의 사례를 포함한다. 이 중 아프리카는 한국 정보통신기술 ODA의 큰 규모를 차지한다.

2021년 개발협력분야 예산안을 살펴보면, 융합 ODA(부처간 역할 분담 및 협업으로 지원되는 공적원조)의 양적 확대와 질적 제고를 통한 한국형 '패키지 개발원조 모델' 확립이 중요한 전략으로 언급되어 있다(기획재정부, 2020). 이는 정보통신기술 ODA의 방향성과 유사하다. 과학기술정보통신부는 2021년 과학기술 및 정보통신기술 ODA 사업예산을 전년보다 30% 증액된 196억 원을 요구하였다. 정보통신기술 분야에서는 특히 디지털 디바이드를 해소하고 관련 인력을 양성하기 위해 48개국 58개 도시에 정보접근센터를 이미 지원한 바 있다. 같은 맥락에서 과기정통부는 "향후 비대면 사회의 도래 등 국제사회의 환경 변화를 고려하여 개도국의 수요와 만족도가 높은 ODA 사업을 적극적으로 발굴하여 지원하고, 다부처 융합 사업을 강화해 나가도록 힘쓸 계획"이라고 언급했다(과학기술정보통신부, 2020).

지역적으로 문재인 정부의 신남방정책으로 정보통신기술 ODA 역시 신남방정책 관련 국가에 다소 비중이 주어지는 것으로 보인다(정보통신산업진흥원, 2019). 예를 들어, 정보통신기술과 건축 인프라 구축 및 규범 확대의 전반적인 패키지로 구성된 스마트시티 사업의 경우, 해외 한국형 스마트시티 확산을 위한 국제 공모에 남아프리카공화국을 포함한 총 23개국 80건의 사업이 접수되었다. 총 12개 사업이 선정되었지만 아프리카 협력 도시는 포함되어있지 않으며, 선정된 국가는 페루와 콜롬비아를 제외하면 러시아와 터키를 포함하여 모두 아시아 대륙에 위치한 국가들이다(국토교통부, 2020). 그러나 최근 5년간의 ODA 통계를 보면 정보통신기술 ODA를 포함하여 아프리카에 배분되는 ODA는 꾸준히 늘어나고 있다. 정부의 교체 및 외교전략의 변화에 크게 휩쓸리지 않는 ODA 방향의 관점에서 고무적이다.

분야별 ODA의 효과를 측정하는데 있어서 한계는 한 분야의 개발은 사회 전반의 개발 없이 효과적으로 이루어지기 힘들다는 점이다. 디지털 협력도, 문화 분야 협력도 마찬가지이다. 효과적인 디지털 개발협력을 위해서는 사회의 아날로그적 요소의 개선이 함께 진행되어야 한다. 낮은 수준의 사회적, 경제적 기반 산업은 인터넷으로 얻을 수 있는 사회적 경제효과를 감소시킬 수밖에 없으며, 경제적 빈부격차는 디지털 빈부격차로 이어진다. 중앙아프리카공화국의 경우 한달 인터넷 사용료가 1인당 국민소득의 1.5배를 넘는다. 모바일폰의 가격도 아직 높다. 평균적으로 아프리카인은 한달 소득의 13%를 모바일폰의 통화나 문자 사용료로 지출한다. 또한 초등학교 3학년 학생의 75%가 문자를 해독하지 못하는 말리와 우간다 같은 나라에서는 높은 문맹률 역시 인터넷 사용에 장벽이 될 수 있다.

마지막으로, 그럼에도 불구하고, 디지털 기술을 이용한 콘텐츠 생산산업은 아프리카의 젊고 창조적인 인구의 경제생산성을 높이는 데 큰 기여를 할 수 있다. 경험적 강점을 활용할 수 있는 정보통신기술 문화콘텐츠 개발협력은 적극적으로 활용할 가치가 있다. 이는 단순히 한국의 콘텐츠를 제공하는 것과 다른 수준의 연계이다. 1990년대 말부터 한국 정부는 아프리카 및 저소득 국가에 공공외교 및 개발협력의 일환으로 한국의 문화 콘텐츠를 무료로 제공하고 있다. 김수원(2020)은 이러한 문화상품 진출 전략을 '무상 개발주의granted developmentalism'로 정의한다. 남반구 내 문화상품의 교류가 증가함에 따라 보호주의적 기조가 만연해진 반면 한국의 시청각 제품은 한국의 공격적 개발주의에도 긍정적으로 받아들여지고 있다.

　이러한 디지털 플랫폼을 활용한 엔터테인먼트 콘텐츠 제공을 통한 현 한국의 협력 형태는 소프트파워를 향상시키는 데 효과적으로 여겨진다. 그럼에도 이러한 전략은 극심한 디지털 디바이드로 인해 이미 존재하는 사회적 불평등의 재생산으로 이어질 수 있다는 사실을 염두에 두고 진행되어야 한다(Kim, 2020).

| 참고문헌 |

강인수·김태은·유성훈·송영민·심수민·조수미. 2016. 『ICT 개발협력 성과제도 및 전략적 이행방안 연구』. 세종: 미래창조과학부.

과학기술정보통신부. 2020. "과기정통부, 과학기술·정보통신기술(ICT) 공적개발원조(ODA)를 통한 개도국과의 협력사업 강화 추진."

https://www.msit.go.kr/SYNAP/skin/doc.html?fn=6ded6eb0c6d7068d1268dd38c5e927c3&rs=/SYNAP/sn3hcv/result/202010/ [Accessed 7 October 2020].

관계부처합동. 2020. "한국판 뉴딜 종합계획: 선도국가로 도약하는 대한민국으로 대전환."

https://www.gov.kr/portal/ntnadmNews/2207711 [Accessed 7 October 2020].

국토교통부. 2020. "한국형 스마트시티 국제공모 12건 선정."

http://www.molit.go.kr/USR/NEWS/m_71/dtl.jsp?lcmspage=1&id=95083793 [Accessed 19 10 2020].

기획재정부. 2020. "2021 예산안 중점 프로젝트 40선 예산."

http://www.korea.kr/archive/expDocView.do?docId=39141 [Accessed 7 October 2020].

김나운·유성훈. 2018. 『아프리카 ICT 주요 현안: 스마트아프리카연합을 중심으로』. 세종: 정보통신정책연구원.

서보현 외. 2003. 정보사회 세계 정상회의(WSIS) 대응방안 연구. [Online] Available at: http://eiec.kdi.re.kr/policy/domesticView.do?ac=0000052800 [Accessed 9 11 2020].

외교부. 2016. 새로운 한국형 개발협력 모델인 '코리아에이드', 아프리카를 '찾아가다'. [온라인] Available at: http://www.mofa.go.kr/www/brd/m_4080/view.do?seq=360090&srchFr=&srchTo=&srchWord=&srchTp=&multi_itm_seq=0&itm_seq_1=0&itm_

seq_2=0&company_cd=&company_nm= [액세스: 19 11 2020].

외교부. 2016. *새로운 한국형 개발협력 모델인 '코리아에이드', 아프리카를 '찾아가다'.* [Online] Available at: http://www.mofa.go.kr/www/brd/m_4080/view.do?seq=360090&srchFr=&srchTo=&srchWord=&srchTp=&multi_itm_seq=0&itm_seq_1=0&itm_seq_2=0&company_cd=&company_nm= [Accessed 20 10 2020].

유지수·유성훈. 2019. 한국 ICT ODA 현황 진단 - 최근 5년간 국제개발협력 종합시행계획(확정액 기준) 분석. *정보통신정책연구원*, 31(5), pp. 59-121.

이상은. 2014. *한국의 ICT분야 무상원조 현황 및 개선방안*, 한국인터넷진흥원.

정보통신산업진흥원. 2019. *한국의 ICT ODA 사업 현황 및 신남방국가 지원 방안*, s.l.: 정보통신산업진흥원.

정보통신정책연구원 외. 2020. "2019 과학기술정보통신부 ICT ODA 사업 성과", *Journal of Appropriate Technology* 제6권 1호.

주한나 외. 2020. "한국의 ICT 국제개발협력 연구 동향 분석: 2002년-2020년 학술논문의 체계적 문헌분석", 『국제개발협력연구』 제12권 3호.

참여연대, 2016. 「*THE WORST ODA 코리아에이드*」 이슈리포트 발행. [Online] Available at: http://www.peoplepower21.org/International/1454516 [Accessed 20 10 2020].

Ainslie, M. J., 2016. Korean Overseas Investment and Soft Power: Hallyu in Laos. *Korea Journal*, 56(3), pp. 5-32.

Booyens, I., 2012. Creative Industries, Inequality and Social Development: Developments, Impacts and Challenges in Cape Town. Urban Forum, 23(1), pp. 43-60.

Brown, R. L., 2018. *In Congo, a new national museum renews quest to reclaim history.* [Online] Available at: https://www.csmonitor.com/World/Africa/2018/0427/In-Congo-a-new-national-museum-renews-quest-to-reclaim-history [Accessed 7 December 2018].

CAMP, 2020. *CAMP.* [온라인] Available at: https://www.cybersec-alliance.org/

camp/about.do [액세스: 3 11 2020].

Cinnamon, J., 2020. Data inequalities and why they matter for development. *Information Technology for Development*, 26(2), pp. 214-233.

Cunningham, S., 2009. Trojan Horse or Rorschach Blot? Creative Industries Discourse around the World. *International Journal of Cultural Policy, 15, 375-386*, 15(4), pp. 375-386.

Ghiasy, R. & Krishnamurthy, R., 2020. *China's Digital Silk Road: Strategic implications for the EU and India*, Leiden: Institute of Peace and Conflict Studies, Leidn Asia Centre.

ITU, 2017. *World Telecommunication Development Conference (WTDC-17): Final Report*, [온라인]] Available at: https://www.itu.int/pub/D-TDC-WTDC [액세스: 19 11 2020].

ITU, 2020. *IDI*, [Online] Available at: https://www.itu.int/net4/ITU-D/idi/2017/index.html [Accessed 22 11 2020].

ITU, 2020. *International Telecommunication Union: Statistics*, [Online] Available at: https://www.itu.int/en/ITU-D/Statistics/Pages/stat/default.aspx [Accessed 5 October 2020].

Joo, J., 2011. Transnationalization of Korean Popular Culture and the Rise of "Pop Nationalism" in Korea. *The Journal of Popular Culture*, 44(3), pp. 489-504.

Kennedy, H. & Moss, G., 2015. Known or knowing publics? Social media data mining and the question of public agency. *Big Data & Society*, 2(2), pp. 1-11.

Kim, S., 2019. The misadventure of Korea Aid: developmental soft power and the troubling motives of an emerging donor. *Third World Quarterly*, pp. 1-25.

Kim, S., 2020. Aggressive yet benign: Korea's engagement in creative industries in Africa. *International Journal of Cultural Policy*, pp. 1-13.

KTV, 2016. *'아프리카 3개국 순방 - "코리아에이드"로 한류의 씨앗을 뿌리다'*. [Online] Available at: http://www.ktv.go.kr/program/home/PG2130037D/content/523596 [Accessed 20 10 2020].

Manovich, L., 2012. Trending: The promises and the challenges of big social data. In: *Debates in the digital*. Minneapolis: University of Minnesota Press, pp. 460-475.

Norris, P., 2001. *Digital divide: Civic engagement, information poverty, and the internet worldwide*. New York: Cambridge University Press.

Nothias, T., 2020. Access granted: Facebook's free basics in Africa. *Media, Culture & Society*, 42(3), pp. 329-248.

OECD, 2019. *Connecting ODA and STI for inclusive development: measurement challenges from a DAC perspective*. [Online] Available at: http://www.oecd.org/officialdocuments/publicdisplaydocumentpdf/?cote=DCD/DAC(2019)38&docLanguage=En [Accessed 7 11 2020].

Okano-Heijmans, M. & Vosse, W., 2020. *Digital connectivity going global: The case for digital ODA*, Hague: Clingendael Institute.

Parc, J., 2014. *An eclectic approach to enhancing the competitive advantage of nations: analyzing the success factors of East Asian economies with a focus on the development of South Korea*, Thesis (PhD): Seoul National University and Université Paris Sorbonne.

Pwc, 2018. *Entertainment and Media Outlook: 2018 - 2022, An African Perspective*. [Online] Available at: www.pwc.co.za/outlook [Accessed 23 July 2019].

Sardar, Z., 2020. The smog of ignorance: Knowledge and wisdom in postnormal times. *Futures*, 120(2020), pp. 1-12.

Schultz, M. & Gelder, A. v., 2008. Creative Development: Helping Poor Countries by Building Creative Industries. *Kentucky Law Journal*, 97(1), pp. 79-148.

Spry, D., 2019. From Delhi to Dili: Facebook Diplomacy by Ministries of Foreign Affairs in the Asia-Pacific. *The Hague Journal of Diplomacy*, 1(2019), pp. 1-33.

UNCTAD, 2008. *Report, debate, show of African art and music to highlight development promise of creative economy.* [Online] Available at: https://unctad.org/en/pages/PressReleaseArchive.aspx?ReferenceDocId=10078 [Accessed 24 May 2019].

UNCTAD, 2010. *Creative Economy Report 2010: A feasible development option,* Geneva: United Nations.

UNDP, 2017. *Promise Or Peril? Africa's 830 Million Young People By 2050.* [Online] Available at: https://www.africa.undp.org/content/rba/en/home/blog/2017/8/12/Promise-Or-Peril-Africa-s-830-Million-Young-People-By-2050.html [Accessed 12 4 2020].

UNESCO, 2015. *Cultural times: The first global map of cultural and creative industries.* [Online] Available at: https://en.unesco.org/creativity/sites/creativity/files/cultural_times._the_first_global_map_of_cultural_and_creative_industries.pdf [Accessed 15 4 2020].

UNICEF, 2014. *Generation 2030, Child demographics in Africa.* [Online] Available at: https://www.unicef.org/publications/index_74751.html [Accessed 12 4 2020].

World Bank, 2016. *World Development Report 2016 - Digital Dividends.* [Online] Available at: http://documents.worldbank.org/curated/en/896971468194972881/pdf/102725-PUB-Replacement-PUBLIC.pdf [Accessed 14 4 2020].